Christiane Weber
Villen in Weimar
Band 2

Das Buch
zur Serie der

 Thüringische
Landeszeitung

Herausgeber
Hans Hoffmeister

Christiane Weber

Villen in Weimar (2)

Fotos
Maik Schuck

Arnstadt & Weimar

Vorwort des Verlegers

Im März des Jahres 1996 ist das Buch VILLEN IN WEIMAR (1) erschienen, in der ersten Auflage ohne die Ziffer, denn wer konnte ahnen, was die Folgen waren.

Noch am Abend der Buchpremiere im traditionsreichen HOTEL ELEPHANT zu Weimar reichten die bereitgelegten Bücher kaum aus, um die Nachfrage zu decken. Am nächsten Morgen - das hatten die Buchhändler in Weimar lange nicht mehr erlebt - standen die ersten Kunden bereits vor Öffnung des Ladens an, um ein Villen-Buch zu erwerben. In wenigen Tagen war die erste Auflage fast vergriffen. Eine zweite wurde sofort nachgereicht, diesmal mit der Numerierung versehen. Wenn jetzt dieser mit „2" bezeichnete Band erscheint, ist die zweite Auflage des ersten Buches vergriffen, die dritte in Vorbereitung. Von Anfang an stand das Buch auf der für Thüringen geführten Bestsellerliste, über Monate auf Plätzen weit oben, wo es bald Gesellschaft bekam mit VILLEN IN ERFURT (1) und HÄUSER IN JENA (1). Von solchem Erfolg kann ein Verleger nicht alle Tage erzählen, zumal die Bücher bis nach Frankreich, Belgien und Österreich, in die Niederlande, die Schweiz und nach Liechtenstein verschickt werden.

Am 5. April 1997 ist die 100. Folge der dem Buch zugrunde liegenden Serie in der THÜRINGISCHEN LANDESZEITUNG erschienen. Wenn vom Buch geredet wird, muß auf die Quellen verwiesen werden. Eines Tages, erzählt Hans Hoffmeister, Chefredakteur der THÜRINGISCHEN LANDESZEITUNG, ist ihm während einer Autofahrt wie aus heiterem Himmel die Idee gekommen, eine solche Geschichte der Stadt Weimar in seinem Blatt zu installieren. Und dieser Einfall muß ihn so fasziniert haben, daß er seine (das Auto) steuernde Frau bat, auf den nächsten Parkplatz zu fahren, damit er die Grundkonzeption aufschreiben könne, um ja nichts zu vergessen. Die war denkbar einfach. Nur - darauf kommen muß man erst einmal. Er kam darauf. Neu war nicht, interessante Gebäude einer Stadt vorzustellen. Neu war nicht, interessante Lebensläufe zu erzählen. Der Witz bestand und besteht in der Kombination: Plötzlich bekommen die Häuser menschliche Züge und einst in der Stadt lebende Menschen wieder ein Zuhause. Die Leser der THÜRINGISCHEN LANDESZEITUNG lassen sich gern an die Hand nehmen zu einer Art stadtgeschichtlichen Rundgangs, der ihnen erstaunliche Einblicke in ihre Heimatstadt verschafft. Es ist, wie es der Landeskonservator Prof. Rudolf Zießler im Klappentext zum Erfurt-Buch formuliert:

„Eine seit 60 Jahren nicht geschriebene Geschichte."

Das Konzept des Herausgebers der Buchreihe, Chefredakteur Hans Hoffmeister, ist aufgegangen. Das Beispiel hat in den anderen regionalen Ausgaben seiner Zeitung Schule gemacht. Inzwischen sind 500 Beiträge dieser Art in Weimar, Erfurt, Jena, Gera, Gotha, Mühlhausen und Eisenach erschienen. Welche Zeitung würde ganzseitige Beiträge über Jahre - und das Ende ist noch lange nicht abzusehen - veröffentlichen, wenn die Leser sie nicht annähmen? Jede Folge hat Folgen dergestalt, daß Briefe in die Redaktion kommen mit Hinweisen, Ergänzungen, Korrekturen und Verweisen auf weitere Häuser und deren Geschichte. Viele Leser haben die Beiträge über Jahre ausgeschnitten und gesammelt.

Das scheinbar behäbige Haustier des Verlages, das Rhinozeros, ist in einem weitläufigen Gebiet (etwa von der Größe Thüringens) ständig unterwegs nach guten Futterplätzen. Es hat eine sehr ertragreiche Region entdeckt und - stur, wie es nun einmal ist - wird es die auch genüßlich abgrasen. Als ich das erste Mal auf die Villen-Serie in der THÜRINGISCHEN LANDESZEITUNG stieß, war ich fasziniert von der Idee, daraus ein Buch zu machen, ein schönes, im besten Sinne auch ein „Bilderbuch"; ein lesenswertes allemal: dafür stand die Autorin. Und es war nicht schwer, den Chefredakteur der Zeitung zu überzeugen. Die „Chemie" stimmte, das Buchkonzept überzeugte. Die Zusammenarbeit hat von Anfang an den notwendigen Spaß gemacht.

Das vorliegende Buch ist innerhalb eines Jahres das vierte seiner Art. Die bereits geschriebenen und in der Zeitung veröffentlichten 500 Beiträge allein machen deutlich, daß die Numerierung ihren Grund hat. Vorgesehen sind zunächst etwa 20 Bände, die im Jahre 2000 vorliegen sollen. Das Rhinozeros muß nicht fürchten, an Nahrungsmangel einzugehen. Den Lesern der Serie in der Zeitung und der Bücher sei versichert, daß sie noch viele erstaunliche Geschichten erfahren werden von Menschen und Häusern, Geschichten, wie sie Geschichte nacherlebbar machen, auf wundersame Weise begreifbar und anregend, um über eigenes Werden nachzudenken; denn Geschichte ist Zukunft im Augenblick des Entstehens.

Ulrich Völkel
Arnstadt und Weimar
Mai 1997

6

Eine kulturgeschichtliche Kostbarkeit macht das Haus Carl-August-Allee 9 zu einer seltenen Sehenswürdigkeit. Ein Terrakottafries, 132 Jahre alt, erzählt vom Aufbau des nahen Landesmuseums und von den großen Persönlichkeiten der Stadt. Neben der Baugeschichte ist auch die Nutzungsgeschichte des Hauses von großem Interesse, beherbergte die Villa doch einst die Stegmannsche Ausstellung architektonischer und kunstgewerblicher Erzeugnisse. Der Architekt Carl Stegmann (1832-1895), Bauleiter des Großherzoglichen Museums, hatte sich das eigenen Wohn- und Geschäftshaus in unmittelbarer Nähe zum wachsenden Museum in der noch kaum besiedelten nördlichen Bahnhofsvorstadt errichtet. Während der Name Stegmanns weitgehend in den Hintergrund gerückt ist, bleibt der Schöpfer des Terrakotta-Frieses im Beinamen der Villa präsent: Wislicenus-Haus.

31 Hermann Wislicenus, Ernst H. Kohl

Stadtgeschichte in Bildern. Bildergeschichten in Terrakotta. Sinnreich sind sie und sinnlich dazu. Das Haus an der Carl-August-Allee 9 mit seinem an Nord-, Ost- und Südseite umlaufenden Fries ist markanter Fingerzeig in Weimars Geschichte. Geschichtslektüre der amüsanten Art. Das Großherzogliche Museum, Herder und Wieland, Goethe und Schiller als herzige Putten, hüllenlos und ganz ohne Feigenblatt. Friedrich mit langer Narbe über dem Bauch und Schlüssel in der linken Hand. An der Nordfassade eine weibliche Schönheit. Lagernd an den Wassern der Ilm. Wimaria. Ein Terrakottafries, der vorwegnimmt, was den in die Stadt eilenden Gast in selbiger erwartet. Es war ein glücklicher Gedanke des künstlerisch empfindenden Architekten Carl Stegmann (1832-1895), Bauleiter des Großherzoglichen Museums, in plastischen Fassadenverzierungen am eigenen Haus ein Stück Kulturgeschichte aus der zweiten Blüte Weimars, die es unter der Regierungszeit des kunstsinnigen Großherzogs Carl Alexander erlebte, der Nachwelt zu erhalten. Von dem Maler Prof. Hermann Wislicenus (1825-1899), Lehrer für Aktzeichnen an der Weimarer Kunstschule, entworfen, wird in humorvoller Weise die kulturelle Bedeutung Weimars und die Bauausführung des wenige hundert Meter entfernten Museums illustriert.

Holz wird gefällt, angefahren und auf dem Zimmerplatz zugerichtet. Maurer setzen Stein auf Stein. Baumeister Zitek, an der kecken Tschechenmütze, und Bauleiter Stegmann, an den Gamaschen kenntlich, beraten auf der Museumsbaustelle. Eine Prüfungskommission steckt die Köpfe zusammen wegen der sich mehrenden Bauausgaben, und am Tischende wird den Bauleuten der Lohn ausgezahlt.

Es ist mit Putten angedeutet, was die Weimarer Welt bewegte. Von den barocken Bildern schwingt ein verschmitztes Lächeln herunter. Gar liebevoll und mit behaglichem Übermut ist nachgezeichnet, was in rund zweihundert Metern Entfernung sich ereignete. In Ton modelliert wurde der Fries im Atelier Prof. Franz Jädes in Weimar durch dessen Schüler Fratscher, der Hoftöpfer Schmidt hat ihn gebrannt.

An den Museumsbau (1864-69; Architekt: Josef Zitek), die wohl bedeutendste Bauaufgabe in Weimar in der zweiten Hälfte des 19. Jahrhunderts, knüpfen sich die Hoffnungen für die Entwicklung eines neuen repräsentativen Stadtteils: Elegante Privatbauwerke sollen folgen.

Eine der ersten Villen, die an der Carl-August-Allee (damals Sophienstraße) errichtet wird, ist das Stegmannsche Haus, 1865 von Carl Stegmann entworfen und von dem Maurermeister Traumüller erbaut. In seiner Fensteraufteilung und -umrahmung, dem ausladenden Hauptgesims auf Konsolen mit dem flachen Dach und dem auf schlanken korinthischen Säulen vorgebauten Balkon über dem Haupteingang zeigt das dreistöckige Gebäude die Merkmale bester italienischer Renaissancebauweise. Wenn auch die Fassaden nur in Putz ausgeführt sind, so verrät die stilmäßige Durchbildung doch die gute Schulung des Architekten, der als Bauleiter am Neubau des Landesmuseums tätig war. Der Ladeneinbau mit dem Eckpfeiler erfolgte um 1912.

Das stadtbildprägende Gebäude geht 1876 in das Eigentum der Direktion der Weimar-Geraer-Eisenbahngesellschaft über, 1895 erwirbt es dessen Direktor

Hermann Wislicenus (1825-1899) ist der Schöpfer des Terrakotta-Frieses (l).
Baurat Ernst Heinrich Kohl (1825-1901), Direktor der Thüringischen Eisenbahngesellschaft, erwarb sich große Verdienste um den Ausbau des Bahnhofsviertels

Baurat Ernst Heinrich Kohl (1825-1901). Der hat entscheidende Weichen für den Ausbau des Nordviertels gestellt. Seinerzeit Abteilungsleiter bei der Thüringischen Eisenbahngesellschaft, erkennt er das Gelände als das natürliche Bauareal zur Stadterweiterung, sichert sich die Unterstützung des Großherzogs, kauft das gesamte zwischen Buttelstedter Straße und Ettersburger Straße, Bahnhof und Asbach gelegene Gelände innerhalb eines halben Jahres auf, schlägt erfolgreich das zunächst in Schloßnähe geplante neue Museumsgebäude als unvergleichlich schönen Mittelpunkt in dem nördlichen Stadtteil vor und legt, den bestehenden Plan von Oberbaudirektor Carl Streichhan ignorierend noch 1863 einen völlig neuen Bauplan vor. Wenig später wird dieser durch den Stadtrat bestätigt. Heute erinnert im Bahnhofsviertel eine nach Ernst Kohl benannte Straße an die innovative Initiative. Sein Wohnhaus steht als Zeitdokument.

Eine kurze Rückblende: Nach der Fertigstellung, 1866, richtet der Architekt Carl Stegmann dort eine nach ihm benannte Ausstellung architektonischer und kunstgewerblicher Erzeugnisse ein. Aus Eisenach nach Weimar berufen, nimmt er Kontakt zu Franz Jäde auf, der ein privates Zeichen- und Modellierinstitut am Jakobskirchhof unterhält. Indem nun das Entwerfen von Handwerks- und Industrieprodukten in das erweiterte Lehrangebot aufgenommen wird, entsteht das Stegmann-Jädesche Institut im nämlichen Hause mit angeschlossener Ausstellung. Es gelingt, auch den Großherzog hierfür zu interessieren; er sendet in freigiebiger Weise Leihgaben für die Vorbildersammlung. Und der Gewerbeverein bringt die Modelle und sonstigen Ausstellungsgegenstände der eingegangenen Industriehalle (bis 1866) sowie die Bibliothek des Vereins in die Stegmannsche Ausstellung ein. 1872 verläßt Stegmann Weimar wieder.

Der Fries von Hermann Wislicenus am „Stegmannschen Haus". Der Gesimsstreifen der Ostseite erinnert an den Bau des Großherzoglichen Museums, der an Süd- und Nordseite an große Persönlichkeiten der Stadt.

Von einer Renovierung seines ehemaligen Hauses berichtet die „Allgemeine Thüringische Landeszeitung Deutschlands" ausführlich in ihrer Ausgabe vom 20.6.1937. „Wenn ein Haus im bekannten Straßenbild neu hergerichtet wird, sieht es freilich noch einmal so schmuck aus und erfreut das Auge des Vorübergehenden. So geschah es mit dem Hause in der Sophienstraße 9, dessen jetziger Eigentümer, Oberamtmann H. Weber, den Neuanstrich der Fassaden in farbig geschmackvoller Weise erneuern ließ."

Das Haus beherbergt Ende der dreißiger Jahre neben anderen Mietern in zwei Stockwerken auch die Büros der Landesstelle Thüringen des Reichsministeriums für Volksaufklärung und Propaganda und des Gaupresseamtes.

Sechzig Jahre sind seitdem vergangen, eine zweite Renovierung wurde unlängst abgeschlossen. Wieder ist es eine Ausstellung, die im Erdgeschoß das Interesse

bündelt. Binnen Zweijahresfrist ist aus dem desolaten Gemäuer ein reizvoller Blickfang geworden. Schon von weitem fällt die frischgestrichene Fassade auf, die sich wohltuend vom Grau der vielen anderen Fassaden der noch nicht sanierten Häuser dieser Straße abhebt. Ein seltenes Kulturgut bleibt der Nachwelt erhalten. Gegen künftige Schäden ist der Fries gesichert. Wenn sich im Kulturstadtjahr 1999 der Todestag von Hermann Wislicenus zum 100. Mal jährt, soll auch dieser grundlegend restauriert sein. Allein, noch mangelte es am Gelde.

Merketalstraße 23

Alexander Olbricht war ein „Meister der Stille, die sich in Bescheidenheit und liebevoller Versenkung in die Natur offenbart. Seine leise Kunst, die, von den großen Stilen der Zeit kaum berührt, fortentwickelt wurde und zu einem eigenen Höhepunkt kam, hat somit heute für alle etwas zu sagen, die sich Zeit nehmen und sich die Mühe machen, durch Vertiefung, Nachdenklichkeit und Empfindung ihr Kunstverständnis zu bereichern" (Dr. Renate Müller-Krumbach im Begleittext zur Olbricht-Gedächtnisausstellung 1976).

Originalgetreu nachgebaut, soll Olbrichts Atelier künftig im Stadtmuseum Weimar das Andenken an den geachteten Maler wachhalten.

32 Alexander Olbricht

Seine feine Lebensart, sein Humor und seine Geradlinigkeit machten Alexander Olbricht (1876-1942) beliebt. Mit dreiundzwanzig Jahren war der talentierte Maler und Grafiker zu weiteren Studien in die Klassikerstadt gekommen. Was den jungen Künstler in der etwas verträumten Residenz der Großherzöge von Sachsen-Weimar-Eisenach anzog, ist so genau nicht auszumachen. Margarethe Olbricht (1882-1972) pflegte hierzu eine Episode zu erzählen: Ihr Mann habe als junger Kunststudent in Weimar einen bestimmten Lehrer aufsuchen wollen, habe in der Kunstschule erfahren, daß dieser Lehrer nicht oder nicht mehr in Weimar sei und habe sich dann, am Nachmittag, auf den Weg gemacht, die Umgebung der Stadt ein wenig kennenzulernen. Er sei durch die Belvederer Allee gegangen, dann aufs Geratewohl rechterhand in den Schanzengraben gelangt und an dessen Ende zwischen den freien, sanft ansteigenden Feldern zum Gehädrich weitergelaufen. Da habe er sich spontan entschlossen, hier zu bleiben.

Noch konnte er nicht ahnen, daß in dieser Gegend ein knappes Jahrzehnt später sein eigenes Haus stehen sollte. In Theodor Hagen findet Olbricht einen Lehrer, der seinen Schüler eigene Wege gehen läßt. Es ist bemerkenswert, daß dominierende Künstlerpersönlichkeiten, die während Olbrichts Kunstschülerzeit in Weimar arbeiteten, seine Eigenart nicht beeinflussen. Nicht Christian Rohlfs oder Ludwig van Hofmann und auch nicht Henry van de Velde. In Alexander Olbricht existiert die Kraft zur selbständigen Sprache.

Von großer Bedeutung für Olbrichts Lebensweg und damit für seine künstlerische Entwicklung wird seine Heirat mit der Kunstschülerin Margarethe Thurow. Durch die Aufgabe des eigenen Studiums und der gänzlichen Übernahme häuslicher und familiärer Pflichten ermöglicht sie ihm jene Arbeitsatmosphäre, die er für seine schöpferische Tätigkeit braucht. Bezeichnend für die Vorstellung seines zukünftigen Lebens ist ein Exlibris des Künstlers, das er für seine damalige Verlobte zeichnete: Hinter einer hohen Mauer, durch die ein Tor mit den verschlungenen Initialen A O Einlaß gewährt, erhebt sich, halb verborgen von prachtvollen alten Bäumen, ein Haus mit Mansarddach.

Eine Wunschidylle, abgeschlossen von der Außenwelt. Auch hier ist es Margarethe Olbricht nahezu vollkommen gelungen, sie zu verwirklichen. Mit dem Bau einer kleinen Villa nebst Atelier und Druckwerkstatt an der Merketalstraße 23 erfüllt sich 1907 ein Traum des Malers. Dieses Haus wird zur Freude der Familie

Ein großartiges Porträt von Alexander Olbricht (1876-1942) hat der ihm freundschaftlich verbundene Buchgestalter Marcus Behmer im Jahre 1910 radiert.

und aller Freunde, wird Olbrichts geistiges und schöpferisches Refugium. Der zauberhafte Garten mit seinen herrlichen Pflanzen, Blumen und Bäumen ist so idyllisch wie märchenhaft, daß ihn alle, die ihn kennen, zur Legende machen. Der Garten ist die stille Leidenschaft Margarethe Olbrichts. Seltene Pflanzen sind ebenso anzutreffen wie die gängigen Gemüsesorten. Als Alexander Olbricht 1935 aus dem Dienst der Kunsthochschule entlassen wird, aufgrund entschiedener Ablehnung der nazistischen Geisteshaltung, ist es der Garten, der die Familie über Wasser hält und ernährt. Baum des Lebens nennt Olbricht nicht nur deswegen einen Apfelbaum, der in der Mitte des Gartens wächst und der liebevoll auch von den heutigen Eigentümern gehegt wird.

Für Olbricht bildet der verwunschene Ort das A und O seiner Existenz, wie die Anfangsbuchstaben seines Namens das prägnante Monogramm. Olbricht liebt

die Welt, in der er lebt, sie ist ihm Quelle und Inspiration seines schöpferischen Tuns. Auf unspektakuläre Weise verbindet sich der begnadete Zeichner mit dem Alltag seiner Umgebung. Schon als Kunststudent, später als Familienvater (Sohn Peter wird 1909 geboren, Tochter Charlotte 1911), als Dozent an der Kunsthochschule, als Schöffe am Kreisgericht, als Teilnehmer an den Künstlerrunden. In dem Illustrator und Buchgestalter Marcus Behmer findet er neben seiner Frau Margarethe einen weiteren Menschen, der ihm lebenslang aufs engste verbunden bleibt. Wie eng und wesentlich diese lebenslange Künstlerfreundschaft ist, läßt sich an folgenden Worten Behmers über Olbricht ermessen: „Klein von Gestalt, fast winzig infolge eines Unfalls in frühester Kindheit; zart und von unendlich feinem Gliederbau, trägt dieser nur scheinbar gebrechliche Körper genau das, was man ‚einen Kopf' nennt, ja: ein Haupt von zugleich strahlender

und leiser Schönheit. Schwarz die Mähne, elfenbeinern das Antlitz. Unter der klaren, leuchtenden Stirn Augen wie Sterne. Das ist die äußere faszinierende Erscheinung; aber von Priesterlichkeit etwa keine Spur! Ein Temperament von sprühender Lebendigkeit, Beweglichkeit, ja Streitbarkeit. ... Allen Freuden der Welt, jedem Schmerz, jedem Witz, wenn er gut, jedem Spaß, auch dem derben, zugänglich. Und darunter doch in der Tiefe eine nie verlöschende Glut. Fleißig wie eine Biene ... Schaffen! Schaffen! Und dann auch wieder, das Spiel, das reine, zwecklose. Und eisern jede Woche, der Weg zum Dorfkrug, auch bei Wind und Wetter, in Oberweimar, wo er mit den Bauern seinen Skat spielt, er, der feingliedrige ‚Professor' von der Hochschule."

Für Olbrichts Lebensweg bedeutet der Beginn des Naziregimes eine Zeit schwerster Depressionen, die eine künstlerische Tätigkeit völlig ausschlossen. Ein für

Nach seinem Tod im November 1942 blieb Olbrichts Atelier Fremden verschlossen. So hat sich alles, selbst im Detail, so erhalten, wie zu Alexander Olbrichts Lebzeiten. Das Atelier wurde dem Stadtmuseum Weimar übereignet und soll in der künftigen Ständigen Ausstellung seinen Platz erhalten.

den Künstler entscheidender Schlag ist die Entlassung aus der Hochschule, die 1935 trotz vertraglicher Unkündbarkeit ausgesprochen wird. Er hat sich davon nie erholt. Olbricht stirbt am 11. November 1942.

Seine Frau, später seine Tochter, hüten das Haus, sein Atelier wie einen kostbaren Schatz. Es bleibt für Fremde verschlossen. Was sich über die Jahre angesammelt, und Olbricht war ein eifriger Sammler, ist unberührt wie zu Olbrichts Lebzeiten, als die Einrichtung 1992, nach Charlottens Tod, dem Stadtmuseum Weimar übereignet wird. Unzählige Fotos entstehen, bevor das Haus verkauft wird, dokumentieren detailliert jeden Winkel. Originalgetreu nachgebaut, soll Olbrichts Atelier künftig im Stadtmuseum Weimar das Andenken an den geachteten Maler wachhalten.

Schubertstraße 15

Einem Haus mit doppelter Vergangenheit gilt in der Schubertstraße 15 unsere Aufmerksamkeit. Oberbürgermeister Karl Pabst, gemeinsam mit Louis Döllstädt von der Reichsgründung 1871 bis zu seinem Tode 1910 der führende Mann in Weimars Stadtverwaltung, ließ die Villa erbauen. Zwölf Jahre nach seinem Tod verkaufen die Erben das Haus. Neuer Besitzer wird der Maler Prof. Franz Huth. Weimar ist dem gebürtigen Pößnecker die längste Zeit Heimatstadt. Ihr genius loci fasziniert und inspiriert Huth, der 1961 Ehrenmitglied der Deutschen Schillerstiftung wird. 1995 war eine Auswahl seiner Werke in einer Ausstellung im Glockenmuseum in Apolda zu sehen.

33
Franz Huth, Karl Pabst

„Es ist etwas Einzigartiges um diese Stadt Weimar. Sie ist nicht zu vergleichen mit den alten, einst mächtigen und reichen Städten, wie wir sie in Süd- und Südwestdeutschland finden. Und doch gehen von ihr Kräfte aus, die sich immer wieder als fruchtbar und belebend erwiesen haben." Professor Franz Huth ist 45 Jahre alt und ein geschätzter Maler, als er sich 1922 mit seiner Frau Gertrud Borchmann, ebenfalls Malerin, und seinen drei Kindern in der Klassikerstadt niederläßt. Dem Weimarer Lebensabschnitt sind unruhevolle, aber erlebnisreiche Jahre des Suchens nach der eigentlichen Bestimmung vorausgegangen. Er ist viel und weit herumgekommen, lebte und arbeitete in Heidelberg, in München und Darmstadt, reiste nach Italien, nach Österreich und Rumänien.

Freunde schütteln den Kopf, sie verstehen nicht, warum Franz Huth den Süden Deutschlands verläßt und die einmaligen Erfolgsmöglichkeiten, die sich ihm dort bieten. Doch der Entschluß steht fest: „Es ist der Geist Weimars, der Geist reiner Menschlichkeit, der die Vertreter der verschiedensten Nationen jederzeit in seinen Bann zieht", erklärt Franz Huth in seinen Lebenserinnerungen rückblickend die Beweggründe.

In Weimar knüpfen sich neue Freundschaften. Eine der bemerkenswertesten ist die wahlverwandtschaftliche Beziehung zu dem Schriftsteller Johannes Schlaf. Und Franz Huth findet ein Haus, das ihm und seiner Familie auf Anhieb zusagt. Gelegen in einer stillen Seitenstraße, nah an der Altstadt und am geliebten Park. Umgeben von einem großen Garten, der Naturliebhaber ist in seinem Element. Im ersten Stock der Villa an der Schubertstraße 15 (seinerzeit Bismarckstraße) richtet er sich sein Atelier ein. Just dort, wo einst Oberbürgermeister Karl Pabst (1835-1910) sein Herrenzimmer hatte. Mit Blick zur Lisztstraße hinüber.

Karl Pabst hatte die Villa Anfang der 90er Jahre im reifen Alter von 55 Jahren errichten lassen. Sein Name galt etwas in der Stadt, der er sein Leben gewidmet. Unter Pabsts tatkräftiger Leitung wurde die seinerzeit wichtigste kommunale Aufgabe, die zentrale Hochdruckwasserleitung, gebaut. Er sorgte für den großzügigen Aufbau der Kommunalwirtschaft, der das äußere Bild Weimars als Kulturstadt entscheidend verbessert. Grundlegende Verdienste hat Karl Pabst ebenfalls an der Erbauung von neuen Schulgebäuden (Sophiengymnasium, Harry Graf Kessler Schule), der Friedhofskapelle, der Einrichtung der elektrischen Straßenbahn und der Müllabfuhr.

Dem höchsten Repräsentanten der Stadt liegt repräsentativer Pomp indes fern. So ist sein Haus denn auch seiner bescheidenen Lebenshaltung entsprechend eher schlicht und zurückhaltend gestaltet, ohne jedoch auf schmückende Details ganz zu verzichten (Fassade). Das Erdgeschoß betritt der Besucher durch eine gediegen gearbeitete Holztür, sie wird durch einen schmalen Balkon überdacht, den zwei schlanke Säulen tragen. Salon, Damenzimmer und die Küche finden sich im Parterre. Das erste Stockwerk teilt sich in zwei Wohnzimmer, Herrenzimmer und Schlafzimmer. Den Bediensteten des Hauses stehen im ausgebauten Mansarddach zwei Kammern zur Verfügung.

Ob der Oberbürgermeister Pabst ein Herz für Künstler gehabt hat, ist nicht überliefert. Daß sich aber jemand malend der Stadt annimmt, die ihm so viel bedeutete und für die er so viel getan, hätte er gewiß mit Wohlwollen gesehen.

Karl Pabst (1835-1910) stand von 1873 bis zu seinem Tod an der Spitze der Stadt Weimar (l.).

Franz Huth (1876-1970) war ein begnadeter Interieurmaler, 1922 zog er nach Weimar.

Zwei grundverschiedene Persönlichkeiten, beseelt von einer Idee - von Weimar. Am liebsten malt Franz Huth draußen, in freier Natur. Gleich morgens zieht er los, mit Staffelei und Malkasten, um erst mit Einbruch der Dunkelheit heimzukehren. Ein einfacher Mensch, anspruchslos, genügsam und zurückhaltend. Ein schlichter, aber besessener Arbeiter. Sein unentwegtes Unterwegssein läßt auf eine Konstitution schließen, die bei aller Sensibilität gesund, zäh und unverwüstlich ist.

Als er im hohen Alter von fast 90 Jahren gebeten wird, eine Anzahl seiner überragendsten Bilder zu nennen, das Jahr des Entstehens, den Ort der Aufstellung, muß er passen. „Das geht nicht. Der Inhalt meiner künstlerischen Tätigkeit ist zu umfangreich und mannigfaltig, um eine Auswahl vorzunehmen, die charakteristisch für mich ist."

Von menschlicher Güte wie von liebenswürdiger Betrachtungsgabe reden seine hundertfach entstandenen Darstellungen des Kleinen, scheinbar Unbedeutenden. „Vielleicht bin ich ein Romantiker", hatte Franz dem Vater schon 1903 zu verstehen gegeben. Ein alter Globus steht auf dem Eckschrank seines Treppenhauses und „erinnert mich jedesmal an seinen Hersteller, meinen alten Oberlehrer Eduard Langguth in Pößneck", schreibt Franz Huth in seinen Lebenserinnerungen. Es darf getrost angenommen werden, daß das Huth-Haus zahlreiche jener Memorabilien beherbergte, die ein an bedeutsamen Stationen reiches Leben markieren und die so viel über ihren Besitzer zu erzählen vermögen. Auch erwähnt Huth in seinen Memoiren eine vergoldete Buddha-Figur („Die gelassene Ruhe und Harmonie, die diese Figur ausstrahlt, hilft mir, auch mein inneres Gleichgewicht wieder in Ordnung zu bringen"), und einen Malteppich.

Den hatte er in Holland erworben, wohin es ihn 1923, in der Zeit der Hochinflation zog, als in Weimar ein Bückling 200 Millionen kostete. Von dort aus wollte er seine Familie vor Armut bewahren. Er malte, verkaufte wohl auch und erwarb vor der Rückkehr einen orientalischen Gebetsteppich. Da der Zollbeamte ihn damit nicht über die Grenze ziehen lassen wollte, erklärte der findige Franz Huth die kostbare Webarbeit kurzerhand zum „Malteppich". Und dabei blieb es.

Franz Huths Bilder finden sich heute international weit gestreut, ein Pastellgemälde des Parkes in Weimar mit Ilm und Goethes Gartenhaus etwa reiste ins Japanisch-Deutsche Institut zu Tokio. Bis ins hohe und höchste Alter hinein kann Franz Huth an der Staffelei arbeiten. Als er 1970 im Alter von 93 Jahren stirbt, hinterläßt er ein reiches Lebenswerk von außerordentlicher Quantität.

Seine Tochter Elisabeth Loebe (1907-1994) und die Haushälterin Martha Gatzki ziehen sich in die erste Etage des geräumigen Hauses zurück und vermieten. Später wird verkauft. Heute ist es die kunstsinnige Gattin des Hausherrn, die die Erinnerung an den Maler Franz Huth lebendig hält.

Franz Huth mit seiner Gattin Gertrud Borchmann, die ihm, ebenfalls Malerin, kongeniale Partnerin war.

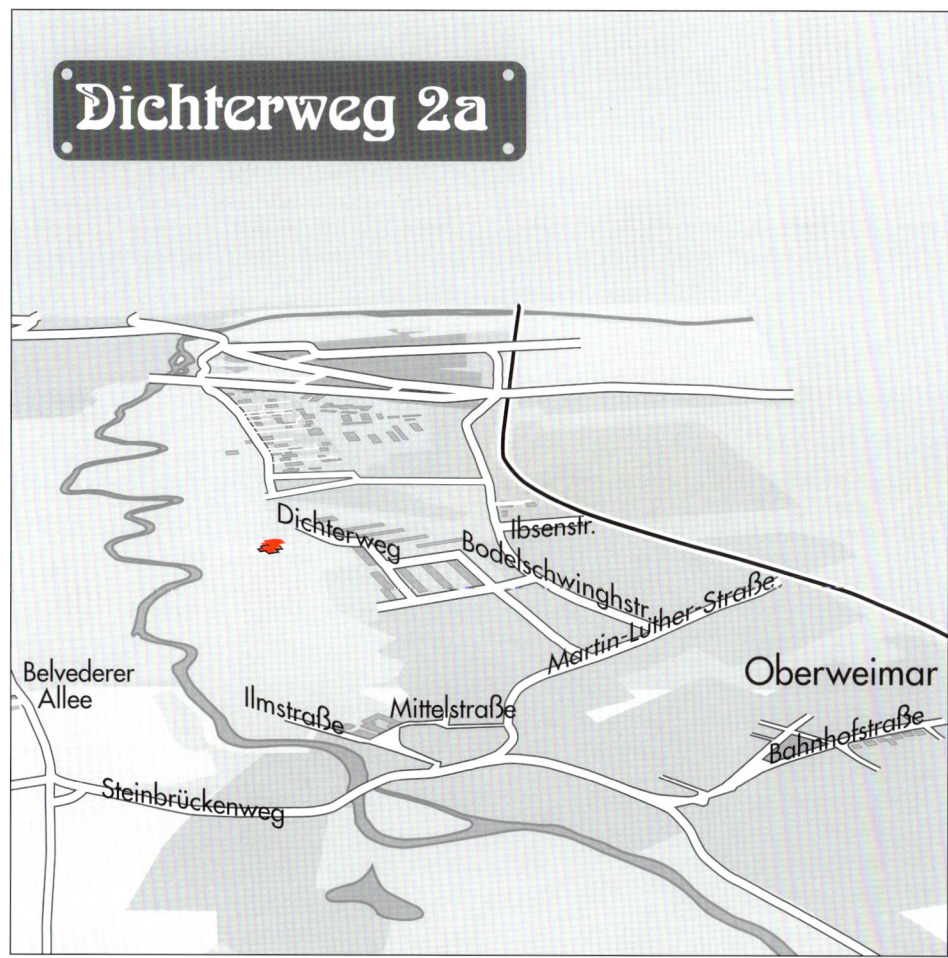

Bevor der Weimarer Rechtsanwalt, Textilkaufmann und Bibliophile Dr. Georg Haar und Gattin Felicitas am 22. Juli 1945 freiwillig aus dem Leben scheiden, vermachen sie testamentarisch ihre am Osthang des Parkes an der Ilm gelegene Villa der Stadt Weimar. Eine Heimstätte für Waisenkinder soll dort eingerichtet und eine Stiftung zur Jugendwohlfahrt gegründet werden. Die „Stiftung Haar" erlebt eine wechselvolle Geschichte. Während diese hinreichend bekannt sein dürfte, verbirgt sich die Person des großherzigen Wohltäters im Dunkel der Vergangenheit. Es ist kein schriftlicher Nachlaß vorhanden, nur wenige Briefe im Goethe- und Schiller-Archiv. Aufschluß bietet vor allem die umfangreiche Büchersammlung mit ihren rund 2.000 erlesenen Kostbarkeiten, die sich heute im Besitz der Herzogin-Anna-Amalia-Bibliothek befindet.

34 Familie Haar

Die aufstrebende Linie der Treppen führt geradewegs vor ein hölzernes Portal. Es ist verschlossen, fast abweisend. Eine Villa im Winterschlaf. Den neugierigen Blicken entzogen liegen die Gartenanlagen unter einer dichten Schneedecke. Im vergangenen Sommer hat sich einiges getan auf dem rund fünf Hektar großen Gelände, dessen einer Teil sich in Terrassen den Hang zur Ilm hinunter staffelt. Künstlergarten heißt das Zauberwort, hinter dem sich ein Lehrangebot für Studenten der Bauhaus Universität Weimar verbirgt, ebenso aber auch und vor allem eine professionelle künstlerische Arbeit. „Bögen perspektivisch", „Bewachsene Zisterne" oder auch „Ruhende Schaukel" stehen für den Anfang einer Reihe von Werken, die bis 1999 im Garten der Villa Haar, Dicherweg 2 a, entstehen sollen. Von den Eigentümern, der Stiftung Haar, wird das unorthodoxe Gartenkunstprojekt dankbar unterstützt. Bis 1999 möchte man die verfallenden Gartenanlagen rekonstruieren, möglichst auch die dazugehörige Villa, die der Weimarer Justizrat Werner Voigt 1886 im Stil der Renaissance errichten ließ. Allein, es mangelt an den dazugehörigen Finanzen. Was über Jahre brachlag, ist nicht von heute auf übermorgen instandzusetzen. Ein Anfang jedoch ist gemacht. Im Sommer 1995 konnte der repräsentative Westgiebel restauriert werden, einschließlich des Balkons. Den erklecklichen Rest wird man bis zur magischen Jahreszahl 1999 kaum schaffen, wohl aber den Garten.

Vieles von den Stützmauern, Balustraden, Grotten, Treppen, Springbrunnen ist verfallen. Angelegt in italienischem Stil, ist die Villa d'Este in Tivoli bei Rom entferntes Vorbild. Den Kindern, die in der Villa ein umsorgtes Zuhause fanden, war er ein beliebtes Revier. Zum Spielen, Toben, Verstecken, zu selbstverständlichem Umgang mit der Natur. So soll und so wird es bleiben.

„Das Heim soll den Kindern nach Möglichkeit das Elternhaus ersetzen, deshalb mit dem vorhandenen Inventar und Hausrat weitgehend die persönliche Note eines Privathauses behalten": In seinem Testament bestimmte der Rechtsanwalt Dr. Georg Haar, „daß in meinem Grundstück eine Heimstätte für Waisenkinder einzurichten" und für diese Heimstätte der Name „Villa Haar" beizubehalten ist.

Bald nach dem Einmarsch der Roten Armee in Weimar geben sich beide Eheleute am 22. Juli 1945 in ihrer Wohnung den Tod. Es heißt, Felicitas Haar habe den Tod ihrer beiden Söhne im Krieg nicht überwinden können und sei darüber

schwermütig geworden. Die Ungewißheit über die Zukunft habe ihnen beiden den Freitod als einzigen Ausweg erscheinen lassen. Politische Gründe sind wohl keine gegeben. Wenn Dr. Georg Haar sich überhaupt politisch engagiert hat, dann sicherlich im Bereich der Mitte. Mitglied der NSDAP ist er vermutlich nie gewesen. Vom Dritten Reich geförderte Autoren befanden sich in seiner Sammlung nicht.

Wann Georg Haar seine bibliophile Neigung entdeckt, wer ihn vielleicht darin bestärkt oder dazu angeregt hat, läßt sich nicht mehr feststellen. Der höchstwahrscheinlich umfangreiche schriftliche Nachlaß ist nicht mehr auffindbar. Personen, die ihn gekannt haben, sind entweder nicht mehr am Leben oder lehnen eine Auskunft ab. So bietet nur die wertvolle Büchersammlung Aufschluß.

Kommerzienrat Otto Haar (1848-1936) legte den Grundstein zum Familienvermögen (l.).

Sein Sohn Dr. Georg Haar (1887-1945) war ein Mann von außerordentlicher Bildung.

33

Der Weimarer Rechtsanwalt, Textilkaufmann und Bibliophile Dr. Georg Haar, 1887 in Weimar als Sohn des Kommerzienrats Otto Haar geboren, war ein Mann von außerordentlicher Bildung und großem Interesse für Literatur und Kunst. Er pflegte Verbindungen zu Verlegern, Schriftstellern und Künstlern seiner Zeit. Auch mit Druckereien hat er sich auseinandergesetzt. So hat er den Druck seiner Dissertation (1910) und seines Gedichtbandes (1909) in der damaligen Hof-Buch- und Steindruckerei Dietsch & Brückner in Weimar persönlich überwacht und Wert darauf gelegt, sie typographisch gut auszugestalten. Mit Harry Graf Kessler muß er zumindest gut bekannt gewesen sein. Häufig finden sich in seinen Büchern Ausschnitte aus Zeitschriften und Zeitungen, Porträts, Fotografien von Künstlern. Auch daraus kann man entnehmen, welchen Anteil Haar am literarischen und künstlerischen Leben nahm.

Aufgewachsen in einem reichen, aber unglücklichen bürgerlichen Zuhause, geht er nach der Reifeprüfung am Wilhelm-Ernst-Gymnasium Weimar (1906) zum Studium nach Lausanne. Studien in Bonn und Jena schließen sich nach Erfüllung der militaristischen Dienstpflicht an. Als Student veröffentlicht er 1908 seine „Parenthesen zu Lessings Laokoon", in denen er mit jugendlichem Eifer und aus Freude am Spiel mit der Sprache gegen Lessing zu Felde zieht. Im Jahr darauf läßt er seinen ersten und wohl einzigen Gedichtband drucken: „Allerlei Lieder". Die lyrischen Versuche sind melancholisch, nachdenklich, pessimistisch im Grundton, wie ein gewisser Pessimismus sein ganzes Leben hindurch Haars innere Haltung bestimmt haben soll. „Wenn sich die Abendwolken purpurn säumen, die müden Weiten dunkel schon verhüllt und weiches Dämmerlicht mit seinen Träumen von jugendschönen Zeiten dich erfüllt ..."

Auf einem Pastell hat Franz Huth 1941 die Einrichtung der Bibliothek festgehalten. Zwei Meter hohe Regale säumten die Wände des großen Balkonzimmers im ersten Stock.

Eine Bronzeglocke ist das Herz des Renaissancegiebels.

Als Assessor, später als Rechtsanwalt wirkt Haar längere Zeit in Braunschweig und Weimar. 1934 heiratet er Felicitas Huch, geb. von Holtum, die Frau seines Freundes Dr. Roderich Huch, eines Neffen der Dichterin Ricarda Huch. Aus ihrer ersten Ehe bringt Felicitas zwei Söhne mit in die neue Gemeinschaft. Als 1936 der alte Kommerzienrat Otto Haar stirbt, schließt Georg Haar sein Anwaltsbüro in der Schillerstraße, übernimmt das väterliche Geschäft und bezieht den Familiensitz im Park an der Ilm, den der Vater 1905 von Werner Voigt gekauft hatte. Dank der Tatkraft und Umsicht seiner Gattin läuft das Geschäft weiter, während sich Dr. Georg Haar mehr und mehr seinen Privatinteressen widmet, den Ikonen und dem Umgang mit Büchern. Er reist viel, häufig nach Süddeutschland. Sein Chauffeur Hermann Kupetzka berichtet, Dr. Georg Haar habe jährlich die Große Kunstausstellung in München besucht und häufig mit Buchhändlern und Antiquaren zu tun gehabt. Besonders häufig sei er nach Berlin gefahren, von dort habe er immer neue Bücher mitgebracht.

Seine Bibliothek, rund 50 Quadratmeter groß, war im ersten Stock der Villa untergebracht. Vorgelagert ist ein riesiger Balkon, von dem man einen prachtvollen Ausblick auf den Park genießt. An den Wänden reihten sich schlichte Bücherregale von zwei Meter Höhe aneinander. Oben auf den Regalen standen 42 gemalte beziehungsweise gegossene Ikonen und gaben der Bibliothek eine besondere Atmosphäre.

Eine sehr gute Beziehung hat Georg Haar zu den Mitgliedern des Weimarer Bauhauses gehabt. Dafür sprechen aufschlußreiche Widmungen. So schrieb einst Wassily Kandinsky: „Lieber Dr. Haar, es ist doch gut, wenn man außer leben auch träumen kann" (Oktober 1924).

Als ihm selber das Leben ein Alptraum geworden ist, vermacht Dr. Georg Haar seine Villa den Waisenkindern. Schon im September 1945 ziehen die ersten ein. Mehr als 50 waren es mitunter, die in dem geräumigen Haus eine neue Bleibe fanden. Nun sind die letzten ausgezogen. Die Villa entspricht nicht mehr den Richtlinien zur Kinderbetreuung. Ein neues Kinderhaus wurde auf dem Gelände errichtet und konnte vor geraumer Zeit eingeweiht werden. Immer aber soll die „Villa Haar" für Kinder offen und die Seele der gleichnamigen Stiftung bleiben.

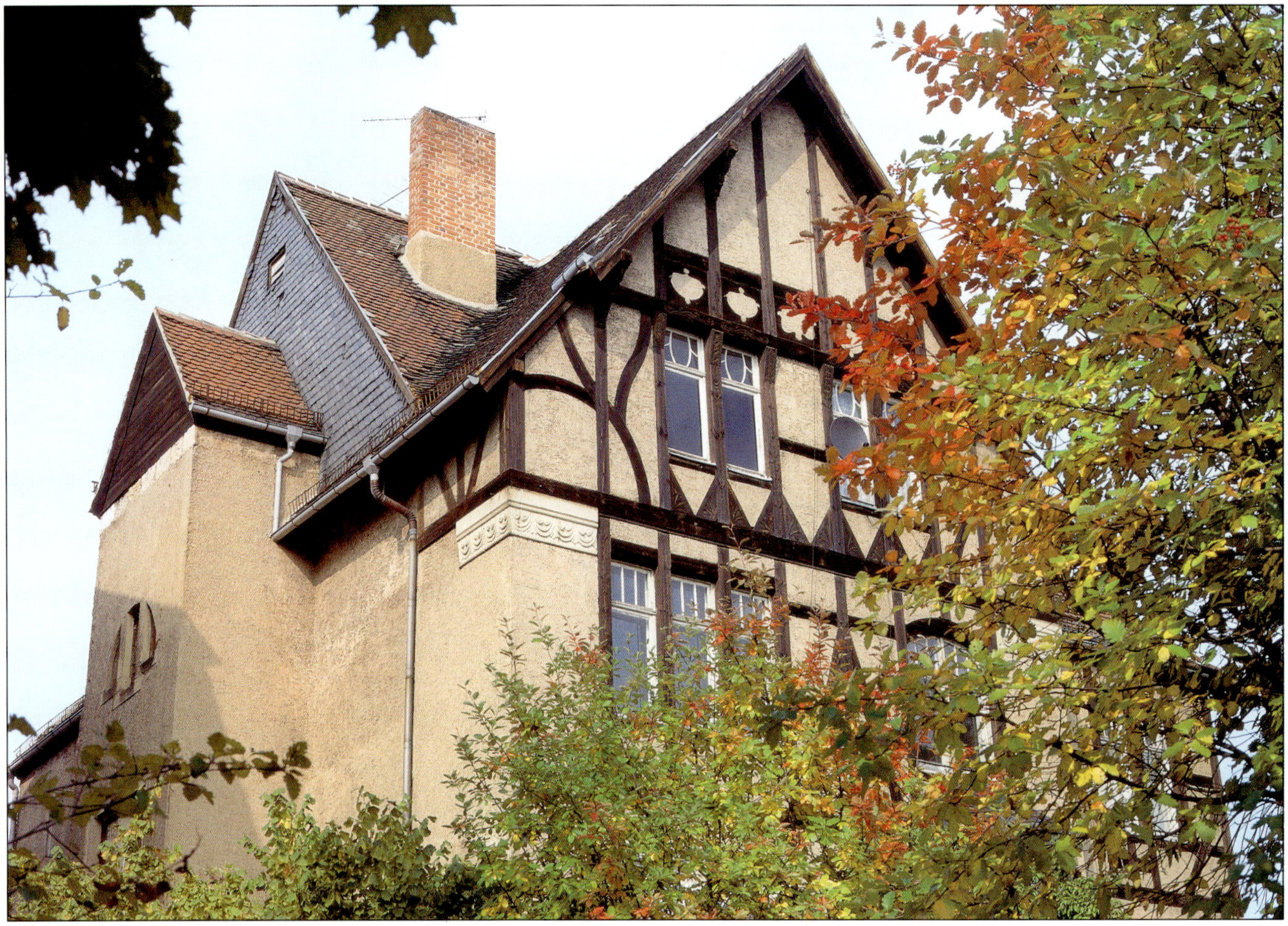

Windmühlenstraße 2

Als sie 1924 nach Weimar kommt, kennt kaum jemand die Schauspielerin Emmy Sonnemann-Köstlin. Elf Jahre später ist sie die erste Frau des Deutschen Reiches. Ihre Eheschließung mit Hermann Göring im April 1935 wird fast wie eine Kronprinzenhochzeit gefeiert. Hitlers designierten Nachfolger lernte Emmy Sonnemann im Frühjahr 1932 in Weimar kennen. Fast zehn Jahre lang war sie eine der meistbeschäftigten Mitglieder des Schauspielensembles am Deutschen Nationaltheater Weimar und wohnte zunächst in der Windmühlenstraße 2, später in der Schwabestraße 2. Sie spielte im Laufe der Jahre unzählige Rollen in klassischen und modernen Dramen, u.a. das Gretchen in Goethes „Faust" und die Elisabeth in Schillers „Maria Stuart". Auf ihre Veranlassung hin wird das Marie-Seebach-Stift um einen Neubau erweitert.

35
Emmy Göring

Lady Milford warf ihre Juwelen hin, als sie erkannte, womit sie bezahlt waren. Die Milford jedoch war ihr Fach wohl nicht. Das Diadem für 50.000 Reichsmark, das der Gatte ihr zur Hochzeit geschenkt hatte, blieb jedenfalls in der blonden Frisur. Emmy Göring (1893-1973) war eine weitgehend politisch Ahnungslose, die das aufwendige Leben genoß, das Görings Macht möglich machte, die jedoch abseits seines politischen Daseins stand und die in ihren Ansichten unkritisch war. In geradezu dämlicher Naivität behauptete sie noch Jahrzehnte später, daß Frau auch „am Arme des Reichsjägermeisters" unpolitisch gewesen sein könne.

Es ist gleich zu Anfang ihrer Bekanntschaft, die Beziehung noch frisch, da hält er in Weimar eine Rede. Zwar hat die Schauspielerin Emmy Sonnemann an diesem Tag einen spielfreien Abend, doch geht sie nicht hin. „Hermann Göring hatte auf mich einen so starken menschlichen Eindruck gemacht, daß ich jetzt befürchtete, der Politiker und Redner Göring könnte diesen Eindruck wieder zerstören. Erst nach der Versammlung trafen wir uns im ‚Goldenen Adler'", schreibt sie in ihrer Autobiographie „An der Seite meines Mannes".

Damals ist sie seit achteinhalb Jahren im „lieben Weimar" und eines der meistbeschäftigten Mitglieder des Schauspielensembles am Deutschen Nationaltheater. 1924 war sie vom Stuttgarter Landestheater in die Klassikerstadt gekommen, gastierte am 23. April als Thekla in Schillers „Piccolomini" und wird ab dem 1. September 1924 fest verpflichtet. Wohnung findet sie in der Windmühlenstraße 2, eine vom Landhausstil geprägte Villa mit lebhafter Kubatur durch verwinkelten Grundriß, mit Fachwerk im Obergeschoß und ausdrucksstark geformtem Dach, erbaut um 1910. Das hohe Eckhaus mit ausgebautem Mansarddach und seinen merkwürdig spitzwinkligen Fenstern im Erdgeschoß gehört der Fabrikbesitzerwitwe Martha Graupner, geb. Haake. Emmy Sonnemann-Köstlin zieht ins erste Stockwerk, zur Hauptmannswitwe Bock.

Sie ist eine mitfühlende, mütterliche Frau, Typ Walküre. Groß und kräftig, aber von sanfter Anmut. Ihr schönes blondes Haar umrahmt in breiter Flechte ihre Stirn. Die großen blauen Augen blicken sanft und heiter.

„Sie war eine nette Person, lieb und reizend und schön anzuschauen", erinnert sich die Schauspielerin Maria Heyse, Jahrgang 1923. Sie durfte mit, wenn die Mutter, selbst Schauspielerin, sich des Nachmittags mit Emmy Sonnemann und deren jüdischer Freundin Herma Clement im damals schon wohlbekannten

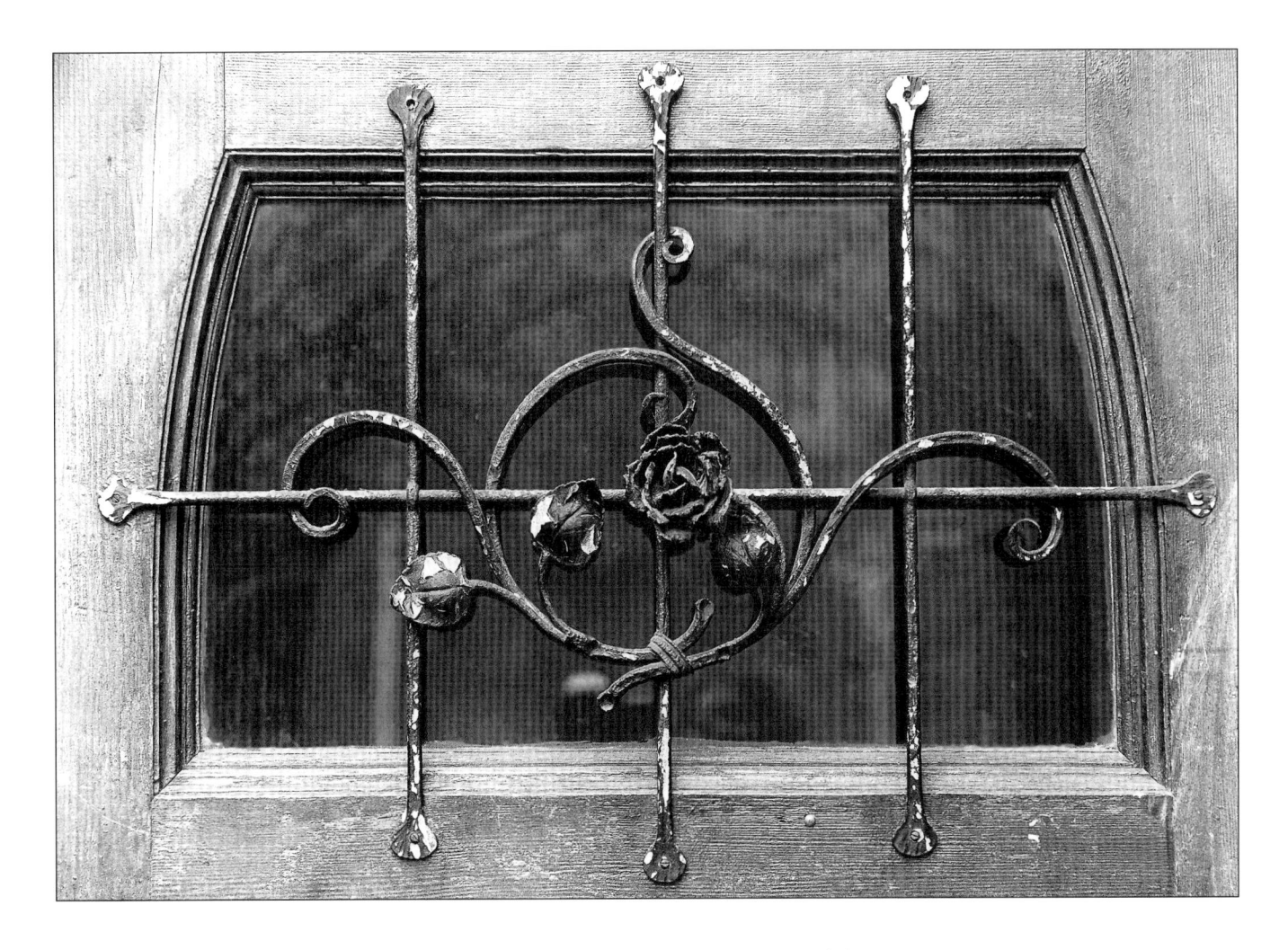

Kaiser-Café in der Parkstraße 1 (heute Puschkinstraße) traf, einer gut geführten Kleinstadtkonditorei. „Wir saßen immer hinten, gleich am Kuchenbuffet." Jahre später, am 29. Mai 1937, bildet sie mit BDM-Mädchen Spalier, als Göring und Gattin zur Einweihung des Emmy-Göring-Stifts eintreffen.

Emmy Sonnemann hat im Laufe ihrer Weimarer Jahre unzählige Rollen in klassischen und modernen Dramen gespielt. Sie ist das Gretchen in Goethes „Faust", die Beatrice in Schillers „Die Braut von Messina", die Pandora in Goethes „Prometheus", Hester in Wildes „Frau ohne Bedeutung", Celia in Shakespeares „Wie es euch gefällt", ist Prothoe in „Penthesilea" von Kleist, Agnes in Hebbels „Agnes Bernauer" und Stella in „Die heilige Flamme" von Maugham.

Mit ihrer gleichfalls am Weimarer Theater engagierten Freundin Herma Clement ist sie unzertrennlich. Es sind erfolgreiche und glückliche Jahre. Und doch wird

Emmy später sagen: „Das Leben der Emmy Göring, das mein einziges wahres Leben geworden ist. Die Welt der Emmy Sonnemann schien weit für mich auf einem anderen Stern zu liegen. Heute, wenn ich zurückblicke, ist es mir, als hätte ich nur in diesen Jahren, die im Frühjahr 1932 begannen und im Herbst 1946 endeten, wirklich gelebt."

Geboren wurde Emmy am 24. März 1893 in Hamburg als fünftes und letztes Kind von Johann Heinrich und Emma Sonnemann, eine typische Hamburger Kaufmannsfamilie. Der Vater ist Besitzer einer Schokoladenfabrik und strikt dagegen, daß seine Tochter Schauspielerin wird. „Werde eine gute Hausfrau und mache deinen Mann einmal glücklich", heißt seine Devise. Die Mutter, der Zufall und offensichtliches Talent kommen Emmy Sonnemann zu Hilfe. Sie lernt bei Leopold Jeßner am Hamburger Thalia-Theater, ein erstes Engagement folgt in der deutsch-böhmischen Stadt Aussig. Danach München, Wien, Stuttgart - eine erste Ehe mit Karl Köstlin währt nur kurz. Schließlich Weimar. Emmy bleibt über ein Jahrzehnt lang ohne Mann, wird in Weimar groß. Auf Hermann Göring trifft sie im reifen Alter von 38 Jahren. Sie bezieht eine neue Wohnung in der Schwabestraße 2, in einem um 1910 von dem Architekten Paul Mühle errichteten und selbst bewohnten zweigeschossigen Putzbau im Heimatschutzstil. Sieben Zimmer im zweiten Obergeschoß mit Balkon und Blick auf die Felder. Eine Haushaltshilfe, „Kammerzofe" sagte man damals wohl noch, geht ihr zur Hand. Ihr wird Emmy später ihr fürstliches Brautkleid schenken. Die Freundin Herma Clement wohnt gleich um die Ecke, in der Kirschbachstraße. „Frau Sonnemann war sehr, sehr nett und so natürlich", sagt auch die Tochter des Hausherrn, 1910 geboren, in Erinnerung an die kommunikative Mieterin.

Die Freundin ist oft zu Gast. Und natürlich Göring. Der bat den Hausbesitzer gleich anfangs um Erlaubnis, sein feudales Automobil auf dem Hinterhof abstellen zu dürfen, unsichtbar für die klatschfreudigen Nachbarn („So'n großer Wagen, das gab's ja hier damals gar nicht."). Ein paar Mal kommt der Herr Ministerpräsident persönlich zu den Vermietern in die Küche, um die fällige Miete, 120 Mark im Monat, zu bezahlen. Nie aber habe man sich über Politik unterhalten. Einmal bittet Emmy Sonnemann, sie hat ihren Schlüssel vergessen, sich bei Mühles aufhalten zu dürfen. Die Tochter, damals um die 22, erinnert sich gut. „Alles war natürlich recht aufregend, irgendwie imponierend."

Zum 31. März 1933 scheidet Emmy Sonnemann aus dem Verband des Weimarer Theaters aus und geht ans Staatstheater Berlin zu Gustaf Gründgens, wo sie bis zu ihrer Hochzeit in Klassikern und modernen Dramen auf der Bühne steht. Ebenso Herma Clement, durch die Fürsprache der Görings ist sie vor Verfolgung geschützt. „Wer Jude ist, bestimme ich", soll Göring gesagt haben. 41jährig verabschiedet sich Emmy Sonnemann als Lessings Minna von Barnhelm vom Theaterleben, betritt die Bretter, die ihr die Welt bedeuteten nie mehr, wird Haus- und erste Repräsentationsfrau des Staates; mit 44 noch Mutter einer Tochter (Edda).

Emmy bleibt die Unpolitische. Bis zur Hochzeit mit Göring hatte sie immerhin drei Jahre Zeit, zuerst die programmatische und später die gesellschaftliche Realität der Führer zur Kenntnis zu nehmen. Sie tut es nicht.

„In ihrer Treue jüdischen Freunden und Kollegen gegenüber ist Emmy wundervoll. Sie tritt bei Göring für uns ein, wann immer sie kann" (Bella Fromm). Sie hält nichts von Antisemitismus, hat viele jüdische Freunde, verwendet sich auch für die Nöte Unbekannter, warnt Leute vor dem Abgeholtwerden. Doch Emmy Göring sagt nicht: Schluß mit der allgemeinen Verfolgung. Atemberaubend ist ihr Trapezakt der Ausklammerung, was die Konzentrationslager betrifft.

Im Frühjahr 1936 weilen die Görings in Weimar und statten auch dem Marie-Seebach-Stift einen Besuch ab. Bei einer Kaffeerunde wird eine Idee geboren, die noch heute Bestand hat: Göring stiftet einen Erweiterungsbau, das Emmy-Göring-Stift. Obwohl ihr dort eine geräumige Wohnung zur Verfügung steht, kommt Emmy Göring kaum mehr nach Weimar. Auch später nicht, nach Inhaftierung und Arbeitslager. Nur Tochter Edda soll den einstigen Wirkungsort ihrer Mutter besucht haben. Emmy Göring stirbt am 8. Juni 1973 in München.

Die Schauspielerin Emmy Sonnemann (1893-1973, Abb.: im Rollenkostüm), fast zehn Jahre lang am Deutschen Nationaltheater Weimar engagiert, wurde 1935 die zweite Ehefrau von Hermann Göring.

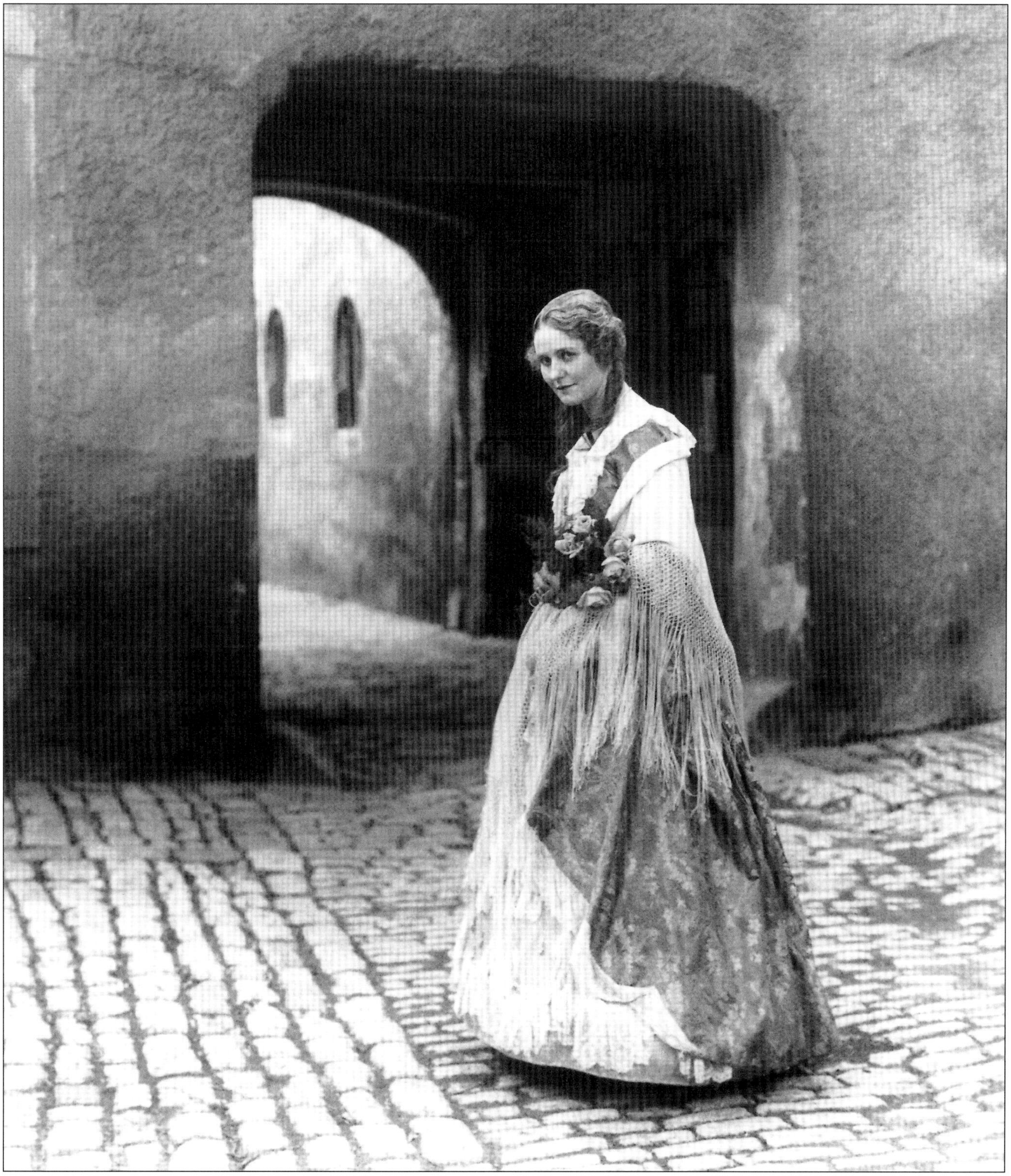

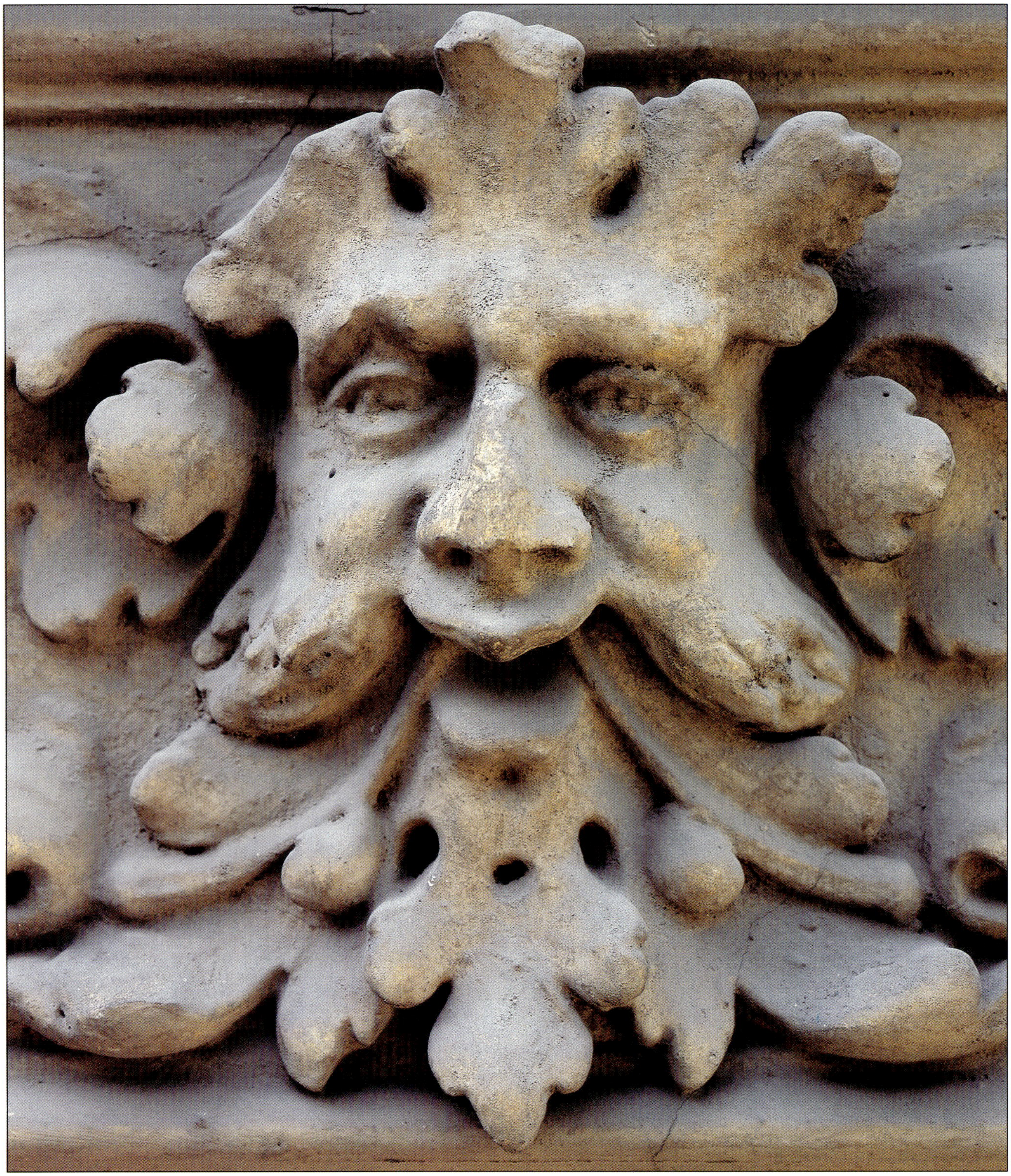

Freiherr-vom-Stein-Allee 2

Sein Leben spiegelt ein bedeutsames und brisantes Stück Zeit- und Forschungsgeschichte: Der Schweizer Prähistoriker Dr. Otto Hauser (1874-1932) schrieb mit den sensationellen Skelettfunden von Steinzeitmenschen in Frankreich Schlagzeilen. Doch der Verkauf beider Skelette nach Deutschland beendete jäh die Karriere eines Mannes, dem so ungewöhnliches Finderglück zuteil geworden war. 1925 siedelte er nach Weimar über, fand zunächst eine Wohnung in der Helmholtzstraße, dann in der Freiherr-vom-Stein-Allee. Dort gründete er 1928 den Verlag für Urgeschichte und Menschenforschung, um die eigene Zeitschrift „Neue Dokumente zur Menschheitsgeschichte" herauszugeben. Nach Erscheinen des ersten Bandes ging er Konkurs und verließ Weimar.

36
Otto Hauser

Aus großen Augen schaut sie herab auf die Passanten. Den plastisch-zarten Mädchenkopf aus Sandstein umgibt reichlich Blatt- und noch mehr Schnörkelwerk. Mag manche Feinheit auch bereits dem Zahn der Zeit zum Opfer gefallen sein: Die aufwendigen Stukkaturen sind bemerkenswert gut erhalten und stehen in ihrer Vielfalt und Reichhaltigkeit in anmutigem Kontrast zum roten Klinkerwerk der Fassade.

Otto Hauser (1874-1932) wird für sie kaum einen Blick übrig gehabt haben, als er mit seiner Familie 1927 eine Wohnung im Haus der Oberstleutnantswitwe Ida von Scheele an der Carl-Alexander-Allee 2 (heute: Freiherr-v.-Stein-Allee) bezieht. Seine Welt ist die Vergangenheit, sind Grabungen und Funde. Ein Besessener, der sein einst beträchtliches Hab und Gut den prähistorischen Interessen opfert, seine drei Ehen und Söhne und seine Gesundheit. „Ich habe riesig gearbeitet, ich scheue keine Mühe - aber alles umsonst; ich diente der Wissenschaft wie selten einer und nun alles verloren - grau die Zukunft, trübe die Gegenwart." Resigniert schüttet der ansonsten doch sehr selbstgewisse Hauser 1912 dem Freund Emil Bächler sein Herz aus. Fünfzehn Jahre darauf hat sich seine Lage nicht wesentlich verbessert: Um den Umzug von Berlin nach Weimar finanzieren zu können, pumpt er einen Freund an. Und um zu sparen, leisten sich die Hausers keine eigene Wohnung, sondern wohnen fast überall zur Untermiete. Der Welt ist jener Bewohner des Hauses inzwischen schon wieder reichlich gleichgültig. Ein Zugereister, der kaum Aufsehen erregt in Weimar. Vorbei ist die Zeit, da Otto Hauser mit seinen sensationellen Entdeckungen Schlagzeilen schrieb und eine Brief- und Kartenflut aus aller Herren Länder auslöste.

Im Jahre 1908 war der Schweizer Prähistoriker Otto Hauser in Südwestfrankreich auf das Skelett eines Neanderthaljünglings gestoßen, der nach seinem Entdecker Homo mousteriensis Hauseri genannt wird. Auch zwei Weimarer besuchen ihn an der Fundstelle in Le Moustier: Ludwig Pfeiffer und Armin Möller, Kustos am Weimarer Museum für Urgeschichte, der große Verdienste u.a. bei der Bergung von Großsäugern, Menschenresten und Steingeräten aus dem Travertin von Ehringsdorf erworben hat. Der Kontakt nach Weimar ist also hergestellt.

Ein Jahr später hat Hauser noch einmal Finderglück, als er die Gebeine des Mannes von Combe Capelle hebt, der aus jungpaläolithischer Zeit stammt. Den persönlichen Triumphen folgt die Krise. Angefeindet von Kollegen, die ihm

Der Schweizer Prähistoriker Otto Hauser (1874-1932) schrieb mit zwei sensationellen Skelettfunden in Südwestfrankreich Geschichte (Abb.: mit Abguß des Skeletts von Combe Capelle).

mangelnde Wissenschaftlichkeit und skrupellose Ausbeutung gewinnträchtiger Fundstellen unterstellen, zunehmend in Geldprobleme verstrickt, bedrängt durch Neid, Mißgunst und Auseinandersetzungen, die nach dem Verkauf der beiden Skelette ins kaiserliche Berlin an Heftigkeit und Schärfe zunehmen: Der einst als fröhlich und optimistisch beschriebene Gelehrte wird zunehmend verbittert, widerborstig und poltrig. Mit Ausbruch des ersten Weltkrieges muß Hauser sein Paradies der Urzeit verlassen, wird als Spion denunziert, sein Eigentum beschlagnahmt.

Der Prähistoriker versucht sich zunächst in München als Antiquitätenhändler, zieht dann unstet hin und her, Schulden drücken. Nach seiner Promotion 1916 über das von ihm zehn Jahre zuvor entdeckte Paläolithikum von La Micoque in der Dordogne entwickelt er eine reiche schriftstellerische Tätigkeit. Seine Kunst, in erzählender Form den Laien in komplizierte Sachverhalte einzuführen und zu fesseln, sein einprägsamer, bildhafter und unterhaltsamer Stil kommen an. Allerdings ist Hauser etwas schnellfertig mit weittragenden Hypothesen, ist wenig gewissenhaft.

Wie sein erstes Buch „Der Mensch vor 100 000 Jahren" (1917) sind auch seine folgenden Veröffentlichungen vorzugsweise auf ein breites Leserpublikum gerichtet. Die Zahl derer, die angeregt durch Hausers Bücher, der Archäologie ihr Interesse zuwandten, ist sicher nicht gering. In Gelehrtenkreisen aber bleibt der Wissenschaftler des Spatens umstritten.

Nach Weimar werden den 51jährigen, abgesehen von der Bekanntschaft mit Armin Möller (1865-1938), Ludwig Pfeiffer starb bereits 1921, auch die archäologisch wertvollen Travertinsteinbrüche von Ehringsdorf gezogen haben.

Zunächst zieht er 1925 mit Frau Erna und Sohn Friedrich in eine Wohnung im Parterre der Elisabethstraße 11 (heute: Helmholtzstraße), 1927 in die Carl Alexander Allee 2. Dort gründet er im Jahr darauf seinen Verlag für Urgeschichte und Menschforschung GmbH. Seine Erwartungen sind hoch: „Wir hoffen, daß schon der I. Band ‚Neue Dokumente zur Menschheitsgeschichte', dem in zwangloser Folge weitere Bände folgen sollen, auch dazu beitragen darf, den Drang nach Erkenntnis zu fördern..." Doch er hat sich wieder einmal verkalkuliert. Hauser hatte eine Bürgschaft für 20.000 Mark übernommen, die er, als sie plötzlich von ihm gefordert werden, nicht aufbringen kann.

Der Verlag geht pleite. Verzweifelt schreibt der Prähistoriker am 25. November 1928 an Karl Brandt: „... ich bin in furchtbarer Lage. ... in wenigen Tagen entscheidet es sich und wer ist schuld? ich, meine Frau, weil wir schufteten wie besessen, Tag um Tag und keine Pause, immer in der Meinung, man sehe dann unseren Bucherfolg ... und nun ist da ein Großer, ein Millionär, der außer am Geld nur noch am Sekt Freude hat, uns Wissenschaftler auslacht, der viel versprochen hat und recht wenig gehalten."

Der Konkurs trifft auch jene Mitarbeiter, die bereits Beiträge zur Veröffentlichung fertiggestellt haben. „Dr. Hausers Verhältnisse in Weimar hatten sich heillos zugespitzt", notierte einer seiner Autoren. Es kommt zu gerichtlichen Auseinandersetzungen zwischen ihm und seinen Geldgebern. Wie er sich letztendlich aus der Schlinge zu ziehen vermag, ist nicht überliefert.

Otto Hauser verschwindet aus der Stadt - zunächst nach Oßmannstedt, dann nach Berlin. Schnörkellos und wenig zimperlich mit seinen Gläubigern. In Weimar ward er nicht wieder gesehen.

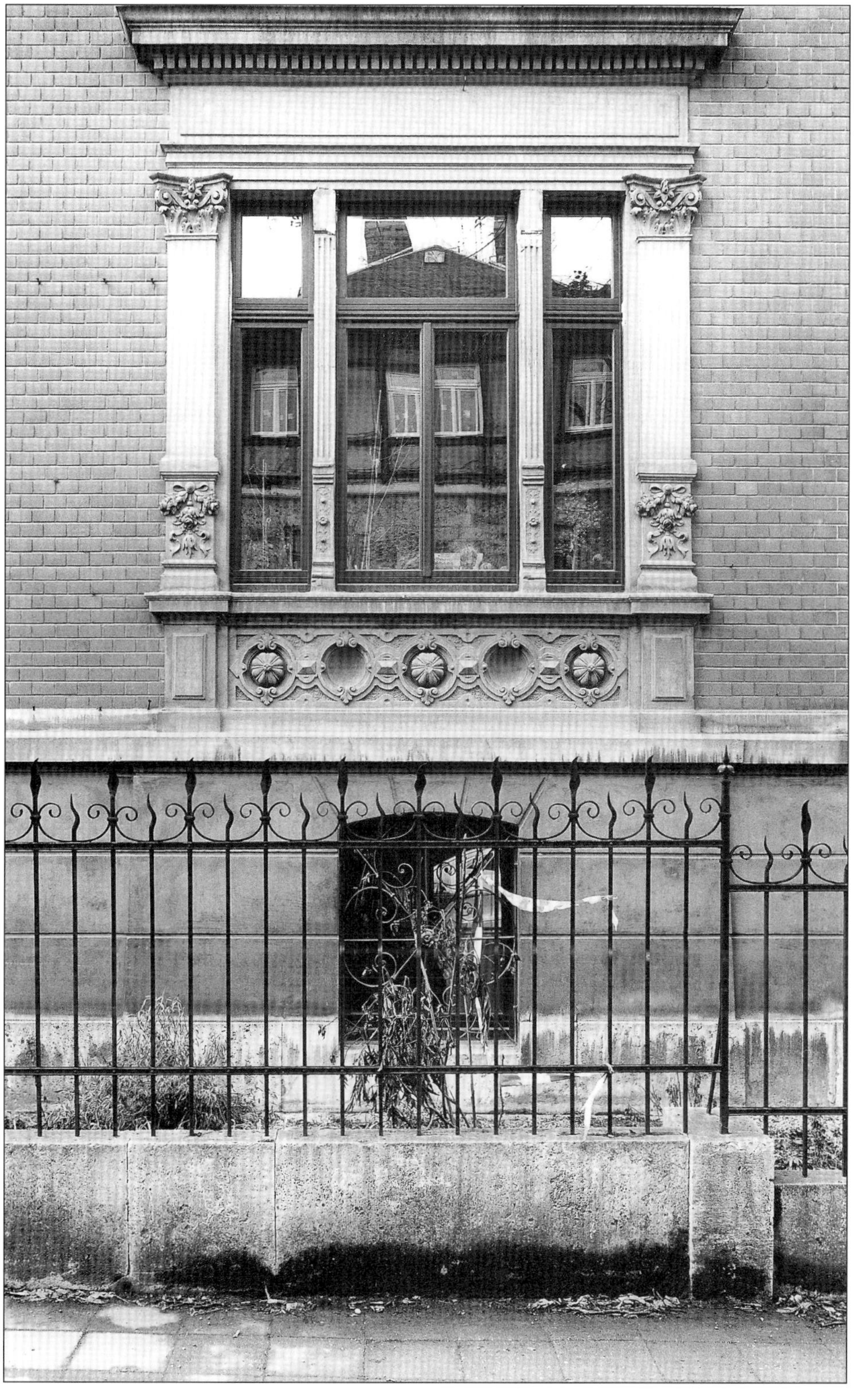

54

Cranachstraße 12

Niemand kann heute die Flora des Nahen und Mittleren Ostens studieren, ohne die Sammlungen Joseph Bornmüllers (1862-1948) und seine Arbeiten einzusehen. Angezogen durch den namhaften Botaniker Carl Haussknecht, kommt Bornmüller 1894 nach mehreren Forschungsreisen durch verschiedene Länder nach Weimar. Zunächst wohnt er im nahe gelegenen Berka, 1904 bezieht er mit seiner Gattin Frida eine geräumige Wohnung in einem imposanten Jugendstilhaus an der Cranachstraße 12. Nach dem plötzlichen Tod Haussknechts im Jahre 1903 wird er Kustos am „Herbarium Haussknecht" (bis 1923), danach Konservator (bis 1939). Die heutigen Kenntnisse der Flora des Nahen Ostens sind größtenteils Bornmüllers Werk. Er schrieb fast 400 Veröffentlichungen.

37
Joseph
Bornmüller

Weit droben unterm First hockt ein Uhu. Zwar ist's nur ein Stuckrelief, was sich da so schlank und weiß gegen üppig bunten floralen Ornamentschmuck absetzt. Nicht weniger symbolhaft aber als sein lebendes Vorbild. Diskreter Hinweis wohl auch auf den Schöpfer des Hauses, auf Rudolf Zapfe (1860-1934), Mitglied der „Schlaraffia", die den Uhu zum Sinnbild erwählt. Was es mit seinem Beinamen „Fassaderich" auf sich hatte, das ergründet schon ein flüchtiger Blick auf das stattliche Jugendstilhaus Cranachstraße 12. Erbaut anno 1903 für Albert Hermann Haetzoldt, unterscheidet sich der zweieinhalbgeschossige Massivbau, weil individuell mit floraler Jugendstilornamentik ausgestaltet, denn auch deutlich von anderen Bauten des stadtbekannten Architekten.

Kaum ist die Villa vollendet, klopft bereits der erste Mieter an die schmucke Holztür. Der Naturforscher Joseph Bornmüller (1862-1948) meldet Interesse an. Zum 1. April 1904 zieht er mit Gattin Frida, geborene Amelung, in die erste Etage, knapp 150 Quadratmeter groß. Der Mietpreis beträgt für das Jahr 950 Mark, einschließlich Wassergeld und Kosten für Essenkehren, Mädchenkammer unterm Dach, Vorratskammer und zwei Kellerräume. Auch ein Viertel des Gartens ist ihm überlassen. Einen Hund muß Naturfreund Bornmüller sein eigen genannt haben. Jedenfalls ist Passus 12 des noch heute vorhandenen Mietvertrages dahingehend abgeändert. Er ist ein ruhiger Mieter, persönlich von großer Genügsamkeit und Zurückhaltung und immer bereit, anderen mit seinen Kenntnissen und Erfahrungen zu helfen.

Joseph Bornmüller, 1862 in Hildburghausen geboren, war Gärtner. Ebenso wie viele seiner Kollegen zieht es den Enkel des berühmten Joseph Meyer, Begründer des Bibliographischen Institutes (Meyers Lexikon), auf der Suche nach seltenen Pflanzen in ferne Länder. Aber Anzahl, Ausdehnung, Ziel und Ergebnisse von Bornmüllers Sammelreisen sind so außergewöhnlich, daß keine Verbindung mit der Gärtnerei bleibt.

Insgesamt 29 Sammelreisen unternimmt Bornmüller oder ist daran beteiligt. Oft begleitet ihn seine Frau. Das Mittelmeergebiet und den Orient hat er in einem Ausmaß bereist und botanisch erforscht, wie bisher kaum ein zweiter. Niemand kann heute die Flora des Nahen und des Mittleren Ostens studieren, ohne Bornmüllers Sammlungen und Arbeiten einzusehen. Die von ihm gesammelten Pflanzenschätze, hauptsächlich höhere Pflanzen, sind so ungeheuer groß,

*Der Botaniker
Joseph Bornmüller
(1862-1948) leitete das
„Herbarium Haussknecht"
von 1903 bis 1927*

daß Bornmüllers Sammlung trotz erheblicher Verluste durch Feuer immer noch zu den wertvollsten Teilen des Herbariums Berlin-Dahlem gehört.

Am 24. Februar 1887 wendet der damals 25jährige, der im Botanischen Garten zu Breslau arbeitet und wenig später als Inspektor des Botanischen Gartens nach Belgrad gehen wird, sich erstmals an den in Weimar ansässigen Botaniker Karl Haussknecht. Die persönliche Beziehung zu Haussknecht wird bestimmend für sein weiteres Leben; im Thüringer Botanischen Verein, deren Begründer und Vorsitzender Haussknecht ist, findet er vielfältige Anregung und gleichgesinnte Freunde. Zurückgekehrt von einer zweijährigen Sammelreise durch Persien und Mesopotamien, zieht er 1894 nach Weimar, zunächst ins nah gelegene Berka. Nach dem plötzlichen Tode von Haussknecht im Jahre 1903 wird Bornmüller zum Kustos an das Herbarium Haussknecht berufen, eine Stiftung, die von

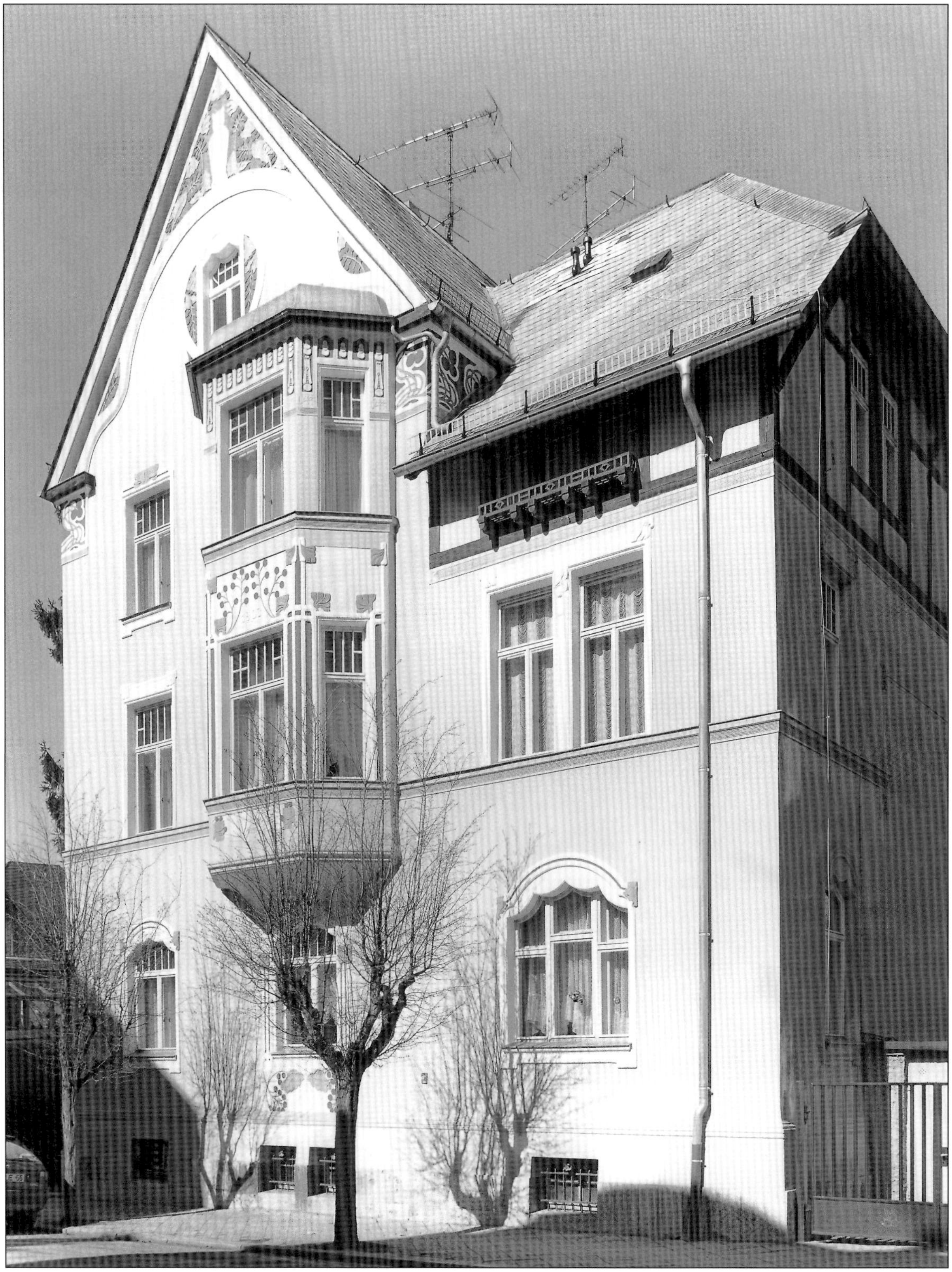

Haussknechts Familie nach dessen Wunsche ins Leben gerufen wurde. Es folgen Jahre ruhiger, steter Arbeit, bei der die Bearbeitung der persischen Flora im Vordergrund steht. Er, der im vertrauten Kreise, sei es in den stillen Räumen des Herbarium Haussknecht, sei es auf einer Exkursion, ebenso fesselnd wie humorvoll zu plaudern vermag aus der Fülle seiner Erlebnisse heraus, wird schweigsam und zurückhaltend, oft geradezu ablehnend, wenn seine persönlichen Angelegenheiten vor die Öffentlichkeit kommen sollen. Deshalb nimmt es nicht wunder, wenn dieser Mann, dessen Natürlichkeit, Sachlichkeit und Bescheidenheit ihm schnell Zuneigung und Freundschaft eines jeden gewinnen, über die botanisch-floristischen Kreise hinaus kaum bekannt ist.

Da mag dann manch einer vielleicht knurren, da sehe man ja, was es schon genutzt habe, sich am Kaspisee eine Malaria, vom ewigen persischen Pilaw eine Verstopfung, auf den Abruzzen den Rheumatismus oder in Inneranatolien eine Diarrhoe zu holen, wenn man nicht einmal ein berühmter Mann würde wie der Großvater. Was es genutzt hat, die heute kaum mehr vorstellbaren Strapazen des Reisens auf sich zu nehmen, da noch kein Auto und kein Flugzeug Wüsten, Gebirge und Meere zur Bedeutungslosigkeit schrumpfen ließen, ein Reisender im Orient zu kämpfen hatte, zu kämpfen deshalb, weil damals der Orient ein Knäuel sich widerstreitender Interessen europäischer Großmächte war und Machtansprüche wie Geltungsbedürfnis lokaler Provinzgewaltiger nicht weniger als Sitte und Raubgier freier Gebirgsstämme größte Geistesgegenwart, Entschlossenheit und diplomatisches Geschick bei jedem europäischen Reisenden erforderten. Was all dies genutzt hat, zeigt klar das imposante Lebenswerk Bornmüllers. Noch im hohen Alter ist er von erstaunlicher Rüstigkeit und geistiger Frische. Von dem Botaniker Otto Schwarz ist ein Erlebnis überliefert: „Es ist ein Jahr her, daß ich den damals fast 74jährigen auf einer Exkursion in den Jenaer Bergen begleiten durfte. Wie es da bergauf, bergab ging, stundenlang, ohne Pause, in glühender Spätsommersonne, das mitzumachen, würde manch jungem Burschen zuweilen sauer. Nun, Bornmüller kannte keine Ermüdung, mit seiner sehnigen großen Gestalt und seinen weitausholenden sicheren Schritten bot er das Bild unverwüstlicher Jugend."

Zwei Weltkriege hat er erleben müssen, 1919/23 die Inflation. Sein eigenes Vermögen und das der Stiftung Herbarium Haussknecht, immerhin 100.000 Mark, schmelzen dahin. Bornmüller aber führt seine Arbeit unter eigenen Opfern und bei bescheidenem Gehalt weiter. Hunderttausende von Pflanzen mögen durch seine geschickten Hände gegangen sein, um von ihm aus ihren Weg anzutreten in die wichtigsten Sammlungen. Die lange Liste seiner Publikationen, fast 400, zeugt davon, wie er über ihre wissenschaftliche Stellung und ihren systematischen Wert sachlich, gewissenhaft und gründlich ein eigenes Urteil sich bildete. Doch in den schweren Jahren der ersten Zeit nach dem zweiten Weltkrieg blieb im Dezember 1948 in Deutschland der Tod des auf seinem Gebiet so erfolgreichen und bedeutenden Gelehrten fast unbeachtet.

Das Haus, in dem er bis zu seinem Tode gewohnt, ist unverändert im Besitz der Erben Haetzoldts. Anfang der 90er Jahre wurde liebevoll restauriert. Selbstverständlich auch der symbolträchtige Uhu. Da hockt er nun und schweigt weise im Angesicht wechselnder Zeiten.

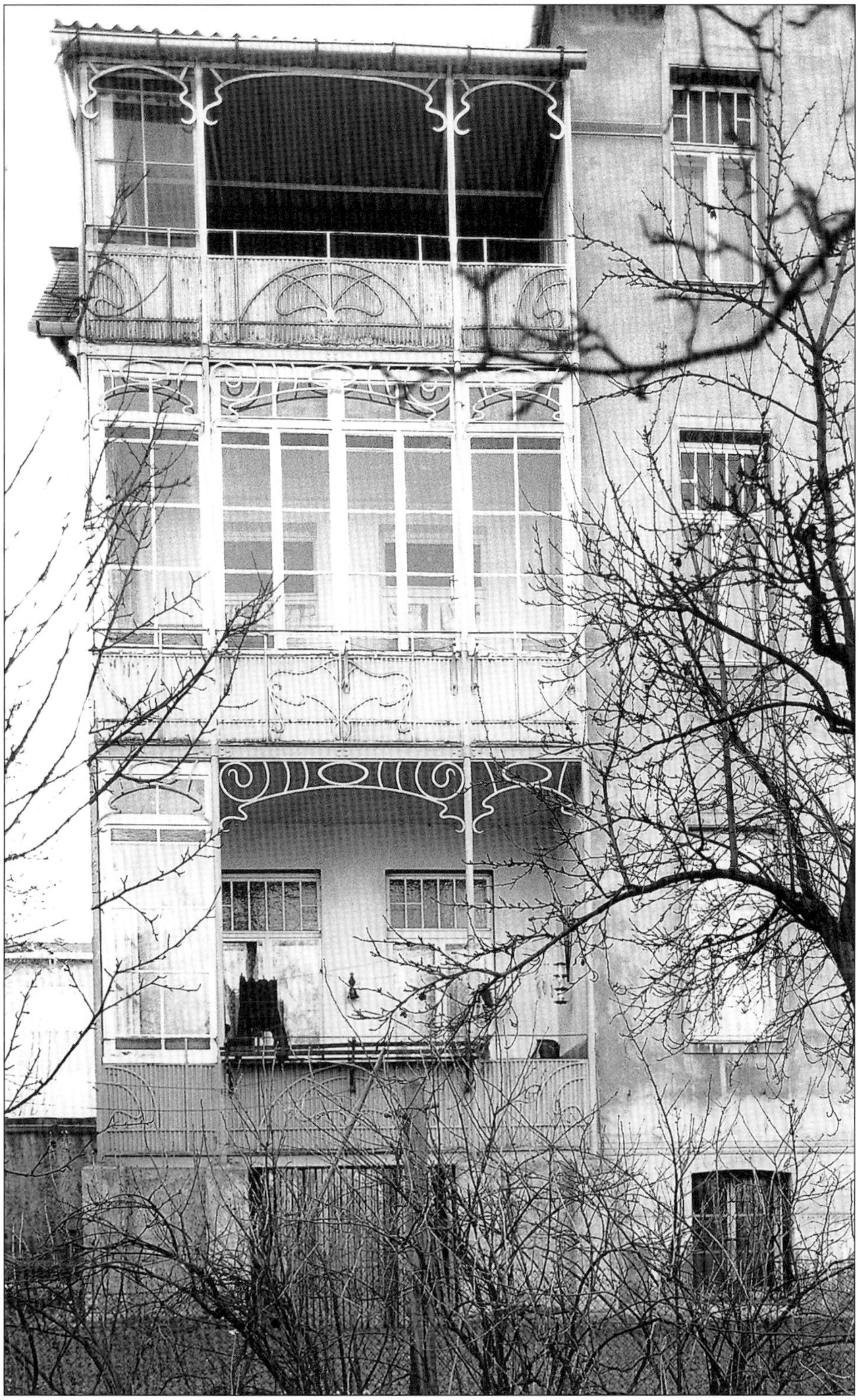

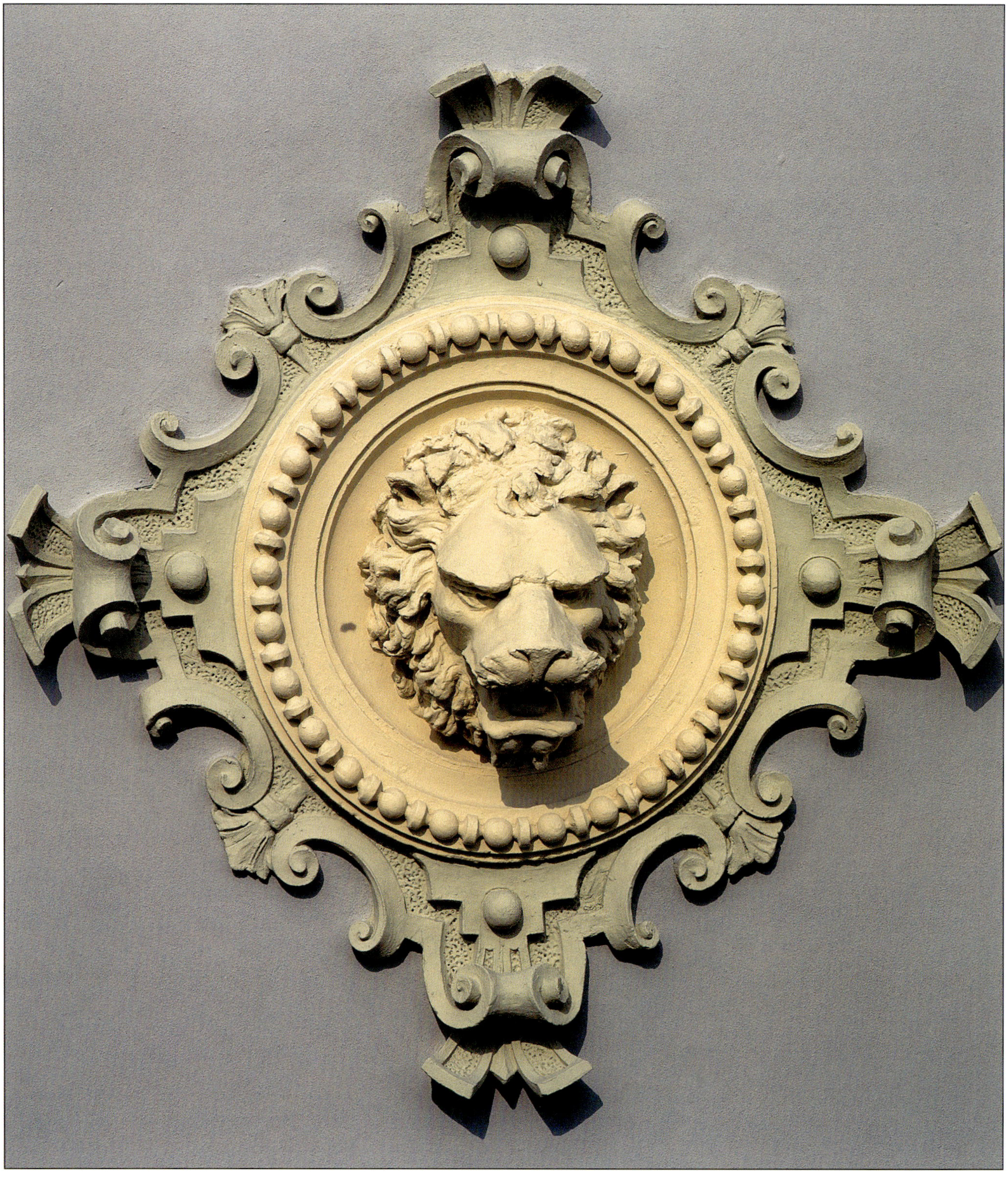

Thomas-Müntzer-Straße 35

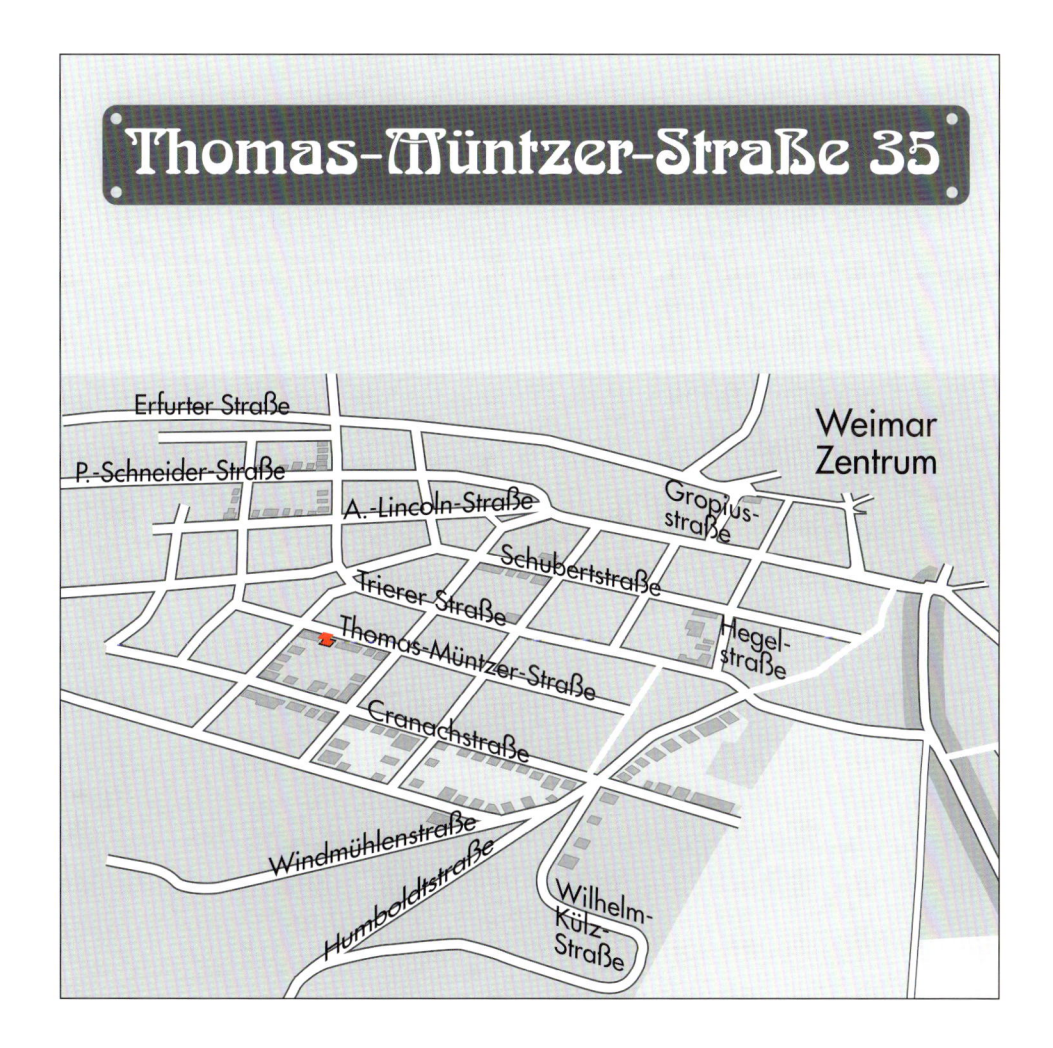

Noch in hohem Alter steht er an der Staffelei und malt mit sicherer Hand und ruhigem Blick für Farbenwirkung und dem unbeirrbaren Gefühl für den packendsten Aufbau historischer Szenen. Der Historienmaler Hans W. Schmidt (1859-1950) hat sich mit einem elfteiligen Bilderzyklus zur Geschichte der Stadt Weimar in die Chronik der Stadt eingeschrieben. Drei der Bilder, einst für das Restaurant der Weimarhalle entstanden, sind heute im Rathaus der Stadt Weimar zu finden. Malerischer Geschichtsunterricht. Gewohnt hat Hans W. Schmidt unter anderem in einer prächtigen Neorenaissance-Villa an der Wörthstraße 35, heute Thomas-Müntzer-Straße. Seine Familie und die Malerei waren sein Lebensinhalt. Dabei war er vielseitig, tat sich auch als Journalist des Zeichenstifts hervor.

38
Hans W. Schmidt

Der Zeitungsausträger muß ein Optimist gewesen sein. Neueste Nachrichten für ein verlassenes Haus. „Grüss Gott, tritt ein, Bring Glück herein": Die Schrifttafel über dem Eingangsportal grüßt ins Leere. Herein treten derzeit lediglich Handwerker, Architekten und andere Baufachleute. Und dabei wird es wohl noch eine ganze Weile bleiben. Glück werden sie der 1893 errichteten Villa, Thomas-Müntzer-Straße 35, aber zweifellos bringen, Gesundheit und die Garantie für weiteren Bestand. Nicht, daß das solide Gemäuer sonst zusammenzubrechen droht. Eine gründliche Schönheitskur aber ist dringend angeraten. Damit wird ein Haus neu belebt, das seinerzeit für einiges Aufsehen gesorgt hatte. Zimmermeister Theodor Reinhardt war ein rationaler, doch eigenwilliger Mann von ökonomischer Denkart. Entgegen der geltenden Bausatzung, die maximal drei Geschosse erlaubte, setzte er einen als viertes Vollgeschoß zu zählenden Dachausbau durch. Eine maximale Auslastung des knapp 900 m^2 großen Grundstücks konnte erreicht werden. Die Kühnheit ist längst überholt, gleich gegenüber reckt ein Bau sich in gleiche Höhe.

Reinhardt nutzt nicht allein das riesige Haus, er vermietet. Zeitweise wohnt der amerikanische Konsul Will Lowrie im ersten Stock (1907/08). Später dann der Direktor des Kohlenkontors Weimar, auch der Kunstmaler Karl Hansen zählt zu den Mietern. Doch da ist die Villa bereits verkauft, an den Lederhändler und Schuhmachermeister Karl Wüstneck.

Die Namen sind längst vergessen, nur einer hat überdauert, hat sich eingeprägt in die Stadtgeschichte, behielt über die Jahrzehnte seinen besonderen Klang: Prof. Hans W. Schmidt (1859-1950), Landschafts- und Historienmaler, zieht 1927 mit seiner Familie in die repräsentativen Räume im ersten Geschoß. Drei Zimmer zur Straße, zwei gen Osten, Badezimmer und Küche blicken auf den Garten. Die Zimmerdecken geziert von aufwendiger Stuckarbeit.

Hans W. Schmidt ist ein ernster, ein nachdenklicher Mann. Der Geschichte zugewandt, doch ebenso der Gegenwart gegenüber aufgeschlossen. Stunden um Stunden verbringt er mit dem Studium von Archivalien, der Durchsicht von Geschichtsbüchern und Dokumenten historischer Begebenheiten. Im Jahre 1879 war er, Sohn einer Hamburger Handwerksfamilie, nach Weimar gekommen. Zum Studium an der Kunstschule. Der Landschafter Theodor Hagen wird sein erster Lehrer. Schon bald aber schwenkt der Tierfreund um, zu Albert Brendel, dem hervorragenden Tiermaler aus der Barbizanschule.

Der Historienmaler Hans W. Schmidt (1859-1950), 20jährig aus Hamburg nach Weimar gekommen, wurde bekannt durch seine Bilder über Ereignisse aus der Weimarer Geschichte.

Bereits nach anderthalb Jahren kann der junge Künstler seinen ersten Erfolg feiern: In einer Schülerausstellung wird sein „Pferdemarkt in Buttstädt" mit der „Goldenen Medaille" ausgezeichnet. Brendel, der Meister, hohes Vorbild für den heranreifenden Künstler, empfiehlt Hans W. Schmidt an Großherzog Carl Alexander zur Ausführung eines großen dekorativen Auftrages für das großfürstliche Schloß Oranienbaum bei Petersburg. Bei dieser Arbeit verdient der junge Mann, der Akt- und Figurenzeichnen bisher nur im Nebenfach betrieben hatte, sich in der figürlichen Malerei seine ersten Sporen.

Blättern wir vom Einst zum Jetzt, ins Weimarer Rathaus. Schon auf den ersten Stufen nimmt ein großformatiges Historiengemälde gefangen: Der Einzug des Kurfürsten Johann Friedrich des Großmütigen anno 1552. Das Rathaus und der Markt sind nach damaligen Quellen in ihrer derzeitigen Form rekonstruiert.

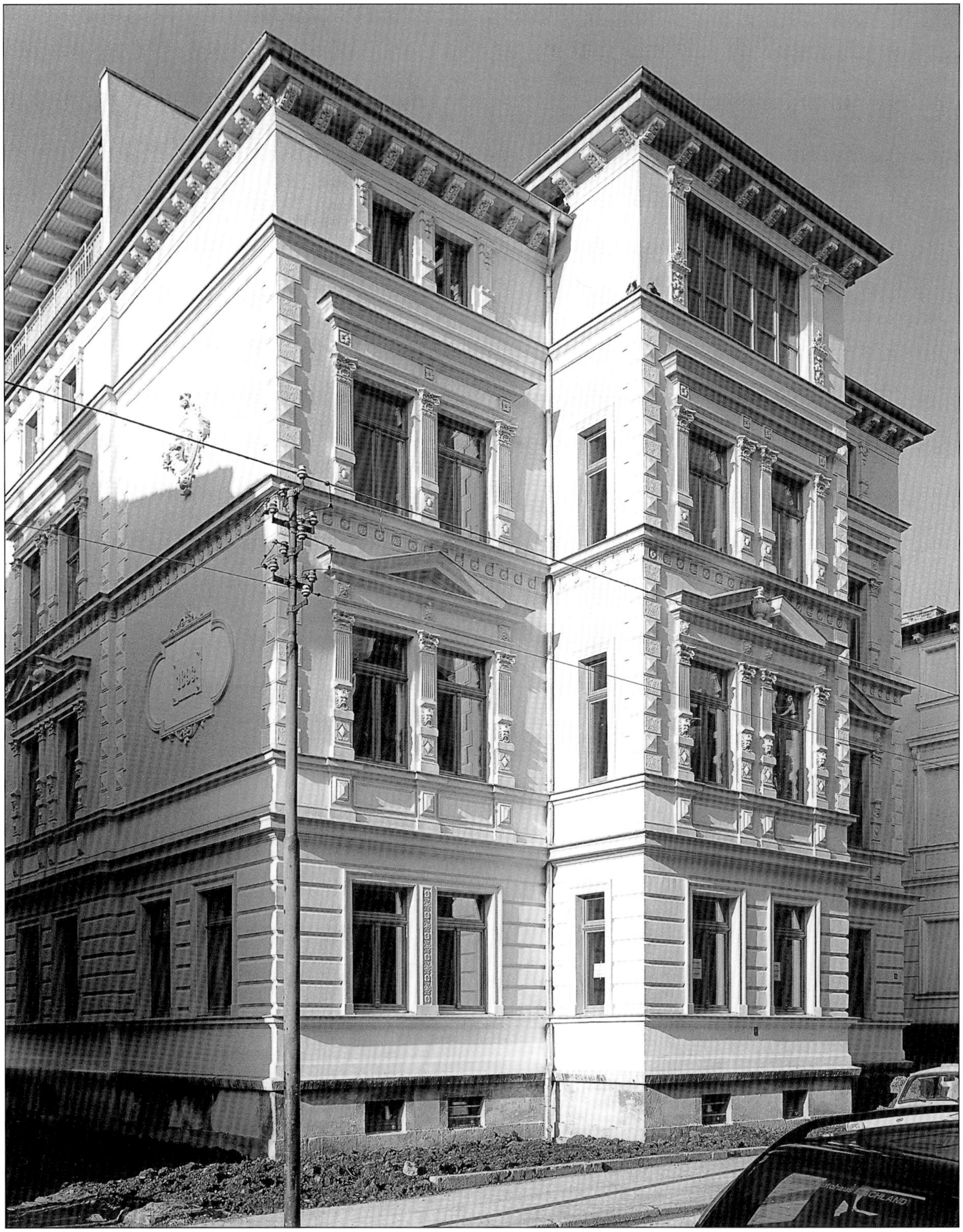

Der Kurfürst, in dessen Gefolge sich auch Lucas Cranach d.Ä. befindet, wird vom Rat der Stadt, der Bürgerschaft und den Innungen feierlich empfangen. Die Begeisterung und interessierte Bewegung unter den Versammelten hat Schmidt mit der ihm eigenen lebhaften Phantasie deutlich konturiert. Das Talent, das sich bereits im Mittzwanziger andeutete, in diesem Werk, zweiter Teil des sogenannten Weimarhallenzyklus', ist es zur Meisterschaft gebracht.

1885 wird Schmidt auf Antrag seines Lehrers Brendel zum Meisterschüler befördert, er erhält ein geräumiges Atelier neben dem des Meisters. Die Tiermalerei konzentriert sich nach und nach immer mehr auf das Pferd. Ein erster Schritt zur Historienmalerei ist getan. Als vorzüglicher Zeichner erreichen Schmidt immer mehr Aufträge. Sie bringen Geld in die knappe Kasse. Er zeichnet für große Illustrierte, fünfzehn Jahre lang für die „Leipziger Illustrierte Zeitung".

Aufträge, die schnell ausgeführt werden müssen, um aktuell zu bleiben: Hof- und Volksfeste, Katastrophen, Sportveranstaltungen; ein Journalist des Zeichenstifts und des Pinsels.

Am 30. September 1887 heiratet er Olga von Ladinski. Ihr Vater ist der Erzpriester Wladimir von Ladinski, der 1863 nach Weimar kam und hier 33 Jahre lang als orthodoxer Geistlicher wirkt. Vier Töchter werden dem jungen Paar innerhalb von neun Jahren geboren: Wera, Elisabetha Ludmilla, Alexandra und Katharina. Die beiden mittleren sterben früh.

Er arbeitet für eine Leipziger Kunstdruckfirma, entwirft Plakate, illustriert Bücher. Teils ungeliebte, doch materiell lohnende Arbeit, die der Familie den nötigen Unterhalt sichert. Die harten Jahre können dem Künstler den Mut und Schaffensdrang nicht nehmen. So entsteht u.a. in der neuerbauten Wandelhalle Bad Pyrmonts ein Wandfries von 28 Meter Länge, der die Geschichte Pyrmonts und seiner Heilquellen darstellt.

Der mit reifem Können und erstaunlicher Arbeitskraft begabte Schmidt wird mehrfach ausgezeichnet, 1903 zum Professor ernannt. Den Weltkrieg erlebt er als Kriegszeichner, 1917. 58jährig, kehrt er zurück. Er ist unermüdlich, die Kunst ist ihm neben seiner Familie Lebensinhalt. Wohin er kommt, und er reist viel, wird gezeichnet, gemalt. 1925 arbeitet er an einem Fries für den Verband deutscher Papierfabrikanten. Für das Deutsche Museum in München soll er in großen fortlaufenden Fresken die Entwicklung der Papierindustrie und ihre Bedeutung für die Kultur von den ersten Anfängen bis zur Gegenwart darstellen.

Das Adreßbuch verrät ihn als umzugsfreudigen Zeitgenossen. Von der Lisztstraße 12 in die 24, dann Luisenstraße 33, später 31, zwischen 1927 und 1931 Wörthstraße 35 (heute: Thomas-Müntzer-Straße), danach lebt er bis zu seinem Tod 1950 bei seiner Tochter Katharina in der Lassenstraße 43. Sein Atelier aber bleibt bis hinein ins hohe Alter das gleiche, in einem Hinterhaus der Amalienstraße 17 gelegen, in unmittelbarer Nähe zur Kunstschule. Nie aber ist er in der Abgeschlossenheit oder gar Volksferne seines Ateliers geblieben, er liebte die Geselligkeit, war Mitglied des Künstlervereins. Ein Stück Zeitgeschichte in Bildern entsteht unter seinen rastlosen Händen. Seine Hauptarbeit ist die geschichtliche Bilderfolge für die Weimarhalle. „Es ist schwer zu sagen, was man mehr bewundern soll", heißt es in einem zeitgenössischen Bericht, „die hervorragende Kompositions- und Zeichenkunst oder die vollendete Darstellung von Architektur und Innenraum." Graf Wilhelm II. von Weimar, Kaiser Otto II. (975), Johann Friedrich der Großmütige, Johann Sebastian Bach, die Tafelrunde im Wittumspalais, Herzogin Luise, Napoleon, Goethe, Schiller, Liszt. Er malt Persönlichkeiten der Kultur- und Zeitgeschichte, später auch Adolf Hitler. Damit malt er sich ins Abseits, auch die Fürstenbilder werden ihm zu DDR-Zeiten sehr übel genommen. 1950 stirbt Hans W. Schmidt, 91jährig.

Das einstige Wohnhaus an der Thomas-Müntzer-Straße 35 hat nach ausdauernder Restaurierung und Modernisierung zu neuer, alter Schönheit gefunden. Die Garantie für weiteren Bestand ist gegeben. Mehr noch: Es steht für das Neue, Zukunftsweisende, ein markanter Blickpunkt. Gegenwart und Vergangenheit reichen einander in dieser stillen Straße die Hände. - Nun erreichen auch die Zeitungen wieder ihre Empfänger.

Sein Atelier hatte Hans W. Schmidt in einem Hinterhaus an der Amalienstraße 17.

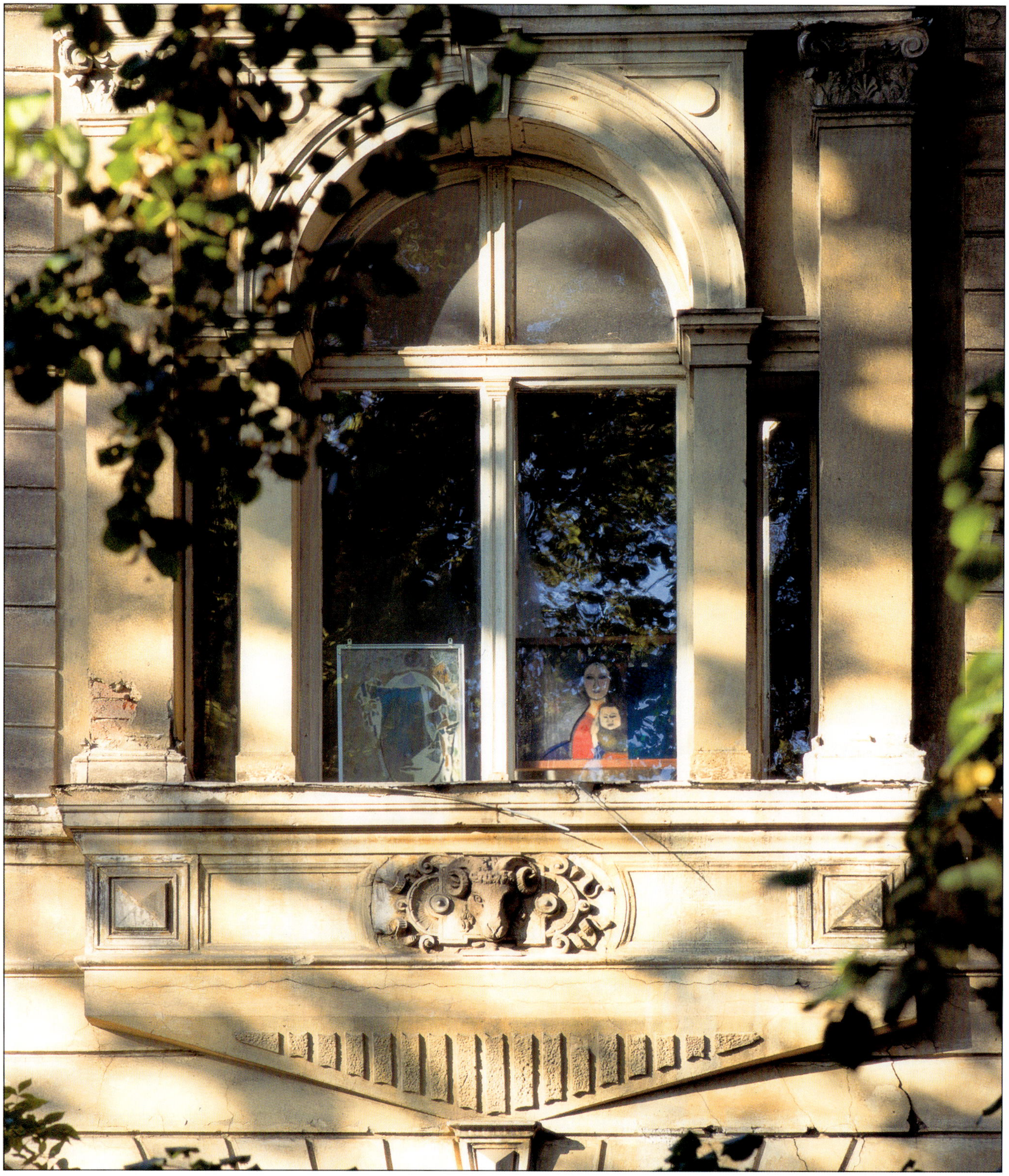

Hegelstraße 22

Von seiner Berufung zum Professor an der Weimarer Kunstschule 1871 bis zu seinem Tod im Februar 1919 ist Theodor Hagen seiner Thüringer Wahlheimat treu geblieben. Und diese fünf Jahrzehnte sind nicht nur durch ein reiches künstlerisches Schaffen gekennzeichnet, sondern auch erfüllt von einer fruchtbaren Lehrtätigkeit, der Maler von Rang wie Christian Rohlfs, Tübbecke und Olbricht wertvolle Anregungen verdanken. Die Rolle, die Hagen als führender Vertreter der Thüringer Landschaftskunst des 19. Jahrhunderts und als Vermittler neuer gestalterischer Möglichkeiten gespielt hat, ist unbestritten eine herausragende. Seine einstige Wohnung an der Hegelstraße 22 ist noch heute Domizil eines Malers.

39 Theodor Hagen

Die dunkle Schönheit blickt streng herab. Hehre Kunst zwischen Doppelscheiben auch im benachbarten Fenster. Wes Geistes Kind die prächtige Neorenaissancevilla an der Hegelstraße 22 ist, wortgewaltiger Erklärungen bedarf es dazu nicht. Der dreigeschossige Bau spricht für sich und seine Bewohner. Noch immer. Unverändert seit 120 Jahren.

Das Treppenhaus atmet angenehme Kühle. Steil stuft die hölzerne Kreation sich in der Architektur Otto Minkerts dem Oberlicht entgegen. Vorbei an Wohnungstüren, denen Weimarer Kunstgeschichte ins Holz gegraben ist. Der Kunstmaler Ad. Böhm hat die zweiflüglige Villa 1876/77 von Karl Eduard Kurth errichten lassen. Selbstverständlich schließt die Planung von Anbeginn an ein Atelier ein. Ein hoher rechteckiger Raum in der zweiten Etage mit mächtiger Fensteröffnung nach Norden. Schon 1879 muß Professor Theodor Hagen, seinerzeit Direktor der Großherzoglichen Kunstschule, bei Böhmes eingezogen sein. Seine Gattin Maria bringt dort im gleichen Jahr die Zwillinge Elisabeth (Else) und Katharina (Käthe) zur Welt.

Böhm und Hagen, sie sind der Beginn einer über die Jahrzehnte nicht abreißenden Traditionslinie. Persönlichkeiten der Künstlerszene beziehen hinter der glattverputzten Fassade Raum und Quartier: der Historienmaler Karl Boppo, der norwegische Maler Frithjof Smith mit Familie (später zieht er in die Frh.-v.-Stein-Allee 15), Karl Kling, die Kunstmalerin Irmgard von Bongé, zwischendurch gar eine Renten- und Pensionsanstalt für deutsche bildende Künstler (1926); dann Karl Ortelt und nach ihm und bis heute Michael Lenhardt. Da aber schwingt schon die Gegenwart mit.

Verweilen wir ein wenig in den 80er Jahren des 19. Jahrhunderts, erinnern uns Theodor Hagens und seiner Erfolge. „Er ist nicht allein bedeutend, er ist groß. Jedenfalls hat der Mann eine Zukunft, wenn er auf dem Wege bleibt." Meister Oswald Achenbach, Düsseldorfer Kunstakademie, soll recht behalten. Der Mann, 28 Jahre jung, bleibt auf dem Wege. Weil Karlsruhe sich gleichzeitig mit Weimar um Theodor Hagen (1842-1919) bemüht, gewährt Carl Alexander dem hochgelobten jungen Künstler 1871 schnellentschlossen einen Vertrag auf Lebenszeit. Mit dem gebürtigen Rheinländer erlebt die Weimarer Kunstschule die größte Überraschung: Er ist es, der neue Lehren an die Ilm trägt und mit dessen Person und Schülern sich der Begriff der modernen Weimarer Malerschule eng verbunden hat. Einige Zeit lang war Hagen gar manchen Kunstfreunden zu

Theodor Hagen (1842-1919) wurde 1871 als Lehrer für die Landschaftsklasse an die Großherzogliche Kunstschule berufen, der er bis zu seinem Tode angehörte.

modern, seine in helles (Sonnen-)Licht getauchten Werke, die mit viel frischem Grün, lehnen sie ab und sprechen schnöde von Hagens gemaltem „Spinat".
Hagen, der Tüchtige, Tatkräftige, geht täglich hinaus mit seinen Schülern und riesigen Leinwänden, malt als einer der ersten in Deutschland außerhalb der Stadt im Freien, studiert die Atmosphäre, sucht ihre Wirkung im Bild wiederzugeben. Er geht eigene Wege, belauscht die Landschaft, beobachtet die Bäume, die Gräser und Pflanzen nicht auf ihre Lokalfarbe, sondern auf die Wirkung eines Augenblicks hin, die Licht und Luft hervorrufen. Es entsteht eine ganz neue Malweise. Der deutsche Impressionismus entwickelt sich.
Nehmen wir seinen „Weimarer Park" von 1907: Ein Waldweg. Fluten von Licht und Schatten. Man fühlt den Sommer, wenn die Luft vibriert. Wenn es ringsum summt und surrt.

Mit Th. Hagen wächst, von vielen skeptisch beäugt, eine Landschaftsmalerei heran, die das Motiv nicht ins Romantische oder Heroische abwandelt, sondern es in seiner ganzen Schlichtheit und inneren Heiterkeit erfaßt.

Nach allem, was über ihn als Mensch, Lehrer und Künstler überliefert ist, muß Hagen eine großzügige und ausgeglichene künstlerische Persönlichkeit gewesen sein. In vornehmer Zurückhaltung läßt er seine Schüler schaffen, fördert ihre Individualität, wo er kann: Hans Arp, Karl Buchholz, Paul Baum, Max Merker, Alexander Olbricht, Christian Rohlfs, Paul Tübbecke. Über die Alpen gegangen, wie so viele vor und so viele nach ihm ist Theodor Hagen nicht. Eine Kunstreise nach Holland, gemeinsam mit einem seiner ersten und treuesten Schüler, dem Schiller-Enkel Ludwig von Gleichen-Rußwurm, bleibt die Ausnahme.

Seine Motive sucht und findet er in der nächsten Umgebung. Die kalkigen Wege in den sanften Hügeln um Weimar, das Kirschbachtal, der Weg nach Niedergrunstedt, bald im gleißenden Sommersonnenlicht, in den blonden Tönen eines Frühlingstages, bald unter dem dramatischen Himmel eines herbstlichen Sonnenuntergangs. Das Spiel von Licht und Luft über den Weiten der thüringischen Landschaft ist sein Lieblingsthema, das er vor der Natur in klaren und starken Farben immer wieder variiert.

Gewohnt hat er mit seiner Frau und den drei kleinen Töchtern im zweiten Stock der Villa. Ob er auch das Atelier nutzte, ist nicht überliefert, doch sehr wahrscheinlich. Der weitläufige Garten und sein reicher Baumbestand sind ein herrlicher Spielplatz für das Schwesterntrio, das hier heranwächst. Noch in den 80er Jahren wird das eigene Haus Junckerstraße 26 (heute Trierer Straße) geplant.

Der Landschaftsmaler im Kreis seiner Familie (v.l.): Theodor Hagen und Gattin Marie, Schwiegersohn Emil Hallier mit Hagens ältester Tochter Marie (Mimi), die Zwillinge Elisabeth (Else) und Katharina (Käthe) und Schwiegermutter Ridel (um 1900).

Die Entwürfe werden in den 80er Jahren eingereicht, erst 1894 ist das Haus bezugsfertig.

Dora Hallier, Jahrgang 1911, hat den Großvater nicht mehr persönlich erlebt. Sie wuchs in Japan auf, wo der Vater an einer Universität Deutsch und Latein unterrichtete. Jedoch ist vieles im Familienkreis überliefert worden. Manches Schriftliche verwahrt sie in ihren Schatullen. Zum Beispiel jenes handschriftliche Gutachten über das Shakespeare-Denkmal. Dort spricht Hagen sich gegen ein Schutzgitter um das Denkmal aus: „Ein Gitter, das nicht so leicht zu erklettern wäre, würde sehr hoch sein müssen, es würde dies aber bei der geringen Dimension des Platzes plump wirken und dem Denkmal eher schaden."

Sein einstiges Künstlerheim an der Hegelstraße 22 bleibt auch nach dem Auszug von Prof. Theodor Hagen fest in Künstlerhand. Beschirmt von ausladenden

Baumkronen, ruht die Villa in ihrer Vergangenheit. Tiefe Runzeln hat die Zeit in ihr Antlitz gegraben. In geheimem Dialog scheint sie der mächtigen Linde verbunden, die ihre grünenden Zweige weit hinauf gen Himmel reckt. Hinauf zu Luftschlössern und Wolkenkuckucksheimen? Die Phantasie keimt und sprießt gar prächtig in der sanften Zurückhaltung dieses idyllischen Gartens.

Der Maler Michael Lenhardt weiß das wohl zu schätzen. Vor zweiundzwanzig Jahren hat er hier Arbeitsstätte, später Wohnung bezogen und dem (von der Weimarer Wohnstätte verwalteten) Haus die Treue gehalten. Wie lange noch? Ein Restitutionsbegehren ist ungeklärt. Gleichwohl blickt die dunkle Schönheit unbeirrt aus ihrem gläsernen Zwischenreich herab.

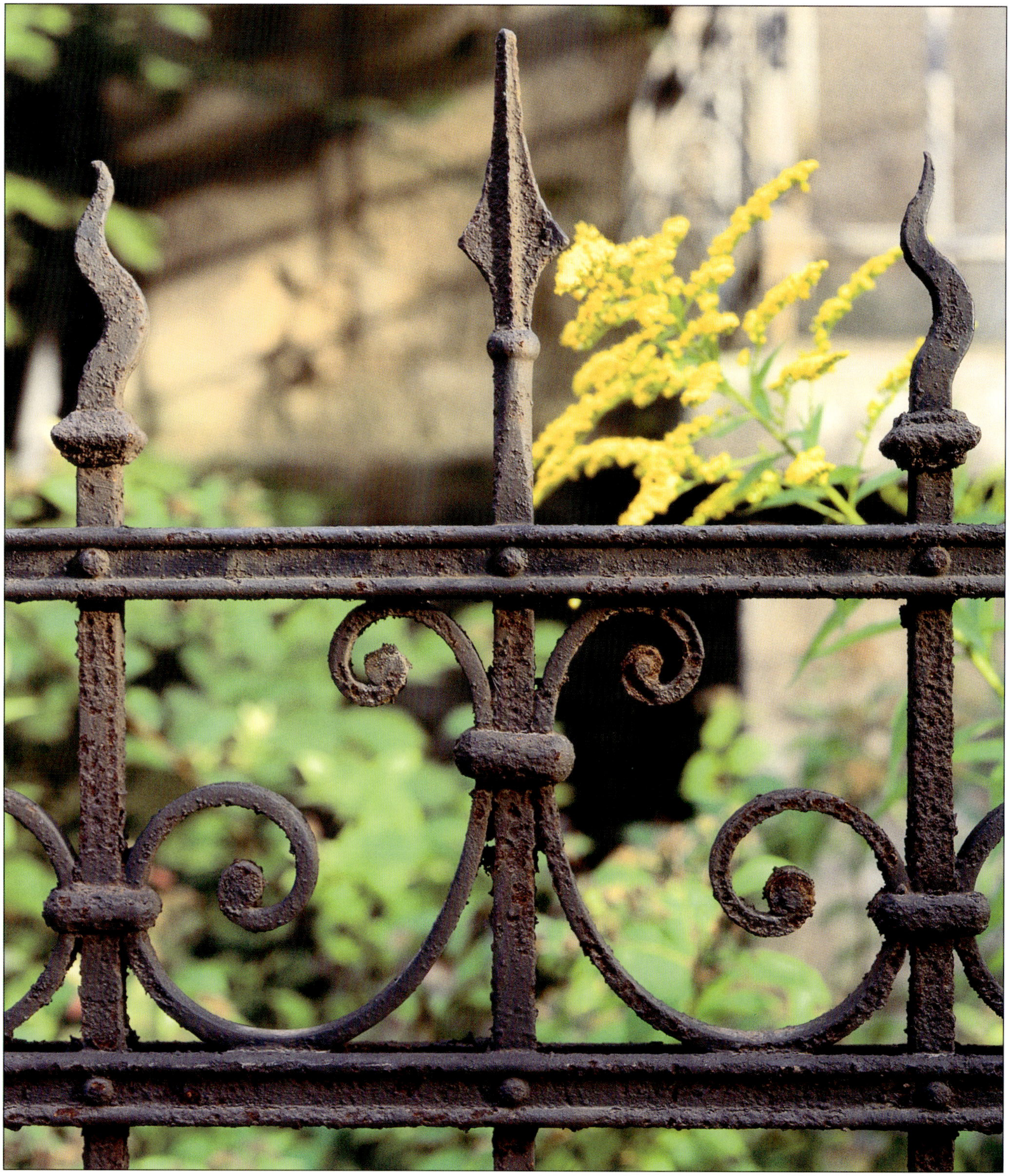

Berkaer Straße 11

„Fürchterliche Bluttat im Hause des Admirals Scheer in Weimar", meldete am 10. Oktober 1920 in dicken Lettern die Lokalzeitung. Erst im Jahr zuvor war der ruhmreiche Seeheld, der mit der Skagerrak-Schlacht Seekriegsgeschichte geschrieben hat, in die Ilmstadt gekommen. Er sucht mit seiner Frau und der jüngsten Tochter das verläßlich Einfache, das Normale als Lebensfundament. Die Familie kauft die Villa an der Berkaer Straße 11.

An einem hellen sonnigen Samstagnachmittag im Oktober wird sein trautes Familienidyll in den Grundfesten erschüttert. Durch einen Raubmörder werden die Gattin Emilie Scheer und das Dienstmädchen Frieda Steiniger getötet, die Tochter schwer verletzt. Der Täter tötet sich nach gescheitertem Raubüberfall mit einem Schuß in den Kopf.

40 Reinhard Scheer

"Weimar", schreibt Alexander Turgenjew an Nikolai im August 1827, „gefällt mir, weil es so wenig belebt ist. Einige Schritte vom Stadtzentrum entfernt ist man schon im Park."
Noch schlafen Park und Stadt. Nichts Aufregendes. Nicht an diesem Haus und seiner näheren Umgebung. Die angrenzende Straße ruht in frommer Sonnensonntagsmorgenstille. Das Scheersche Haus, ein Zeichen der Vergeblichkeit, die alte und die neue Zeit zu versöhnen. Berkaer Straße 11. Zunächst hat hier seine Exzellenz Otto von Derenthall, General der Infanterie z.D., gelebt. Das war zwischen 1907 und 1918. Zwar hat er bereits einen Nachbarn, Nummer 9, die Grundstücke hinunter zum Park aber sind noch Bauplätze. „Es ist für unsereinen recht schön, daß es so etwas gibt wie Weimar: eine ganze Stadt als Reliquie, ein Bezirk als Wallfahrtsziel, weil hier einmal ein Dichterleben war", spöttelt Egon Erwin Kisch. Im Naturschutzpark der Geistlichkeit aber brodelt es gewaltig, als Admiral Reinhard Scheer (1863-1928), Sieger in der Skagerrak-Schlacht (1916) und Chef des Admiralsstabes (1918), sich 1919 hierher zurückzieht. Gropius gründet das Bauhaus. Die Weimarer Nationalversammlung tagt. Wer hier Langeweile sucht, anstatt sich gründlich zu unterhalten, verpaßt das Beste. Das Meer scheint der Chef der deutschen Hochseeflotte a.D. gehörig satt zu haben, wie sonst ist es zu erklären, daß der Mittfünfziger einen Wohnort für sich und seine Familie wählt, der fernab im Landesinnern liegt. Der Seeheld sucht das verläßlich Einfache, das Normale als Lebensfundament. Ein freundlicher, leicht untersetzter Herr von sympathischer Dezenz. Daß die Familie sich in Weimar niedergelassen, sich zurückgezogen hat, sei eine logische Schlußfolgerung aus der ganzen Sache gewesen, wird die in Kopenhagen erscheinende „Berlingske Tidende" später in Rückschau auf die Ereignisse im Skagerrak mutmaßen.
Schnell gelingt es Scheer, die Sympathie aller Bevölkerungskreise durch seine sprichwörtliche Schlichtheit und Herzensgüte zu erringen. Viele Weimarer Vereine haben ihm fleißige Unterstützung zu danken. Auch dem kirchlichen Leben Weimars ist er, der sich in die Kirchenvertretung wählen läßt, stets ein treuer Freund und Berater. Oft ist er in den Wäldern der Gemeinde anzutreffen, die der Straße, an der er nun wohnt, den Namen gibt. Sein Leben gleitet in ruhigem Fahrwasser dahin. Bis zu jenem 9. Oktober 1920. Vier Jahre nach dem Schlachtgetümmel vor Jütland, aus dem er unversehrt zurückkehrte, hallen Schüsse durch

Admiral Reinhard Scheer (1863-1928), Sieger der Skagerrak-Schlacht (1916), zieht nach Ende des Krieges mit Gattin Emilie und der jüngsten Tochter nach Weimar.

sein friedliches Weimarer Heim, zerstört heimtückischer Mord sein Familienglück. Es ist ein heller, sonniger Samstagnachmittag. Die Familie des Admirals speist gegen 14.30 Uhr. Hausmädchen Frieda Steiniger geht in den Garten, um Teppiche zu klopfen. Unbemerkt schlüpft nun ein Mann ins Souterrain, der nur wenige Tage zuvor geprahlt hatte: „Weimar besitzt zahlreiche wohlhabende Leute, und ich werde mir schon Geld zu verschaffen wissen." Den Kopf vollkommen mit Leinentüchern umwickelt, überm Zivilanzug eine feldgraue Uniform, so überrascht er das Mädchen, als es kurz darauf wieder ins Haus tritt. Ihre Flucht in den Kartoffelkeller ist eine Flucht in den Tod.

Als die junge Frieda sich nach aufgehobenem Mittagstisch nicht blicken läßt, geht die Admiralsgattin nachschauen, ihr Mann zum Mittagsschläfchen in die oberen Räume. Lange mag er nicht geruht haben: Ihn wecken die gellenden

Schreie seiner Tochter. Seine Gattin findet er durch zwei linksseitige Kopfschüsse schwer verletzt im Keller, die Tochter wurde durch zwei Schüsse in Rücken und Brust getroffen, das Dienstmädchen ist tot, der als Karl Büchner identifizierte Mörder ebenfalls. Nach dem gescheiterten Raubüberfall beging er Selbstmord. Bewaffnet war Büchner mit einer Pistole und einem offenen Rasiermesser. In seiner Tasche steckt eine Tüte mit weißem Pfeffer. Zwar eilt Scheer noch um Hilfe zum einhundert Meter entfernt wohnenden Arzt Dr. Paul Dreykorn. Zwar werden Mutter und Tochter eiligst ins Sophienhaus transportiert, doch kommt für die Mutter jede Hilfe zu spät.

In Windeseile hat die blutige Tragödie sich herumgesprochen in Weimar. Als der Admiral und sein Arzt ins Unglückshaus zurückhasten, ist die Straße bereits von Menschen gesäumt. Entsetzen macht sich breit. Der Maler Karl Büchner, zu Hause in der Windischenstraße 7, ist kein kräftiger Mensch gewesen, eher von schwächlicher Körperkonstitution. Fünf Pfennige hatte er noch in seiner Geldbörse. Seit zehn Tagen ist er arbeitslos. Von einer Verschüttung im Krieg hat Büchner ein schweres Nervenleiden davongetragen. Einer, der ihn kannte, meinte: „Der Büchner, der ist immer etwas verrückt gewesen."

Wilde Theorien entbrennen. Manch einer spricht von politischem Mord. Die unmöglichsten Einzelheiten werden kolportiert. Manche wissen ganz genau, daß eine Bande aus zwölf Personen ein Komplott gegen Admiral Scheer selbst geschmiedet hatte. Andere wiederum behaupten, die Kommunisten hätten es auf das Leben des Politikers Scheer abgesehen. Und die ganz Klugen, die immer das Gras wachsen hören, raunen herum, die Entente sei im Spiel, die habe eine Mörderhand gemietet...

Wie ein schwerer Druck liegt es auf all denen, die immer geglaubt haben, daß ein so furchtbares Verbrechen in dem stillen, friedlichen Weimar gar nicht habe geschehen können. Ein Gespenst, das sich Angst nennt, geht um. Alleinstehende Frauen weigern sich, allein in Parterrewohnungen zu bleiben.

Nur langsam erholt die Tochter sich von ihrer schweren Verletzung. Scheer war ein tapferer und unerschütterlicher Seemann, ja, in gewisser Hinsicht sogar von kaltblütiger Geschicklichkeit. Tapfer ist er noch immer, doch sichtlich im Lebensfundament erschüttert. Acht Jahre nach dem brutalen Überfall stirbt er auf einer Reise in Marktredwitz. Die Trauerfeier in der Weimarer Stadtkirche mit anschließendem Trauerzug zum Historischen Friedhof gerät zu einer Heerschau im Sinne des Wortes mit dem Admiral Erich Raeder, später Hitlers Flottenchef, an der Spitze.

Ihm zu Ehren wird die Berkaer Straße umbenannt in Admiral-Scheer-Straße. Die Nummer 11 findet mit Emilie und Editha Popp neue Eigentümerinnen. Mit ihnen zieht dort die in Weimar und der Region ihrerzeit sehr bekannte Bildnis-, Interieur- und Landschaftsmalerin Irmgard von Bongé (1879-1967) ein. Sie stammt aus Breslau, hat später u.a. in Stettin und Lausanne gelebt, bevor sie sich 1903 in Weimar niederläßt.

Die Villa altert mit ihren Bewohnern. Einstmals von stuckdekoriertem Charme, mit reichem Ornamentschmuck an Fenstergewänden und straßenseitigem Nordgiebel, ist die alte Pracht heute kaum mehr zu erahnen. Geblieben ist dem Haus, das sich in Privatbesitz befindet, sein großer Garten mit einer herrlichen Rotbuche darinnen. Die Hintertür aber, durch die einst Büchner eindrang, sie ist seit Jahr und Tag ohne Klinke. Der Vorsicht halber?

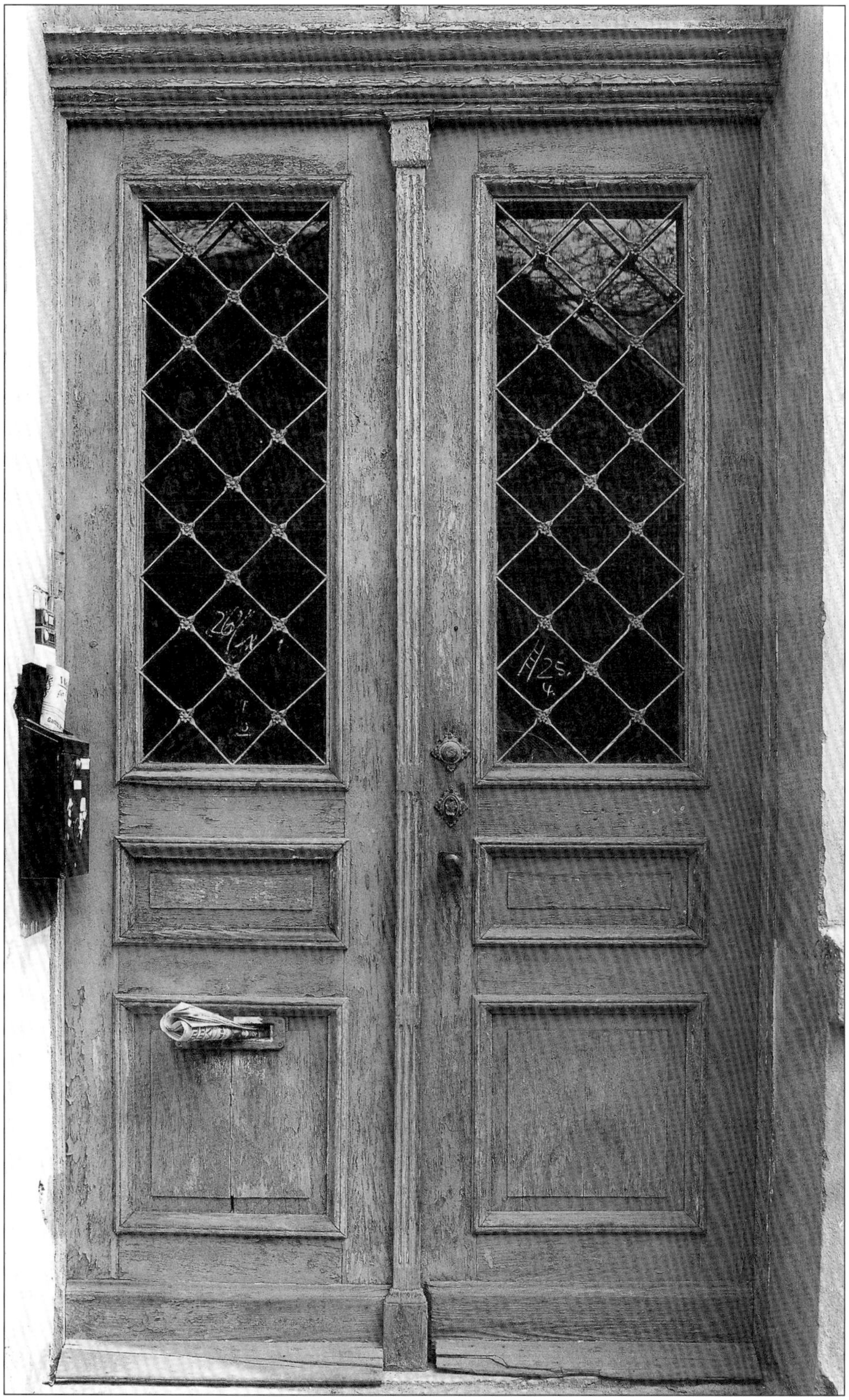

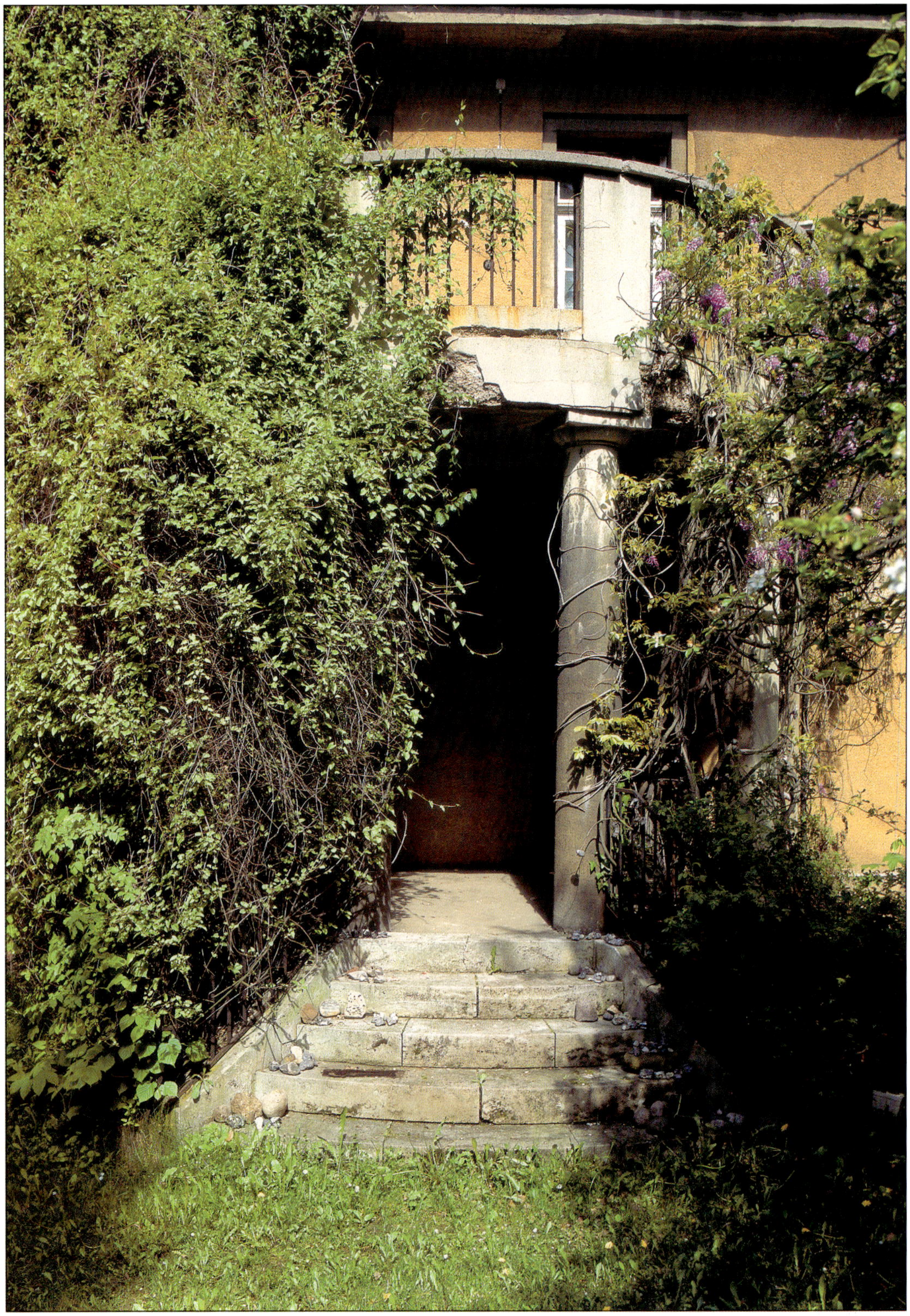

Freiherr-vom-Stein-Allee 12

Eng verknüpft mit dem Verlag Hermann Böhlaus Nachfolger Weimar ist der Name Dr. Leiva Petersen. Zwischen 1941 und 1984 stand sie dem traditionsreichen Verlag vor. Unter ihrer Leitung profilierte der Verlag sich auf den Gebieten des klassischen kulturellen Erbes und der historischen Wissenschaften. Bleibende Verdienste erwarb sie sich als Herausgeberin der Prosopographia Imperii Romani und u.a. um Weimariana, die Lutherausgabe, um die Deutsche Shakespeare- und die Goethegesellschaft. Vor allem aber mit der im Jahre 1943 begründeten Schiller-Nationalausgabe. Mit dieser Edition gelang es Leiva Petersen, die Teilung Deutschlands immer wieder zu überwinden. Sie fand Persönlichkeiten und Wege, die gesamtdeutsche Arbeit ganz in der Stille fortzuführen.

41
Leiva Petersen

Zur Hälfte verschwinden Terrasse und Balkon unter üppig sprießendem Knöterich. Bis hinauf zur Mansarde haben die prächtig gedeihenden Ranken sich emporgeschlungen. In seinem wallenden grünen Vorhang ist gut sitzen. Schutz vor des Sommers Hitze und neugierigen Blicken. Auf Tuchfühlung mit Mutter Natur keimen die hehren Gedanken mit der Gartenromantik um die Wette. Nicht mehr lange allerdings. Schon jetzt sitzt die Wehmut um ein verlorenes Paradies mit am Gartentisch der Freiherr-vom-Stein-Allee 12.

Und melancholisch die Stirn umwölkt, malt der Gast sich aus, wie es denn sein wird, wenn in allzu naher Zeit das geplante und bereits genehmigte Sechsfamilienhaus ein wuchtiges Fanal ins 1500 Quadratmeter große grüne Idyll setzt.

Leiva Petersen (1912-1992) war eine mutige, eine konsequente und energische Frau. Sie liebte den Garten, ihren Balkon, ihre kleine grüne Oase, wo manch wissenschaftlicher Disput ausgefochten wurde. Ob sie den Neubauplänen energisch ihre Stirn geboten, ob sie gleichmütig daran vorbeigeschaut hätte, darüber ist müßig zu spekulieren. Die Freiherr-vom-Stein-Allee 12, sie blieb durch all die Jahre und Jahrzehnte hindurch, da die Verlegerin und Leiterin des Verlages Hermann Böhlaus Nachfolger Weimar hier wohnte, von 1944 bis 1992, wichtigste Adresse für alle literarisch-wissenschaftlich geleiteten Weimar-Fahrer. Als Stätte herzlicher Gastlichkeit. Als Ort der Freundschaft. Aber nicht nur die Türen waren offen, selbst zu spätester Nachtstunde. Offen war der Geist, der hier herrschte.

Daran erinnert Prof. Bernhard Zeller, Deutsche Schillergesellschaft. Wo traf man sich nach dem Theater, wo nach den Hohlheiten pathetischer Reden oder nach zermürbender Sitzung? Bei Leiva. Und wem begegnete man nicht dort von diesseits und jenseits der Grenzen, aus nahen wie fernen Landen: berühmten Gelehrten wie jungen Adepten der Wissenschaft - Studenten und Emeriti saßen, um den kleinen Tisch gedrängt, in freundschaftlichem Gespräch und hitziger Diskussion. Stets fand sich noch eine Flasche Wein, mochte sich die Runde im Laufe der Stunden und Abende auch immer mehr vergrößern. Hier wurde, das empfand jeder der Gäste, ein echtes Stück Weimar gelebt, ohne daß Worte darüber gemacht wurden. Hier herrschte ein freier Geist, wurde ohne Scheu erzählt, wurde politisiert, kritisiert und gelästert, wurde gespottet, gelacht und tiefgründig diskutiert.

Für ihre Verdienste wurde sie vielfach ausgezeichnet: Dr. Leiva Petersen (1912-1992), Leiterin des Verlages Hermann Böhlaus Nachfolger Weimar von 1941 bis 1984.

Es war keine Zelle des Widerstandes oder der politischen Aktion, aber eine Stätte heiterer, freier und selbstverständlicher Liberalität. Regelmäßig wurde auch ein langsam vorbeifahrender Wartburg beobachtet, aus dem heraus eifrig fotografiert wurde. Als die Kontrolle zu DDR-Zeiten immer schärfer wurde, war Leiva Petersen vom Alter her fast unantastbar. Übereinstimmend wird sie geschätzt als einer der seltenen Menschen, der Herzlichkeit ausstrahlte, ohne sentimental zu sein, als eine tapfere Frau, die den vollen Einsatz gewagt hat, streng mit sich selbst und von ganz ungewöhnlichem psychischen wie physischen Durchstehvermögen. Leiva Petersen besaß praktischen Verstand und den Sinn für das Machbare, das Mögliche, ja Möglichste, und sie war eine Frau, deren geistige und menschliche Weite vieles und auch sehr Verschiedenartiges in sich aufnehmen und vereinen konnte, ohne sich selbst aufzugeben.

Alles Pathetische war ihr fremd und ihre Rede oft nüchtern bis an die Grenze des Saloppen.

Nach dem Studium der klassischen Philologie und Geschichte trat sie 1939 in den Verlag Hermann Böhlaus Nachfolger ein in der Absicht, nach einem Jahr wieder zu gehen. Warum sie geblieben ist? „Das hatte mit dem Krieg zu tun. Wir haben von Stunde zu Stunde, von Tag zu Tag nur daran denken müssen, daß die Arbeit überhaupt weitergehen kann. Das Papier fehlte, es waren keine Männer mehr da. Und das bedeutete für mich, schnell Verantwortung übernehmen zu müssen. Da war keine Zeit zum Nachdenken über Bleiben oder Weggehen", beschrieb Leiva Petersen, 1912 in Berlin geboren und in Kiel aufgewachsen, ihr verlegerisches Beginnen. Auch nach dem Krieg hatte ihr Bleiben sehr viel mit Verantwortung zu tun. Ja, und sehr viel auch mit Weimar.

„Die Geschichte dieser Stadt weckte mein Interesse für das geistige Umfeld."
Den Verlag führte sie mit fester Hand, mit wissenschaftlicher Kompetenz und klarer Urteilskraft. Die, die sie kannten, sprechen von ihr als Spitzenverlegerin, als „genius domus" - Genius des Hauses, als Kapellmeisterin geistiger Anstrengung. In persönlichem Kontakt aber muß sie ganz bescheiden gewesen sein. Materielle Dinge spielten keine Rolle. Gerade anderthalb Zimmer umfaßte ihre bescheidene Wohnung im ersten Stock der 1923 von dem Fabrikanten Carl Sorge an der Stein-Allee 12 errichteten Villa. Der liebste Ort ist ihr der Balkon. Doch eigentlich leben in diesem toleranten Haus alle, und es sind die verschiedensten Menschen, miteinander, füreinander, teilen alle Freuden, alle Schmerzen untereinander. Eine alte Villa läßt sich nicht auseinanderdividieren. So ein Haus läßt sich nur im Ganzen bewohnen. Der Flur des einen ist auch der des

anderen und der Garten wird sowieso von allen gemeinsam genutzt. Das verlangt Verständnis und belohnt mit Freundschaft. Das mag Leiva Petersen überaus geschätzt, das Haus sehr geliebt haben.

Knapp fünf Jahrzehnte, mit Unterbrechungen durch amerikanische und russische Besatzung, lebte sie in den weimargelb getünchten Mauern, in familiärer Harmonie mit den auf gleicher Etage wohnenden Schönfelders. Den heranwachsenden Kindern ist sie eine kluge Ratgeberin, den Eltern mehr und mehr vertraute Freundin. Leiva hat sie gern ihre „Familie" genannt. Sie selbst blieb unverheiratet. Es war ihr nicht von Natur vorgeschrieben. Schicksal und Zufall haben es so gefügt.

Als einen der schönsten Momente behalten Leivas Gäste einen Sommerabend auf ihrem Balkon in Erinnerung, als bei Mondschein über dem duftenden Garten Friedrich Beißner, bei Gelegenheit einer Goethetagung, die ganze „Pandora" vorlas. Da wurde im intimen Kreis die offizielle Veranstaltung des Vormittags erst eigentlich auf ihren Kern gebracht.

Bis in die 60er Jahre gehörte das Haus der Familie Sorge, die im Erdgeschoß wohnte. Nach deren Tod gelangte die Villa in das Eigentum einer Erbengemeinschaft, die es nach der Wende verkaufte. Nach Jahrzehnten der Kontinuität wechselte das denkmalgeschützte und sanierungsbedürftige Haus in den vergangenen fünf Jahren zweimal den Besitzer. Nun steht es vor ungewisser Zukunft.

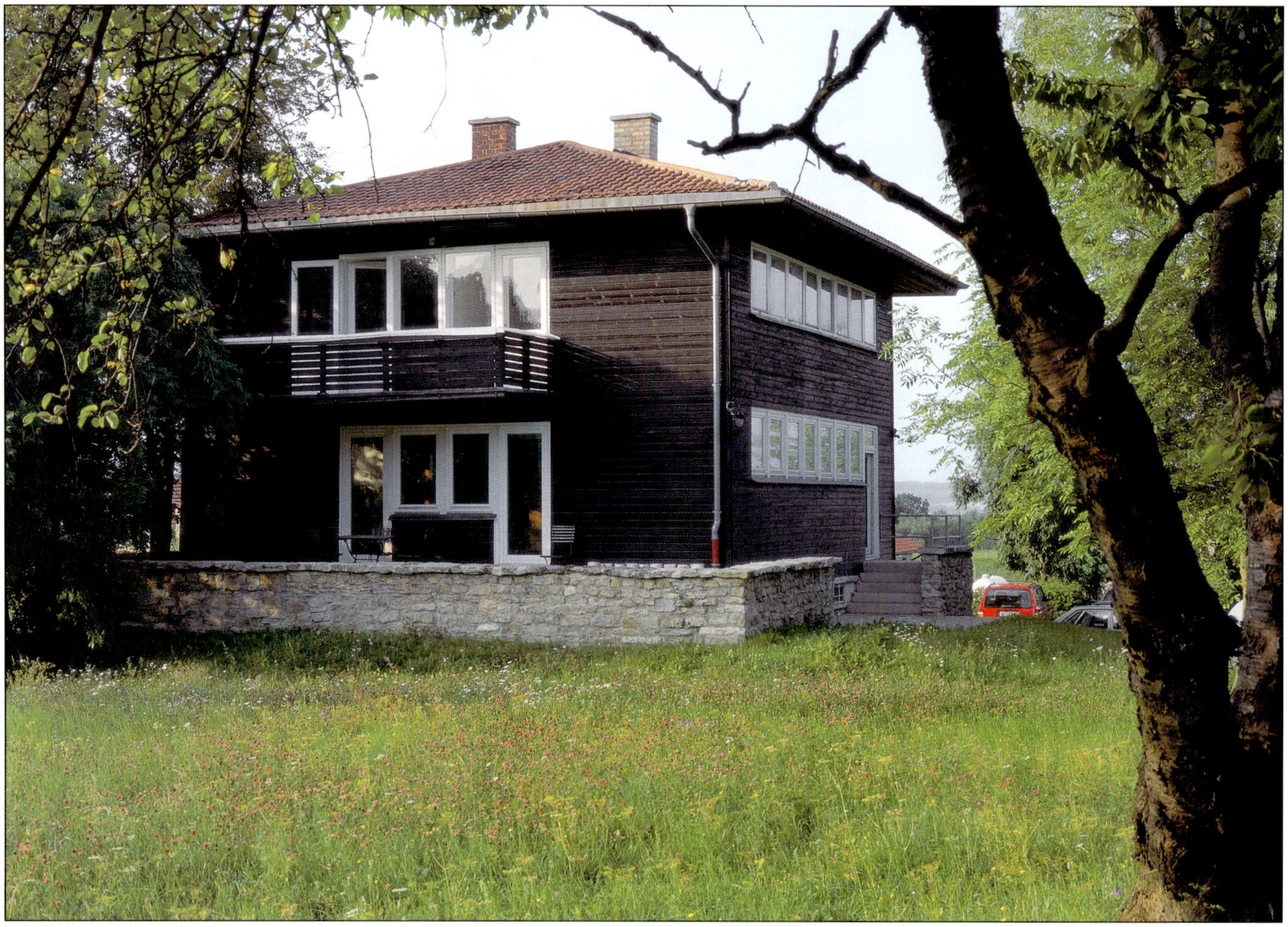

Berkaer Straße 55

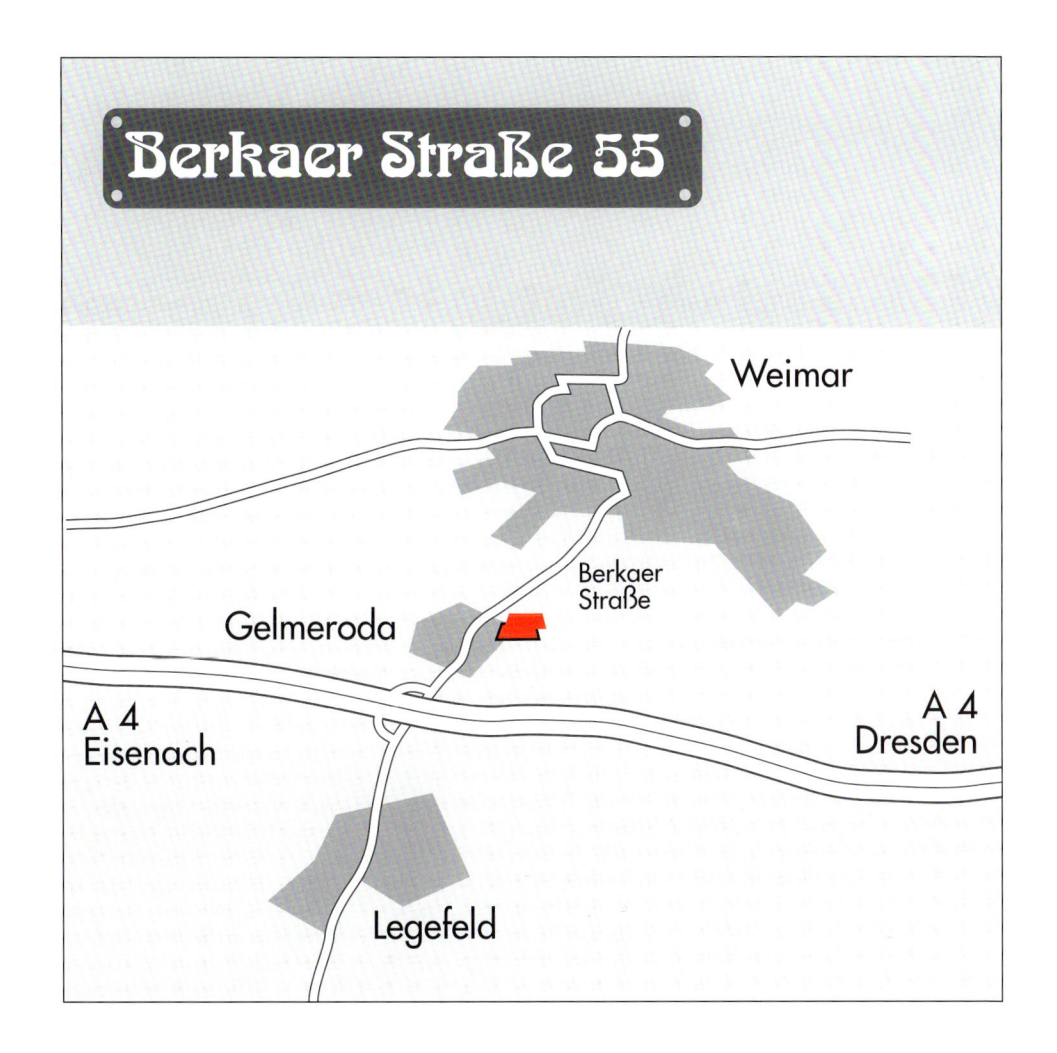

In Gelmeroda versteckt sich in einem Garten hinter Büschen und Bäumen ein wertvoller Zeuge aus der Bauhaus-Zeit, das Neufert-Haus. Benannt ist es nach seinem Erbauer und Besitzer, dem Gropius-Schüler und Professor der Staatlichen Bauhochschule Weimar, Ernst Neufert (1900-1986). In den zurückliegenden Jahren in Vergessenheit geraten, zog im Sommer 1993 nach umfangreicher Restaurierung mit der Planungs AG für Bauwesen der Sohn und Erbe Peter Neufert mit seinen Partnern dort ein. Rückkehr zu den Wurzeln des Unternehmens, das seinen Stammsitz in Köln hat. Ernst Neufert schrieb in Thüringen u.a. mit dem Abbeanum in Jena Architekturgeschichte.

42 Ernst Neufert

Weit hinauf ins Grau des Himmels reckt die Kirche ihre schlanke Turmspitze. Auf der Bruchsteinmauer des Kirchgartens mag Lyonel Feininger gesessen und das schlichte Gotteshaus in die Weltöffentlichkeit gemalt haben. Als seine Naturnotizen entstanden, war das Haus noch nicht gebaut, das seit 1929 in nur wenigen hundert Metern Entfernung einen zweiten markanten Punkt in das Ortsbild setzt. Gleich doppelt bringt Gelmeroda seitdem das Bauhaus in Erinnerung. Zurückgesetzt von der vielbefahrenen Berkaer Straße, doch nah genug, um geziemende Aufmerksamkeit zu wecken, steht ein Holzhaus, wie man es eher in Schweden oder Norwegen vermuten würde. Der Name Ernst Neufert (1900-1986) ließ nach dem Abbeanum und Studentenhaus der Universität Jena eine Menge erwarten, doch nicht diese unaufgeregte, sachliche, dabei pfiffige Architektur. Aus Holz konstruiert, nicht weil irgendeine Ideologie danach verlangt hatte, sondern um die Kosten zu vermindern. Neuferts Vorliebe für den natürlichen Werkstoff erklärt sich nicht damit, daß dieser dem Gemüte schmeichelt, sondern mit der Kenntnis seiner statischen und wärmephysikalischen Eigenschaften. Holz ist praktisch. Ernst Neufert ist kein Architekturkonditor, sondern ein Gebäudekonstrukteur, der auf die Inspiration des Intellektes baut, der mit dem Kopf entwirft, und nicht zuletzt deswegen ist er 1926 an die Bauhochschule Weimar berufen worden, wo er mit 26 Jahren der damals jüngste Universitäts-Professor Deutschlands war.

Studiert hatte der 1900 in Freyburg an der Unstrut Geborene eben dort, wohin er nun zurückgekehrt ist, am Bauhaus bei Walter Gropius. Sein praktisches Können, seine Begabung im Entwurf und seine schon frühzeitig erworbenen Erfahrungen in der Baudurchführung lassen aus dem Gropius-Schüler rasch einen geschätzten Gropius-Mitarbeiter werden (1920). Unterbrochen nur von ausgedehnten Studienreisen, ist der vielversprechende junge Mann bis 1924 als Bauleiter für Gropius tätig, der in einem Zeugnis aus jener Zeit sein ausgezeichnetes „technisches und organisatorisches Geschick" hervorhebt.

Als Neufert 1924 in die USA ausreisen will, die Fahrkarte schon hat, überredet ihn Gropius zum Bleiben. Und als Gropius wegen der sich zuspitzenden politischen Lage in Weimar 1924 mit dem Bauhaus nach Dessau geht, wird Neufert Chefarchitekt des Gropius'schen Ateliers. Gropius bescheinigt ihm „außerordentliche Fähigkeiten im Entwurf, in der konstruktiven Durchführung und in der praktischen Durchführung sowie in der wirtschaftlichen Abwicklung aller

Ernst Neufert (1900-1986), Schüler von Gropius am Bauhaus Weimar und dessen langjähriger Mitarbeiter, schrieb in Thüringen u.a. mit dem „Abbeanum" in Jena Architekturgeschichte.

im Bauleben vorkommenden ökonomischen Fragen und außerordentliche Arbeitsenergie und Gewandtheit im Verhandeln." Nur „mit großem Bedauern" trennt Gropius sich von seinem Chefarchitekten, als dieser 1926 die Professur in Weimar annimmt. Doch auch diese Zeit, in der unter Leitung von Professor Neufert zwischen 1928 und 1930 in Jena das Abbeanum sowie der dreigeschossige Stahlskelettbau der Mensa am Philosophenweg entstehen, ist nicht von Dauer. Als die Bauhochschule Weimar 1930 aufgelöst wird, zieht Neufert sich nach Gelmeroda zurück, um dort die Lehre mit einigen Schülern weiterzuführen. Warum Neufert sich nach Gelmeroda gezogen fühlte - ob er vielleicht einer Anregung Feiningers folgte oder ob der von seinem Grundstück aus exquisite Blick über Weimar oder ganz einfach ein günstiger Bodenpreis den Ausschlag gaben, wir wissen es nicht.

Ein Zimmereigeschäft aus der Nachbarschaft wird mit der Errichtung des Versuchshauses beauftragt, es entledigt sich seiner ungewohnten Aufgabe „mit einer solchen Meisterschaft", rühmt Ernst Neufert, „daß das ganze Holzgerippe zum eigenen Erstaunen der Zimmerer nach zweieinhalb Tagen richtfestreif dastand." Nur sechs Wochen später ist das Haus bezugsfertig. Auf genau kalkuliertem Raum bietet der Zweigeschosser, Grundfläche 10 x 10 Meter, Platz für Familie und Atelier, für Wohnen und Arbeiten und Ausbildung. Im Hochparterre die Arbeitsetage mit Terrasse und im ersten Stock die Wohnräume der Familie mit Balkon, folgt das Gebäude in seiner Grundstruktur zwar dem sachlich-strengen Bauhaus-Raster, weist jedoch einige Besonderheiten auf. Immerhin ist es das erste Holzhaus des Bauhauses, ein Versuchsbau, in den Neufert schwedische und nordamerikanische Vorbilder einfließen ließ. Ein intelligent konstruiertes

Gebäude. Es kuschelt sich nicht verschüchtert in die Gartenlandschaft, sondern fügt sich selbstbewußt ein. Der Gegensatz wird nicht verwischt, kein bißchen, aber die Architektur reagiert auf die Landschaft. Sie macht so wenig Aufhebens wie möglich, aber doch genug, um ihr Dasein zu bekräftigen.

Ernst Neufert ist ein sehr selbstgewisser Mann von charismatischer Ausstrahlung, erinnert sich der 1925 geborene Sohn Peter. Um eine Charakterisierung seines Vaters gebeten, antwortet der älteste von insgesamt sechs Geschwistern, der später in die Fußstapfen des Vaters trat und heute dessen Lebenswerk fortführt: „Leben mit dem Lexikon." Ernst Neufert war ein vielbelesener Mann. 1930 von Itten nach Berlin berufen und nach Schließung der Ittenschen Kunstschule durch die Nationalsozialisten hauptsächlich mit Problemen des sparsamen Bauens und des Normenwesens befaßt - 1936 erschien die erste Ausgabe seiner Bauentwurfslehre - nahm er 1945 einen Lehrstuhl für Baukunst an der TH Darmstadt an. Bis zu seinem Tod 1986 blieb Ernst Neufert ein schöpferischer, weltweit anerkannter Lehrmeister und Architekt.

Nach dem Krieg quartieren sich zunächst die Sowjets im Haus ein, bevor mit Familie Rochler kurzzeitig Verwandtschaft von Neuferts einzieht. Dann werden die zwei, jeweils 100 Quadratmeter großen Stockwerke separat bewohnt: oben von Familie Polz (1946-48), dann von Familie Laneus (bis 1978) und Familie Reuß (bis 1989); unten von Zahnarzt Dr. Erich (1947-51). Als dieser auszieht, teilt man die untere Wohnung auf: Die eine Hälfte gehört nun Frau Wichmann und Tochter Thea, später komplettieren Schwiegersohn und Enkeltochter (geb. 1955) die kleine Familie (bis 1971). In die andere Hälfte ziehen Manfred Frahn mit Gattin (bis 1973) und Sohn Klaus (bis 1979).

Die Kinder liebten den großen Garten und erinnern sich gern an die sommerlichen Gartenfeste. Die Erwachsenen rühmen noch heute den wohlschmeckenden Kaffee, das Haus hatte bis 1969 einen eigenen Brunnen.

Einem Rückführungsantrag der Erbengemeinschaft wird 1991 entsprochen. Dank des ideellen und finanziellen Engagements von Peter Neufert und Katja Aulbach, geb. Neufert, wird in zwei Schritten saniert. Bis auf Kleinigkeiten ist das Haus im Original erhalten. Details, die nicht mehr brauchbar oder verschwunden sind, werden dem Original möglichst nahe ersetzt. Das Neufertsche Atelier, heute Planungs AG Neufert Mittmann Graf Partner, fühlt sich dem Lebenswerk Ernst Neuferts verpflichtet und bewahrt die Stätte seines Wirkens als lebendigen Schaffensort, architekturgeschichtliches Zeugnis und kulturellen Mittelpunkt des Unternehmens.

Ernst Neufert mit seinem ältesten Sohn Peter (um 1930). „Leben mit dem Lexikon", charakterisiert der Junior heute den Vater.

102

Bodelschwinghstraße 75

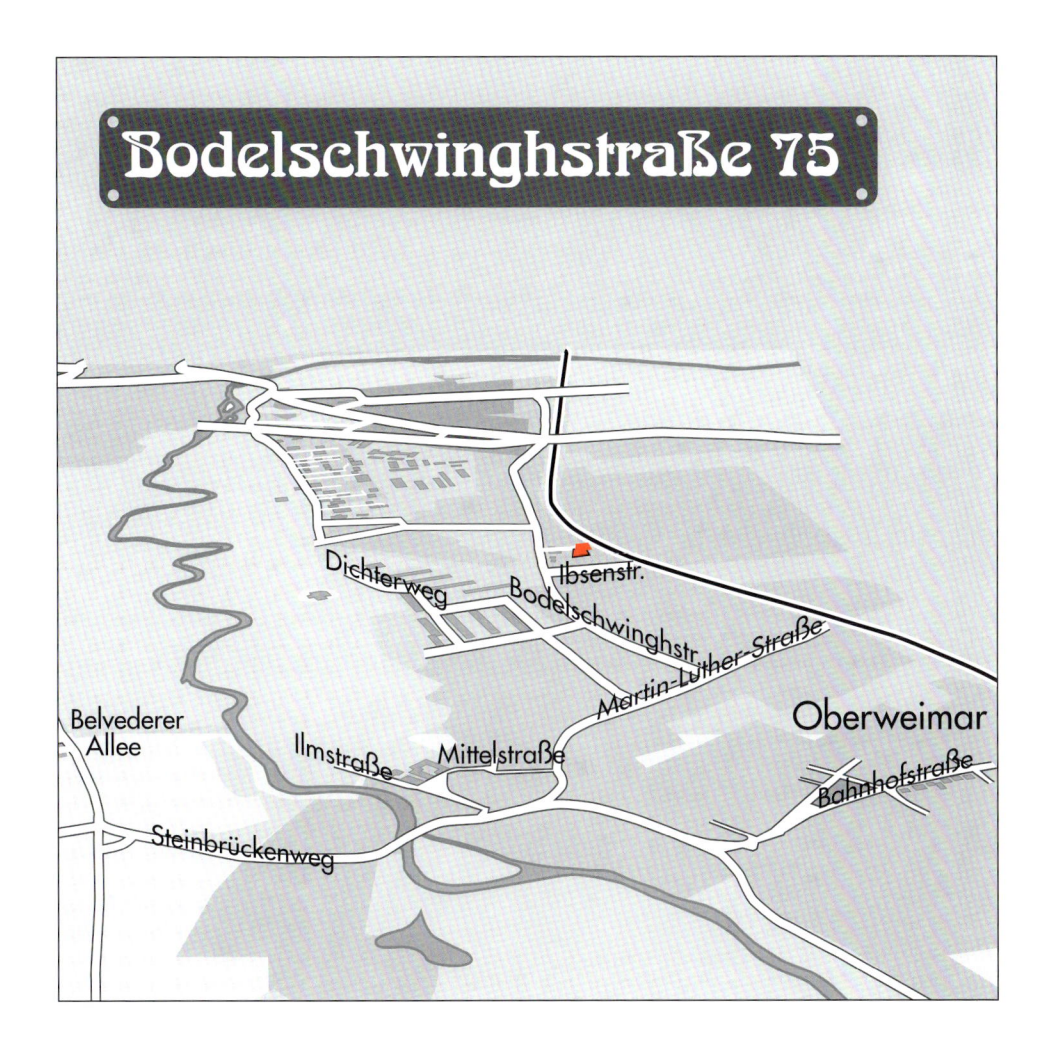

Üblich war im 19. Jahrhundert das Baden in der Ilm. Bei der Walkmühle wurde bereits 1847 eine Flußbadeanstalt eingerichtet. 1848 gründete sich der Bade- und Schwimmverein und eröffnete 1852 eine neue Bade- und Schwimmanstalt westlich des heutigen Schwanseebades. Badeanstalten haben in Weimar also eine lange Tradition.

Ein Kuriosum dagegen war das Luftbad Wolfgang Bachs, das der namhafte Antiquar zwischen 1904 und 1914 neben seinem Wohnhaus an der Besselstraße, heute Bodelschwinghstraße betrieb. Anfangs belächelt, dann immer zahlreicher genutzt, bot es in zugeknöpften Zeiten unkonventionelle Freiräume. In seinem Haus richtete Wolfgang Bach zudem ein Abstinenz-Restaurant ein. Und hatte auch damit Erfolg.

43 Wolfgang Bach

Der Ort war klug gewählt. Oberhalb des Horns, „in romantisch gesündester Lage Weimars auf der Birkenhöhe beim Kastanienwäldchen." Bachs Luftbad warb anno 1910 nicht nur mit vollmundigen Versprechungen. Es hielt sie auch. Der Weg hinauf vom Park zur Besselstraße 21 (heute: Bodelschwinghstraße 75) führte zurück zu Natur und Natürlichkeit. Von zwei bis vier Uhr war, außer an Sonn- und Feiertagen, nur für Damen geöffnet. Die Herren standen derweil Spalier hinter dem übermannshohen Holzzaun und spähten durch die wenigen Astlöcher. Es muß sich gelohnt haben. Nicht daß es sonderlich freizügig, oder gar nackert zuging. Doch während der Alltag die Damen nur züchtig hochgeschlossen und langgewandet sah, durften sie hier Licht, Luft und Sonne auf der weißen Haut spielen lassen, bloß mit einem Badeanzug bekleidet und für 25 Pfennige. Genutzt wurde die seltene Möglichkeit reichlich. Auch Prominenz kam, sah und frönte der Freikörperkultur. Die Schauspielerin Lil Dagover, der Maler Sascha Schneider und später häufig der berühmtberüchtigte Naturapostel Gustav Nagel aus Arendsee.

Gleich nach Fertigstellung des eigenen Wohnhauses im Jahre 1904 lassen Karl Louis Wolfgang Bach (1856-1943) und Gattin Anna-Maria Bach auf dem angrenzenden Gartengelände, mehr als 2.000 m² groß, ihr Luftbad errichten. Die Investition sollte sich als lohnend erweisen. Im Wohnhaus, mit einer herrschaftlichen Freitreppe ausgestattet, entsteht en parterre ein kleines alkoholfreies Restaurant. Der Orden der Guttempler hat sich in dem Gastraum, dem sogenannten „Carl-August-Zimmer", getroffen, auch der Naturheilverein. Hier wie in der angrenzenden Bibliothek und im ganzen Haus fordern kleine Emailleschildchen kategorisch: „Rauchen verboten." Für „W. Bach's Luftbad u. Abstinenz-Restaurant", das bis zum Ausbruch des ersten Weltkrieges bestand, wirbt mit strahlender Sonne und idyllischen Zeichnungen eine alte Postkarte aus der Druckerei von Rudolf Borkmann.

Obstbäume stehen heute dort, wo einst Gymnastik und Sonnenbaden den willkommenen Ausbruch aus einer muffigen Gesellschaft beförderten. Von dichtem Grün umgeben, ist das von der Straße weit zurückgesetzte einstöckige Wohnhaus mit ausgebautem Dachgeschoß noch immer ein Ort beschaulicher Ruhe. Ihr nobles Profil hat die Villa jedoch eingebüßt, verschwunden ist der repräsentative Vorbau samt Säulen und Balkon, die Freitreppe ist hinter dichtem Buschwerk verborgen, die Glas- durch eine Holztür ersetzt.

Karl Louis Wolfgang Bach (1856-1943) betrieb in Weimar ein florierendes Antiquariat. 1904 begründete er an der Besselstraße 21 (heute: Bodelschwinghstraße) eines der seltenen Luftbäder seiner Zeit.

Geblieben ist neben zahlreichen Ausstattungsdetails (Deckenbemalung, Treppengeländer) eine Besonderheit, die weniger dem oberflächlichen Betrachter auffällt, als vielmehr den Bewohnern: Weil Wolfgang Bach der Natur nahe sein wollte, ließ er die Außenwände so dünn wie möglich errichten.

Wolfgang Bach ist in Weimar kein Unbekannter, als er seinen Wunsch in der Besselstraße verwirklicht. Sein Wissenschaftliches Antiquariat in der Seifengasse, später in der Parkstraße 3, gegründet 1886, ist ein viel und gern besuchter Ort. Der hervorragende Kenner der Geschichte des klassischen Weimars, Patenkind von Goethe-Enkel Wolfgang, hat Beziehungen sowohl zu den leitenden Persönlichkeiten der Weimarer Kulturstätten als auch zu denen im übrigen Thüringen. Seine kolorierten Kupferstiche von Herzog Carl August in der Uniform der Halberstädter Kürassiere und die wiederholte Beschaffung der alten Bertuchschen

Wohnhaus und Abstinenz-Restaurant: Die Familie Bach hatte in ihrer 1904 errichteten Villa oft Gesellschaften und immer offene Türen (Aufnahme um 1904).

Bilderbücher mit ihren seltenen Kupfern waren eine Spezialität seines Hauses. Manches wertvolle Stück hat er für die Landesbibliothek, manche Goethe-Handschrift für das Goethe-und-Schiller-Archiv besorgt. Auch der Nachlaß des unter der Regierung Carl Alexanders wirkenden Oberbaudirektors Carl Streichhan war ihm zur Veräußerung anvertraut, ebenso der von Wildenbruch.

Bachs Lebenslauf dokumentiert eine aufgeschlossene, arbeitsame Persönlichkeit, die später kühn ihren Idealen lebte: Nach Besuch der Bürgerschule ging der damals 14jährige nach Magdeburg in die Lehre beim Schornsteinfegermeister Philipps. „Obgleich mir in den ersten Lehrjahren dieses eigenartige und nicht gerade angenehme Gewerbe keine Sympathie einflößte, gab mir doch der alte Spruch ‚Lehrjahre sind keine Herrenjahre' Halt genug zum Aushalten", schreibt er in seinem Lebenlauf. Seine Kühnheit bei gefährlichen Arbeiten trug ihm manchen Tadel ein. Im März 1873 stürzte er, ein Bruder Leichtsinn, von einem bereiften Schieferdach, vier Stockwerke hinab in die Tiefe. Die starke Verstauchung der rechten Hüfte heilte zwar, aber er hatte immer wieder gesundheitliche Probleme. Trotzdem übte er seinen Beruf (bis 1887) in verschiedenen Städten aus. Beeinflußt von den Schriften J.H. Frankes gab er seinen schwarzen Beruf auf und wendete seine Tätigkeit dem Kolportagefache zu. Vier Jahre lang war er selbständig in Leipzig tätig, kam dann in seine Geburtsstadt Weimar zurück.

In seinem Ölgemälde ist W. Kronsbein eine treffliche Charakterisierung Bachs gelungen: ein kleingewachsener, drahtiger Mann in derber Strickjoppe, die breiten Arbeitshände aufs weiße Tischtuch gelegt, das von einem Bart gerundete hagere Antlitz einem imaginären Gesprächspartner zugeneigt.

Freikörperkultur im Wortsinne: Von 1904 bis 1914 bestand Bachs Luftbad, auch Lil Dagover, die weltberühmte Schauspielerin, zählte zu den Gästen, ebenso der Maler Sascha Schneider, später häufig auch der berühmt-berüchtigte Naturapostel Gustav Nagel aus Arendsee.

Er kümmert sich ums Geschäft, während die um 13 Jahre jüngere Frau Anna im Haus ein strenges Regiment führt. Tochter Corona erinnert sich noch heute lebhaft eines Vorfalls, bei dem es Prügel setzte, woraufhin der Vater die Mutter entrüstet gefragt haben soll: „Wer wird denn so ein kleines Kind schlagen?"

Bach war eben ein ruhiger und gutmütiger Zeitgenosse, ein großer Naturfreund und überzeugter Vegetarier seit er einen Vortrag Guthzeits gehört hatte. Er trank keinen Alkohol und rauchte natürlich auch nicht. Aber: Die strenge Lebensweise hielt er nur in besseren Zeiten durch. In schlechten Zeiten stand doch wieder Fleisch auf dem Mittagstisch, stellte der Rohköstler im Garten sogar Fallen auf, um Kaninchen zu fangen. Die Zeit und zunehmendes Alter nahmen der radikalen Lebenshaltung die Spitze. Da saß der 75jährige dann in der Küche, paffte seine Meerschaumpfeife und genoß sein Gläschen Wein.

Wolfgang Bach und seine Gattin Anna-Maria.

Bis 1929 betreibt Wolfgang Bach sein Antiquariat. Dann muß es aufgrund der schlechten wirtschaftlichen Lage aufgegeben werden. Bücher und wertvolle Schriften werden gleich haufenweise vernichtet, weil sich kein Abnehmer findet.

Wolfgang Bach stirbt im April 1943. Das Haus bleibt in Familienbesitz, wird aber 1959 von der Kommunalen Wohnungsverwaltung geführt und Mitte der 90er Jahre den Erben rückübertragen. In naher Zukunft soll das Gebäude denkmalgerecht restauriert und saniert werden.

Die Lage ist noch immer romantisch, wenn auch nicht mehr ganz so ruhig wie zu Meister Bachs Zeiten.

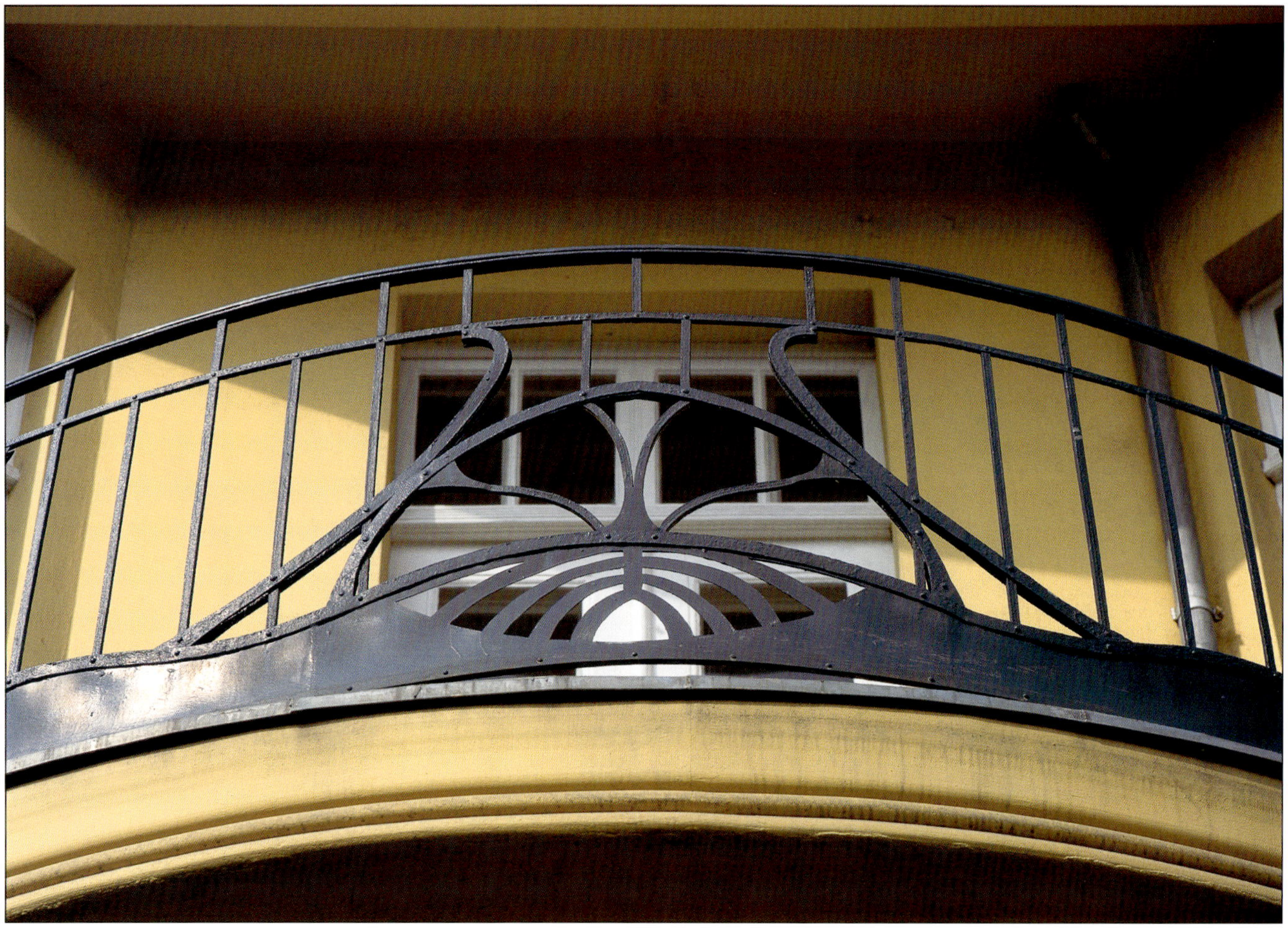

Trierer Straße 65

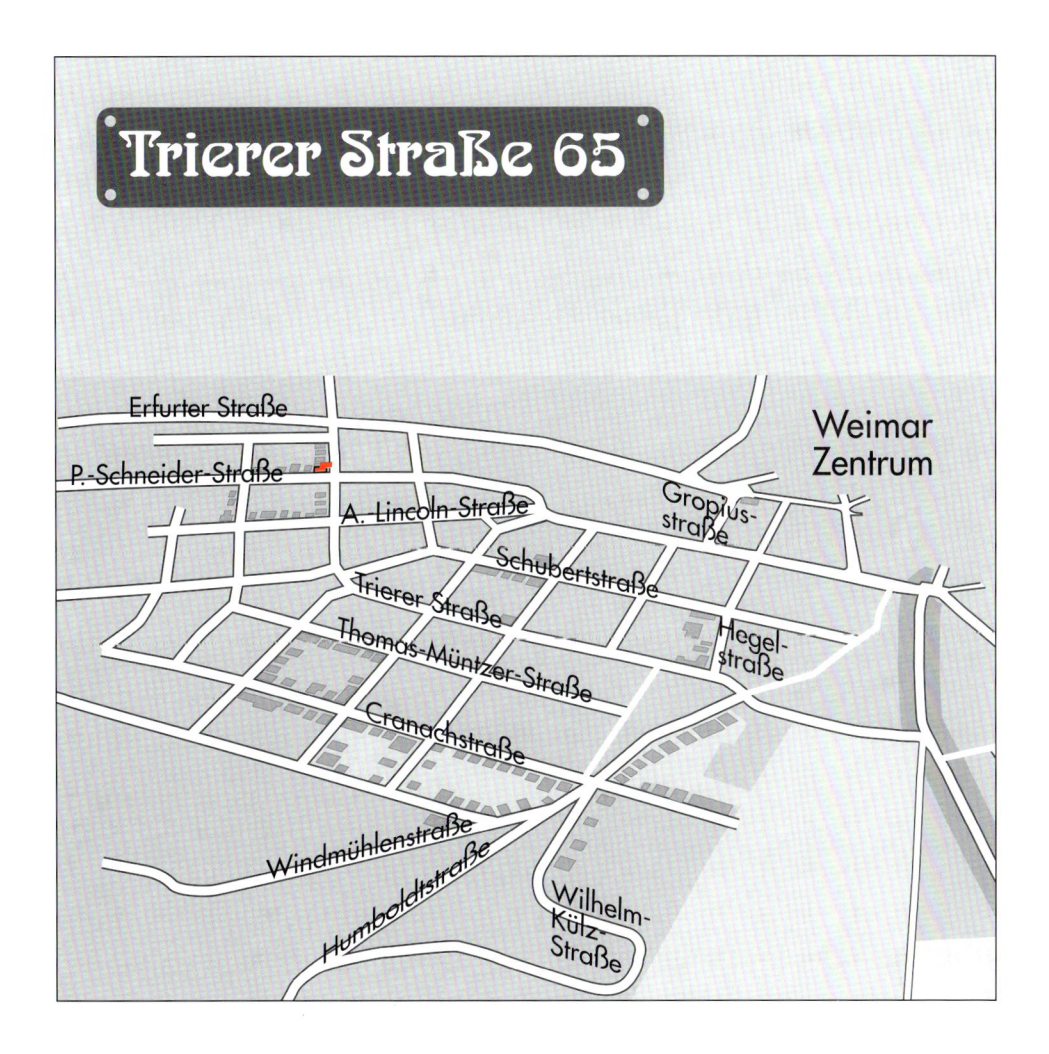

Bruno Hinze-Reinhold, 1877 in Danzig geboren, Schüler von Robert Teichmüller und Alfred Reisenauer, war einer der besten Liszt-Interpreten seiner Zeit. Der junge Pianist, der sich auf ausgedehnten Konzertreisen schon frühzeitig große Erfolge erspielte, wirkte seit 1901 als Klavierlehrer am Berliner Konservatorium. 1913 wurde er Leiter einer Meisterklasse für das Klavierspiel an der Musikschule beziehungsweise (ab 1930) an der Musikhochschule Weimar, deren Leitung er 1916 unter Verleihung des Professorentitels übernahm und dann bis 1927 und nochmals von 1930 bis 1933 innehatte. Über Jahrzehnte hat er das Musikleben Weimars geprägt. Die Weimarer Musikhochschule verdankt ihm außer dem Hochschulstatus die im Lisztschen Sinne neubegründete Klavierausbildung. Gewohnt hat er mit seiner Gattin Anna in der Lassenstraße 23, heute: Triererstraße 65.

44 Bruno Hinze-Reinhold

Kulisse, Schutz und Symbol ihrer Zeit: Eine Fassade taugt für vielerlei, selten aber als Geschichtenerzählerin. Die hütet sie sorgsam hinter ihren dicken Mauern, Wesentliches bleibt zwischen all ihren Facetten und steinernen Rosetten verborgen. Da lehnt unsichtbar der unerschütterliche Wille zum Erhalt des Hauses an der eisernen Balkonbrüstung, schmiegen sich Mut, Kraft und zähe Energie ins florale Stuckwerk. Wer von ihnen nichts weiß, sieht und hört sie nicht. Ausnahmen sind nicht die Regel, auch nicht beim stadtbildprägenden Jugendstilgebäude an der Trierer Straße 65. Ein wertvolles Baudenkmal, in dessen Geschichte Geschichten und Schicksale verwoben sind. Die Welt lärmt vorüber, hinterm Gartentor aber verneigt die Zeit sich still vor dem eisernen Einsatz der Eigentümerin. Was sie erreicht hat, durch Mut und Zähigkeit und Sachkenntnis und im Verein mit Mutter und Sohn, zeigt eine Straßenkreuzung weiter der Blick auf die Fassade eines unsanierten Hauses.

Ursula Knabe ist kein kräftiger Mensch. Zierlich und schmalschultrig, doch begabt mit dem festen Willen zum Erhalt des Familienerbes hat sie sich erfolgreich für die Rekonstruktion des Baudenkmals stark gemacht, 1904 nach den Plänen von Rudolf Zapfe errichtet. Das Dach war undicht, im Eckturmchen saß der Schwamm, Putz- und Nässeschäden „zierten" die Fassade, die schmiedeeisernen Balkongitter waren durchgerostet. Ein hoffnungsloser Fall. Es mangelte an Geld und Handwerkern und wenn beides vorhanden war, dann fehlte Baumaterial. Ein hoffnungsloser Fall? Nicht für Ursula Knabe. Banken, Bürokraten und Baufirmen begegnete sie mit energischer Souveränität und fundiertem Wissen. Nach der Wende dann die persönliche Wende: Mit der Neueindeckung des Daches konnte 1990 begonnen, danach Schritt um Schritt vorangegangen werden. Eigenleistung wurde groß-, Freizeit dagegen kleingeschrieben. Sehr aufwendig gestaltete sich die konstruktive Erneuerung der Balkone. Eine ständige Abstimmung zwischen Eigentümerin, Architekt und den Denkmalämtern von Stadt und Land sicherte die denkmalgerechte Ausführung aller Arbeiten. Noch vor Instandsetzung der Fassade wurde mit der Sanierung und Modernisierung der Wohnungen begonnen. Zunächst die Parterreräume, rund 165 Quadratmeter groß, dann das erste und das zweite Stockwerk.

Ein wertvolles Baudenkmal, dessen Fassade Geschichte, Geschichten und Schicksale atmet. Errichtet für den Kammermusikus Schmidt, der allerdings nicht selbst einzieht, sondern vermietet.

Der Pianist und Pädagoge Bruno Hinze-Reinhold (1877-1964), einer der besten Liszt-Interpreten seiner Zeit, leitete zwischen 1916 und 1933 die Weimarer Musikhochschule.

Erst nach seinem Tod bewohnt seine Witwe Anna ab 1913 die oberste Etage. Im selben Jahr kommt mit dem Pianisten und Klavierpädagogen Bruno Hinze-Reinhold (1877-1964) und seiner Frau Anna der bislang wohl prominenteste Mieter ins Haus an der Lassenstraße 23 (heute Trierer Straße 65), das Ende der 20er Jahre von der Familie Grantzel erworben wird. In seinen Tagebuch erinnert der bedeutende Liszt-Interpret und spätere Direktor der Weimarer Musikhochschule sich: „Anfang Oktober 1913 siedelten wir nach der Goethe- und Liszt-Stadt über und bezogen in der damaligen Lassenstraße, Ecke Lottenstraße, eine große und schöne, nur wegen der zu vielen Türen schwer einzurichtende Wohnung. In der III. Etage hatten wir noch ein zweites Musikzimmer dazu mieten können, wo herrlich ungestört zu arbeiten war. Da es oben an Bildern zum Dekorieren der Wände mangelte, richtete ich mir eine ‚Ahnengalerie' ein, mit

Zu den wenigen, bereits seit Jahrzehnten denkmalgeschützten Jugendstilhäusern in Weimar gehört das markante Eckhaus Trierer Straße/ Paul-Schneider-Straße; 1904 nach den Plänen von Rudolf Zapfe erbaut.

meinen Fotos vom 14. Lebensjahr an, zuletzt bereichert durch die hinzutretenden kleinen, dann größer werdenden Bilder meiner Frau. Große Freude hatte ich an einem ganz kleinen Raum, der aus einem zugebauten Balkon entstanden war. Wir nannten ihn unseren Venusberg und haben ihn mit orientalischen Stickereien und Decken aufs üppigste und geschmackvollste eingerichtet."
Gerühmt werden Bruno Hinze-Reinholds zähe Gründlichkeit, seine Güte, Freundlichkeit und Liebenswürdigkeit, sein Humor. Er ist 58 Jahre alt, als Neffe Gustav aus Amerika zu Besuch nach Weimar kommt und, 22 Jahre jünger als der Onkel, „sich gar nicht genug wundern kann über meine Jugendlichkeit und Beweglichkeit". Anna Hinze-Reinhold, ebenfalls Pianistin und Pädagogin, ist eine schöne Frau, elegant, stets geschmackvoll und apart gekleidet, von hoher Intelligenz und Einfühlungsgabe, wenn auch immer ein wenig kränkelnd.

Ein helmartiges Dach krönte das Ecktürmchen bis 1950, ehemals war der Balkon im zweiten Stock umbaut (Aufnahme um 1926).

Auf Gedeih und Verderb hat Bruno Hinze-Reinhold sein Leben verbunden mit der Musik und seine Vitalität schien etwas an sich zu haben von ihrer Unendlichkeit, sagen die, die ihn kannten. Daß die Tradition der Hochschulkonzerte auf ihn zurückgeht, erfährt man neben vielem anderen aus der Chronik der Musikhochschule. Er spielte unter Furtwängler und vor Thomas Mann, er musizierte mit dem großen Cellisten Julius Klengel und vielen anderen.

Daß das Menschliche Anfang und Ende alles wahrhaft Künstlerischen ist, blieb ein Leben lang seine feste Überzeugung. Die kleine Geschichte, die uns die Schrift zum 75. Jubiläum der Hochschule überliefert, und in welcher erzählt wird, wie Prof. Hinze-Reinhold dem Kohlen stiebitzenden Studentlein - damals nach dem ersten Kriege - statt Bestrafung einen Geldschein in die Hand drückte, damit er sich die unentbehrlichen Kohlen kaufen könne, ist bezeichnend.

Als sein „Famulus" und Lieblingsschüler Hans Heinrich Eggebrecht seine Examensarbeit zu schreiben hatte, schien nach glücklicher Überwindung mancherlei Zeitbedingtheiten die Sache schließlich an der Papierfrage scheitern zu wollen. Postwendend kommt eine Sendung Schreibmaschinenpapier mit herzlichem Gruß von Prof. Hinze-Reinhold. Die 75-Jahrfeier der Weimarer Musikhochschule erlebte er zwar von Jena aus, im August 1947 aber siedelte der ehemalige Direktorzurück nach Weimar.

Ein kurzer Rückblick: Als Hinze-Reinhold nach Lehr- und Wanderjahren 1916 mitten im ersten Weltkrieg Direktor der damaligen Weimarischen Musikschule wurde, machte er sich zugleich an die Bewältigung „brennender Aufgaben", wie er auch auf Zukünftiges hinarbeitete. So sorgte er zunächst für die Bildung eines leistungsfähigen Schulorchesters eingedenk der Tatsache, daß das ihm unterstellte Lehrinstutut einst von Carl Müllerhartung als Orchesterschule gedacht und gegründet wurde, und erreichte 1930 die Erhebung in den Rang einer Hochschule. Aus der Ablehnung des Nationalsozialismus heraus gab er 1933 sein Direktorenamt auf und ging mit seiner Frau nach Berlin. 1947 wieder an die Franz-Liszt-Hochschule Weimar berufen, wirkte er trotz baldiger Emeritierung weiter als Pädagoge bis wenige Jahre vor seinem Tod am 26. Dezember 1964. Das Haus, in dem er mit seiner Frau zwischen 1913 und 1933 so glücklich war, ist heute unverändert in Familienbesitz. Die Renovierung ist großartig gelungen, aber noch nicht vollendet. Es fehlt die Sanierung der obersten Etage. Und irgendwann später vielleicht soll auch die Erneuerung des für den Straßenraum wichtigen Eckturmdaches folgen.

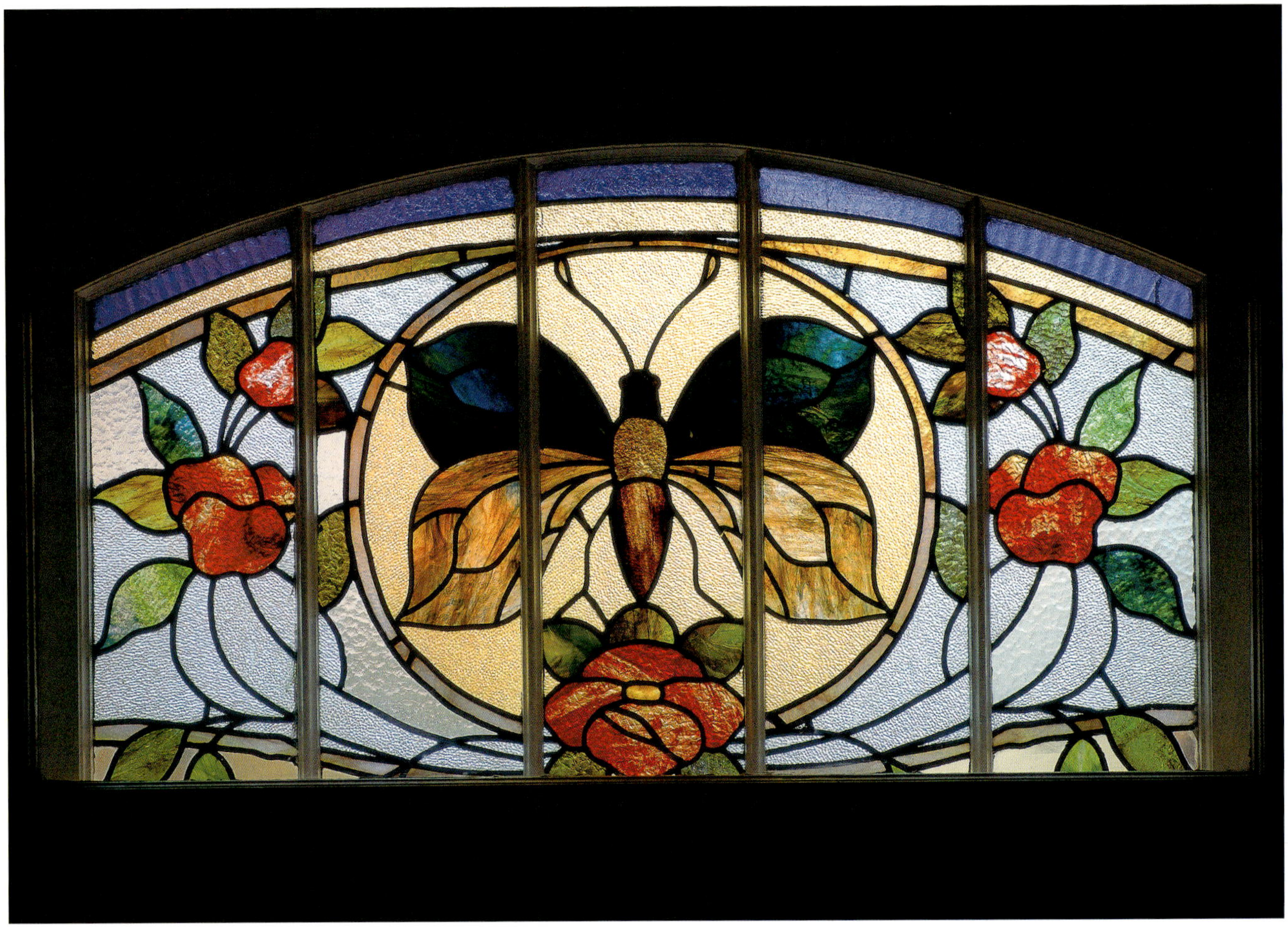

Cranachstraße 10

Unter den individuell, oft auch extravagant gestalteten Jugendstilfassaden der Cranachstraße ist das Haus mit der Nummer 10 besonders hervorzuheben. Ein wuchtiger, großvolumiger Baukörper mit detaillierter Stuckornamentik. Wie so viele Häuser des östlichen Straßenabschnitts wurde die prachtvolle Villa nach den Plänen des bekannten Weimarer Architekten Rudolf Zapfe erbaut. In Auftrag gegeben hat sie Gustav Raumer (1857-1945), Kaufmann von Beruf, mit Drogerie am Markt 9 und ab 1898 Großherzoglicher Hoflieferant. Als ehrenamtlicher Stadtrat für Handel und Versorgung leistete Raumer besonders in den Jahren des ersten Weltkrieges Bedeutsames für seine Heimatstadt Weimar. Und das trotz großer seelischer Not, denn Sohn Leo fiel im ersten Kriegsjahr 1914.

45
Gustav Raumer

Eine ruhige Seitenstraße. Ein Dutzend Häuser. Ein jedes verschieden in seiner Architektur und Gestaltung. Auf den ersten Blick. Der zweite vermutet ein und dieselbe Handschrift bei gleich mehreren der prächtigen Schaufassaden. Und er vermutet richtig. Der östliche Abschnitt der Cranachstraße spricht unüberhörbar die Sprache des bekannten Weimarer Architekten Rudolf Zapfe. Nach seinen Plänen entstanden hier zwischen 1903 und 1906 sieben Villen - auch die Nummer zehn, ein Jugendstilhaus mit aufwendigen Stukkaturen, eines der prächtigsten Weimars, 1903 erbaut und 1981 unter Denkmalschutz gestellt.

Der Blick nach droben, hinauf zum ersten und zweiten Stockwerk, er tastet sich entlang schwungvoller Linien, verweilt in zierlichem Blattwerk und stilisierten Blüten, schwingt sich ins ornamentale Geflecht, verharrt, wartet, zaudert, um die seltene Schönheit auszukosten, bevor er hinüberwandert zu den Mädchenköpfen, die recht skeptisch der Zukunft ins Antlitz blicken, und dann weiter, hoch hinauffährt, zu den krönenden Hauben der Erker und zur Wetterfahne. Nein, gespart haben weder der Architekt, der all seine Kunst in diesem Bau zu konzentrieren schien, noch der Bauherr. Gustav Raumer (1857-1945), Kaufmann und ehrenamtlicher Stadtrat, hat seiner Familie hier ein repräsentatives Heim geschaffen. Seine Drogerie am Markt 9 floriert, Raumer war am 15. Oktober 1898 zum Großherzoglichen Hoflieferanten ernannt worden. Glücklich hatte sich entwickelt, was in jungen Jahren zögerlich begann.

„Erzogen unter Verhältnissen, die mir gleich von vornherein predigten, daß der Kaufmannsstand mein Ziel sei, habe ich ihn ergriffen", klagt der 18jährige in seinem Tagebuch. Und weiter: „Wäre ich jetzt noch einmal Kind, würde ich jetzt noch einmal am Scheideweg stehen, um meinen Lebenslauf zu wählen, ich würde studieren."

So predigt er sich selbst „Geduld, Geduld, noch zwei Jahre, dann ist alles gut, dann wähle ich mir den Platz, wo ich stehen will, dann fort, fort in alle Welt". Als er dann fort ist, sehnt er sich zurück. In zierlicher Schrift, akkurat und altdeutsch verschlungen, sinniert der junge Mann über Leben, Last und Liebe. Daß ihm bei aller philosophischen Reflexion auch Humor die Feder führt, die ersten Zeilen der bislang unveröffentlichten autobiographischen Aufzeichnungen beweisen es bereits: „Es treibt der Most, um Wein zu werden." Gleichwohl merkt er wenige Seiten später selbstironisch an: „Wenn jemand zufällig dieses

Eine imposante Erscheinung: Die Stimme von Kaufmann Gustav Raumer (1857-1945), Großherzoglicher Hoflieferant, hatte im Rat der Stadt Weimar großes Gewicht.

Heft in die Hand bekommt, ich glaube, er würde fragen: ‚O Gott, ich glaube, der Mensch ist vollständig verrückt'". Indes, die Zeiten haben sich wohl kaum geändert, denn schon der Jüngling Gustav Raumer meinte 1875: „Ja, so sind sie, die Leute. Alles was nur einen Zoll über ihre gewöhnlichen Auffassungen hinausgeht, ist gleich verrückt."

Schriftstellerisch erstaunlich ambitioniert, lyrisch und empfindsam berichtend, sind die intimen Bekenntnisse Spiegel seiner selbst wie seiner Zeit. Zwar zieht es den Lehrling unwiderstehlich hinaus in die Welt, sein Weimar aber möchte er nicht missen. Sein „Winkel Erde", der ihn „fest gebannt hält, der mich mit magnetischer Kraft an sich zieht. Und dieser Ort, soll ich es verschweigen, ist mein Weimar, meine liebe Heimat." Und für diesen Ort bewegt er sehr viel später, zurückgekehrt von seinen Lehr- und Wanderjahren, Außerordentliches.

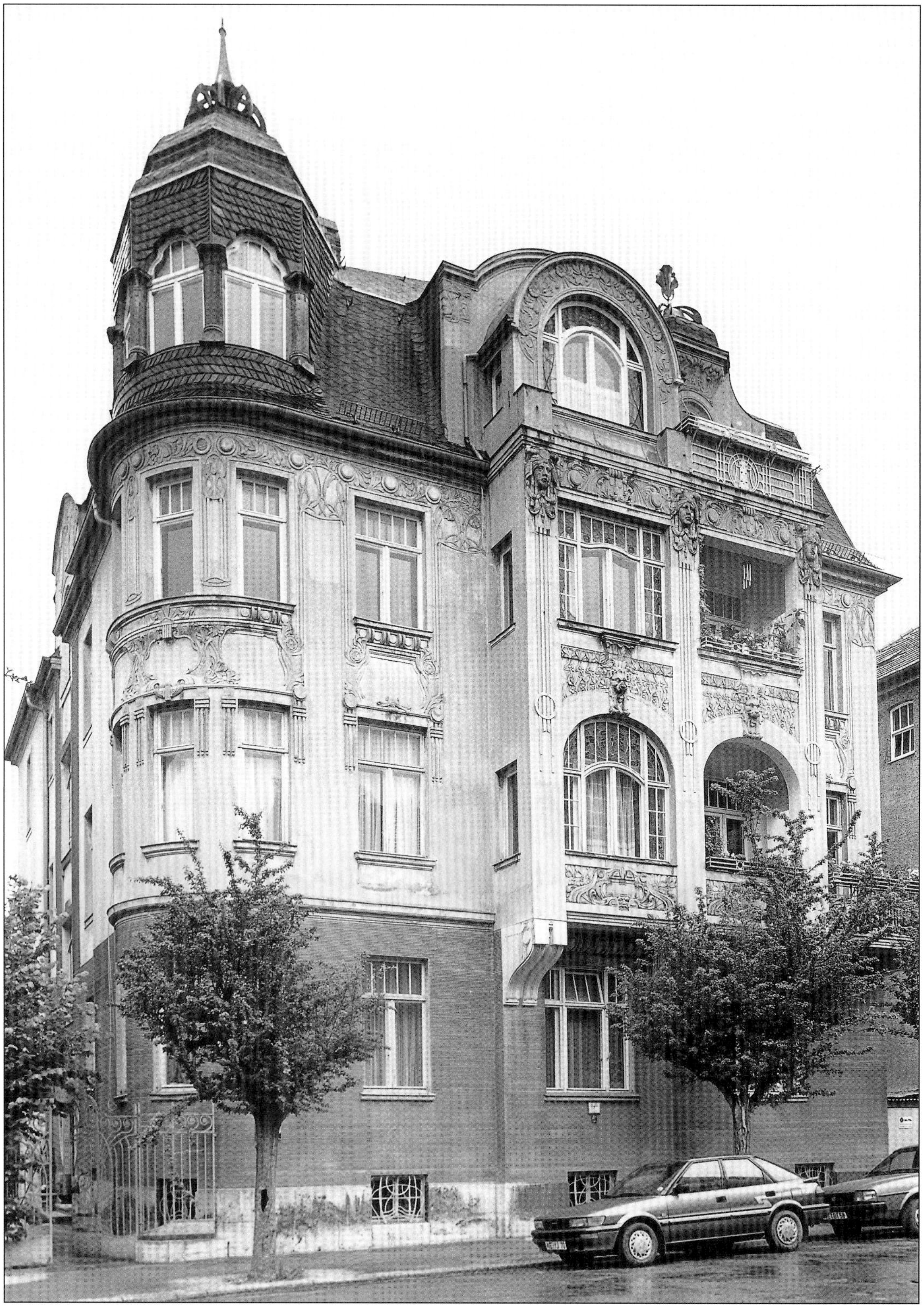

Als ehrenamtlicher Stadtrat für Handel im ersten Weltkrieg auch für die Versorgung Weimars zuständig, sucht er den massiven Nahrungssorgen die Spitze zu nehmen. Die Lebensmittelbeschaffung bestimmt den Tagesablauf vieler Bürger. Stadtrat Raumer charakterisiert in seinem Tagebuch das nicht einzudämmende Chaos der Wirtschaft mit folgenden Worten: „Der eine hamstert, der andere überschreitet die Höchstpreise. Einer kauft hintenherum ein, der andere betrügt mit Marken. Einer sucht sich mit Hilfe des Arztes, der andere durch ungetreue Verkäufer mehr Waren zu verschaffen." Er engagiert sich, hilft wo kein anderer zu helfen vermag, obwohl es fast über die eigene Kraft geht: Sein jüngster Sohn, Leo, geboren 1890, ist gleich im ersten Kriegsjahr gefallen. Das Haus an der Cranachstraße 10 trauert.

Wenden wir uns noch einmal dem jugendlichen Gustav Raumer zu. 29 Jahre zählt er, als er seine Clara, geborene Kalbe, zum Traualtar führt. Ein Foto aus dieser Zeit zeigt einen verantwortungsbewußt dreinblickenden jungen Mann mit strengem Seitenscheitel und verwegener Haarlocke über der Stirn, die 20jährige Braut trägt das lockige Haar zu einem Dutt gewunden, zwei ernste Gesichter an der Schwelle zu einem neuen Lebensabschnitt. 1888 wird Sohn Hans geboren, zwei Jahre darauf Leo.

Die Lebensmitte hat Raumer bereits überschritten, als das eigene Haus in der Cranachstraße bezogen wird. Die Familie bewohnt zunächst allein das große Haus, dann wird auch vermietet. Im zweiten Weltkrieg unterhält der Werkluftschutz hier seine Bereichsstelle. Clara Raumer stirbt 1943, Gustav Raumer am 9. Dezember 1945.

Nach dem Krieg hat kurzzeitig auch die Verlegerin Leiva Petersen (1912-1992) hier gewohnt. Unter ihrer Leitung profilierte sich der Verlag Hermann Böhlaus Nachfolger Weimar auf den Gebieten des klassischen kulturellen Erbes und der historischen Wissenschaften. Über die Jahrzehnte, bis heute, ist die Villa unverändert in Familienbesitz, der Bauherr hat das Haus seiner Enkeltochter Dorothea übereignet.

Mit dem Erbe wird pfleglich umgegangen, nach Eintragung in die Denkmalliste werden Reparaturen im und am Haus veranlaßt; das Dach, einige Fenster und der Fensteranstrich grundlegend erneuert (1983), die Wetterfahne rekonstruiert (1984), der Hauptbalkon instandgesetzt (1990). Der Poet im vielseitig gebildeten Gustav Raumer, er war stets offen für die Schönheit von Architektur und Natur, die (Ur-)Enkel stehen ihm da in nichts nach.

Im trauten Familienkreis: Gustav Raumer und Gattin Clara stoßen mit den beiden Söhnen Hans (1888-1914) und Leo (1890-1914) auf das Neue Jahr(hundert) an.

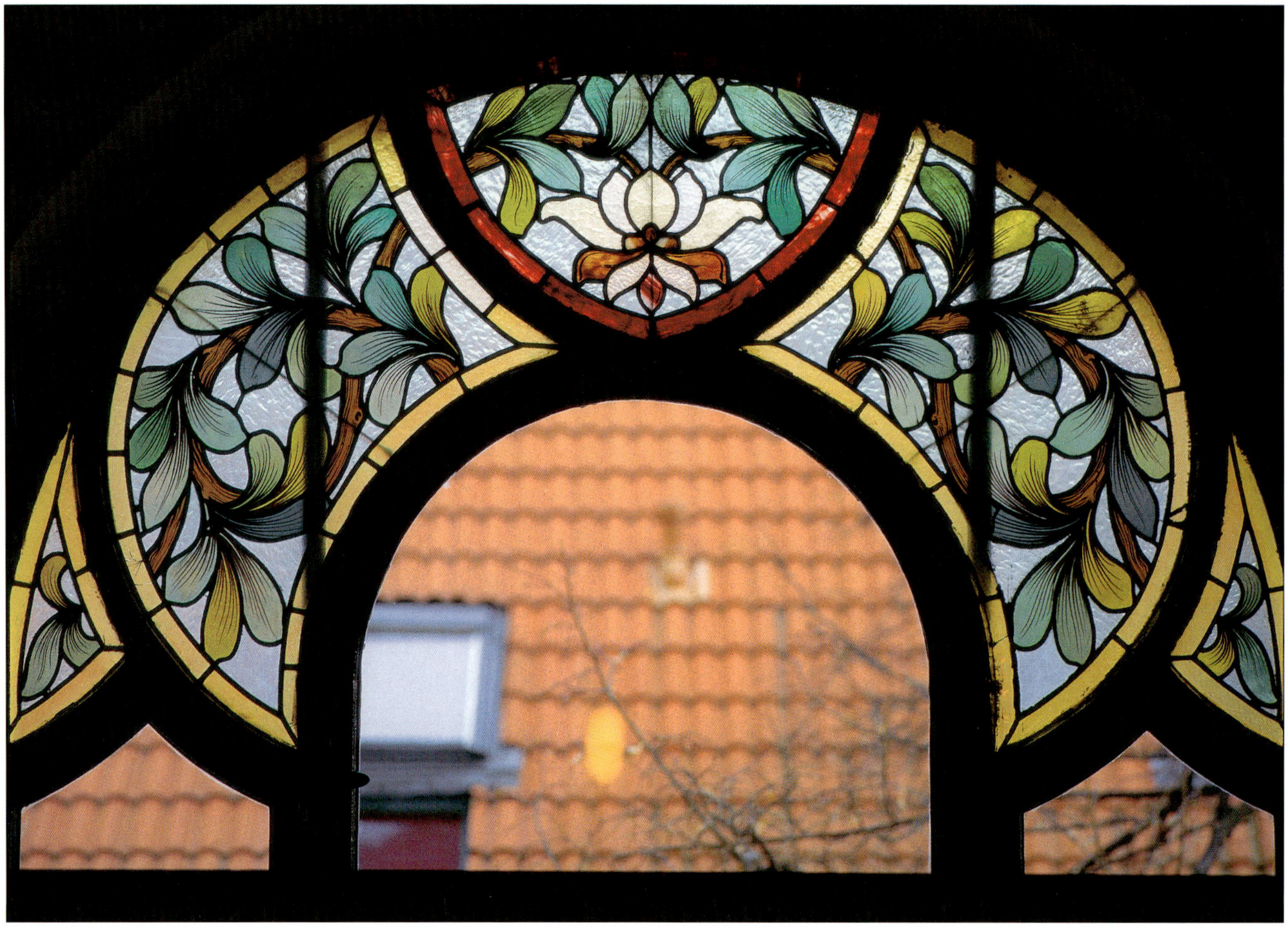

Wilhelm-Külz-Straße 7

1897 in Braunfels an der Lahn geboren, Sohn eines Nervenarztes, Aufnahme des Musikstudiums mit 16 Jahren, Freundschaft mit seinem Studienkollegen Paul Hindemith, nach Abschluß der Ausbildung am Hochschen Konservatorium in Frankfurt/Main für acht Jahre Bratscher: Das sind die wesentlichen Elemente eines Lebensweges, der zu hoher künstlerischer Anerkennung führen sollte. Zwischen 1927 und 1947 lehrt Ottmar Gerster an der Folkwangschule Essen, nur fünf Jahre ist er danach in Weimar (1947-1951), Ende 1951 wird Gerster als Professor für Komposition an die Hochschule für Musik in Leipzig berufen. Als Vorsitzender des Verbandes der Komponisten und Musikwissenschaftler ist er Mitglied der Akademie der Künste und nimmt eine führende Stellung im Musikleben der DDR ein. 1967 erhält er den Nationalpreis. Ottmar Gersters Werkverzeichnis weist mehr als 270 Titel aus.

46 Ottmar Gerster

"Die Musik", hat er einmal gesagt, „soll auch dem nicht musikalisch gebildeten Menschen eingehen." Danach lebte und arbeitete er. Ottmar Gerster (1897-1969) war ein Frühberufener. In eine musikalische Familie hineingeboren, gehörte das Musizieren nicht nur zum guten Ton, es war selbstverständlicher Teil des Lebens. Schon der Vierjährige wird von der Mutter im Klavierspiel unterrichtet. Als zwei Jahre später der mit der Familie befreundete Arzt Professor Rosenbach seinem Patenkind eine Violine schenkt, ist Ottmars Lebensweg vorgezeichnet.

Zwei Tage vor dem Heiligen Abend im Nachkriegswinter 1947 wird Ottmar Gerster Professor und am 1. April 1948 Direktor der Hochschule für Musik „Franz Liszt". „Als ich in Essen... meine Absicht bekanntgab, die Stätte meiner Wirksamkeit nach Weimar zu verlegen, da hörte ich außer manchem Glückwunsch auch viele Bedenken von Freunden, die mich ungern nach der sog. Ostzone scheiden ließen. Ich habe diesen Bedenken gegenüber immer betont, daß gerade Weimar im deutschen Geistesleben nicht der schlechteste Platz ist, an dem man als schaffender Mensch tätig sein kann."

Eine Wohnung finden der vor allem durch seine Oper „Enoch Arden" (Uraufführung 1936 in Düsseldorf) weltbekannt gewordene Komponist und seine Gattin, die Pianistin Maria Hübner, im Südviertel von Weimar, in der Wilhelm-Külz-Straße 7. Eine vornehme Villa, etwas in die Jahre gekommen und nun, kurz nach Kriegsende, durch die wechselnde Nutzung in reichlich ramponiertem Zustand. Doch noch immer schön und voller Atmosphäre. Ein zweigeschossiger verputzter Massivbau mit reich durchgebildetem Dachbereich.

Frau Oberstleutnant Emma Korn hatte das stattliche Gebäude 1910 bei dem Architekten und Maurermeister Albert Sömmering in Auftrag gegeben. Einen aufreibenden Papierkrieg focht die Dame von Stand mit den städtischen Behörden aus. Um den Hausbau an sich und all das unerläßliche Drumherum. Der umfangreiche Schriftwechsel ist erhalten. Zwischen seinen Zeilen hallt mancher Seufzer nach. „Gespart wird nicht. Die Ausstattung des Neubaus ist fortschrittlich. Das Haus erhält Wasserleitung, Canalisierung, Centralheizung und Abortgrube." Doch schon kurz nach der Bauabnahme am 25. März 1911 verläßt Emma Korn das so tapfer erstrittene Terrain. Das Haus wechselt rasch hintereinander die Besitzer und erst mit Karl Eckhardt, Fabrikant in Apolda, zieht ein wenig Kontinuität in das noble Gemäuer.

Der Komponist Ottmar Gerster (1897-1969) wurde im Dezember 1947 an die Weimarer Musikhochschule berufen und im April 1948 zum Rektor der traditionsreichen Ausbildungsstätte ernannt.

Ein Mann mit Grundsätzen und von fortschrittlicher Gesinnung. Eine Auto-Halle begehrt er 1919 auf dem rückwärtigen Teil des Grundstücks zu bauen. Es wird ihm zunächst verwehrt. Erst als er seine Argumente energisch bekräftigt („Die ganze Angelegenheit ist für mich sehr eilig; denn ich brauche mein Auto nicht zum Vergnügen als Luxusgefährt, sondern ich sehe mich zum Gebrauch desselben gezwungen, um schnell und ungehindert zu meiner Fabrik nach Apolda und zurück zu gelangen, was mit der Eisenbahn durch ihre schlechte und unsichere Verbindung heute nicht zu erreichen ist") und mit Konsequenzen droht („damit der Unternehmer so schnell wie möglich in die Lage versetzt wird, die bereits fertiggestellte Halle aufstellen zu können und nicht wegen Mangel an Arbeit noch mehr Leute zu entlassen und der Arbeitslosigkeit zu überantworten braucht, als es sich bereits für ihn durch die trostlose Lage des Baugewerbes

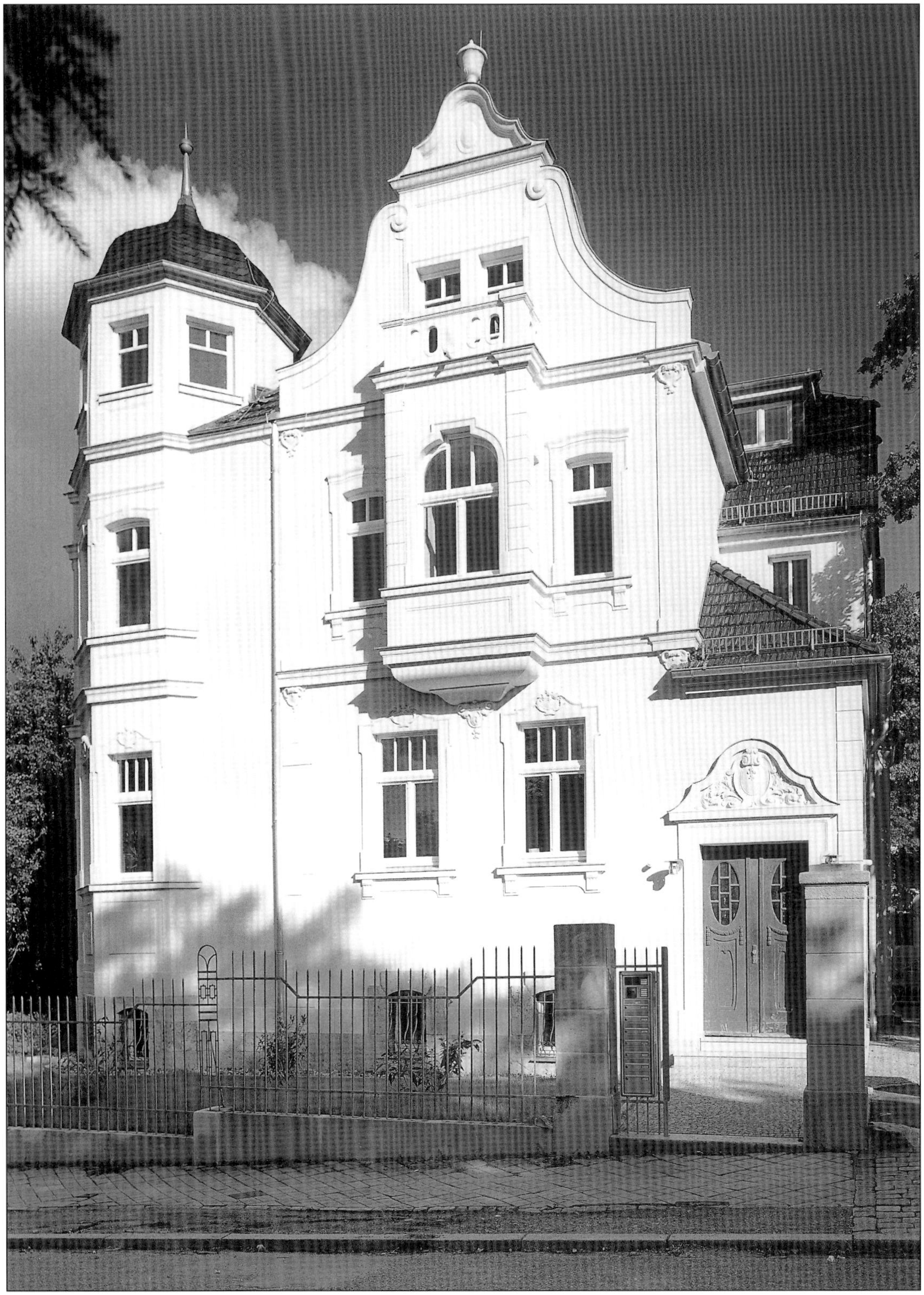

infolge Mangels an Rohmaterialien und deren hohe Kosten als notwendig erwiesen hat") und auch die Genehmigung des Nachbarn vorliegt, darf gebaut werden. Jahre später soll die Auto-Halle mehrmals noch eine Rolle spielen. Eine Garage ist eben mehr als eine Garage, nämlich mitunter auch ein Spiegel der Nutzungsgeschichte eines Hauses. Die Wohlfahrts- und Kinderpflegerinnen-Schule der Stiftung Sophienhaus Weimar ist 1926 ins Haus gezogen, der Autoschuppen in einen Speisesaal für Kinder umgebaut worden. „Um denselben heizbar zu machen, ist daselbst ein Schornstein eingebaut; ferner die Toreinfahrt zugemauert und mit zwei Fenstern versehen worden", bittet die Sophienhausverwaltung nachträglich um Genehmigung.

Als die Innere Mission 1930 das Grundstück Wilhelm-Külz-Straße 7, damals Südstraße, kauft, will sie die Autogarage zu einer Hausmeisterwohnung für ihr

Theresienheim umrüsten (11. März 1930). Es wechseln halt die Ansprüche mit der Zeit und den Menschen. In den Kriegsjahren ist das ehemalige Theresienheim Dienstgebäude des Thüringischen Gewerbeaufsichtsamtes.

Dann zieht wiederum Privatleben ein in die nunmehr in mehrere Wohnungen unterteilte Villa, als einer der ersten der Komponist Ottmar Gerster. Der bekannteste einer langen Reihe von Mietern ist er bis heute geblieben. Daß der gebürtige Hesse sich in der Goethe- und Lisztstadt wohl gefühlt haben muß, klingt aus seinem „Weimarlied" (nach einem Text von Emma Volkmann). Unvollendet bleibt später die „Weimarer Sinfonie". Er ist ein ruhiger, schlichter, gleichwohl geselliger Mensch, pflegt zahlreiche Kontakte; er ist gefragt, sein Wort in Komponistenkreisen von Gewicht. Weit über die Grenzen Deutschlands hinaus bekannt wird er als Schöpfer einiger Volksopern.

Im Werkkatalog ist die Kontinuität eines bemerkenswerten Entwicklungsweges ablesbar. Auch darin war Ottmar Gerster überaus konsequent. Einmal gewonnene Einsichten gab er nie wieder preis.

Zitieren wir seinen ehemaligen Kollegen Hinze-Reinhold: „Ein hochbegabter Komponist. Seine Oper ‚Enoch Arden' gilt allgemein als sein bestes Werk. Er verfertigt geschickte Musik, ohne eigenes Gesicht. Als Direktor aber ist er gänzlich unmöglich gewesen. Sein einziges Verdienst und ein wirklich großes Ereignis für uns ist es gewesen, daß es ihm gelang, das ehemalige Landtagsgebäude am Fürstenplatz (jetzt Platz der Demokratie) für die Hochschule zu gewinnen."

Der Komponist Theodor Hlouschek (Weimar) erinnert sich gern seines Lehrers: „Als Direktor versuchte Gerster, wie es früher Sitte war, die künstlerischen Aspekte so hoch wie möglich anzusetzen, wobei ihm sein Ruf als Künstler auch im organisatorischen Bereich zustatten kam." Hlouschek betont: „Wenn es um die Bedeutung heute schon klassischer Musik geht, dann wird Gersters Name in der Regel in einem Atemzug mit seinem Frankfurter Studienkollegen Paul Hindemith genannt. Seine Oper ‚Enoch Arden' ist an über einhundert deutschsprachigen Bühnen als Repertoirestück aufgeführt, mit viel Beifall bedacht und für die Entwicklung der zeitgenössischen Musik als richtungsweisend empfunden worden."

Schon Ende 1951 verläßt Ottmar Gerster Weimar wieder, um einer Berufung an die Hochschule für Musik „Felix Mendelssohn-Bartholdy" in Leipzig zu folgen. Nach seiner Emeritierung 1962 zieht er sich nach Borsdorf bei Leipzig zurück, wo er am 31. August 1969 stirbt.

Sein einstiges Wohnhaus in Weimar ist heute zu neuer Schönheit erwacht. Es hatte gelitten, an Ansehen verloren und war doch solide genug, die Zeiten zu überdauern. 1982/84 wird eine aufwendige Schwammsanierung notwendig. Und immer sind es die Mieter, die sich ungeachtet des Einsatzes von Geld, Geduld und Energie kümmern. Nur notdürftige Reparaturen konnten zwischen 1978 und 1995 vorgenommen werden. Dann fassen bisherige Bewohner sich ein Herz, kaufen das marode Anwesen, aus dessen geborstenem Balkon bereits eine Birke wächst, und das Blatt beginnt sich zum Wohl des Hauses zu wenden. In Abstimmung mit den Denkmalbehörden wird von Grund auf restauriert, werden Zeit und Zähigkeit investiert. Gelebter Denkmalschutz. Hier wird er dokumentiert. Dem Stadtbild Weimars ist ein wertvolles Baudenkmal zurückgegeben.

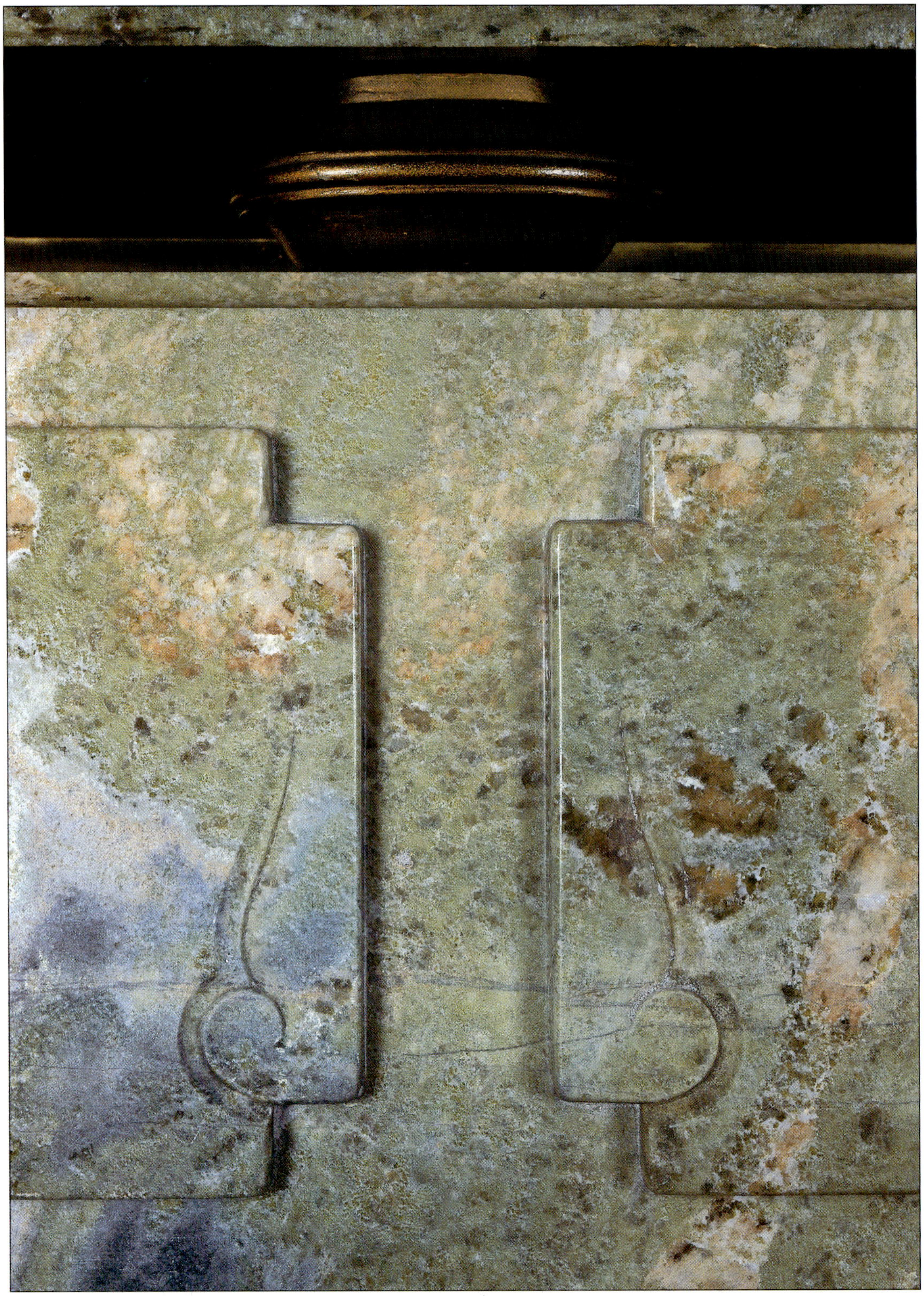

Cranachstraße 47

Wie in einem Brennglas konzentriert sich die Geschichte unseres Jahrhunderts mit all ihren Höhen und Tiefen im Palais Dürckheim an der Cranachstraße 47. Erst Adelssitz, dann Kreissitz der Stasi. Über die einst von einer freien und geistig sehr hochstehenden Atmosphäre erfüllten Räume scheint sich mit Kriegsende ein schwarzes Tuch zu breiten. 1945 beschlagnahmt die Rote Armee das nach einem Entwurf von Henry van de Velde erbaute Haus, es wird Sitz des Geheimdienstes. Als die Sowjetarmee 1968 die Villa räumt, zieht die Kreisdienststelle Weimar des Ministeriums für Staatssicherheit ein. Das Baudenkmal wird zur hermetisch abgeschlossenen Festung. Zutritt verboten. Erst nach der Wende 1989 öffnen sich auf Druck der Öffentlichkeit die Türen.

47 Familie Dürckheim

Es ist empfindlich kühl an jenem Dezembermorgen des Wendejahres 1989, als sich die Türen des Stasigebäudes in der Cranachstraße 47 öffnen. Die empörte Öffentlichkeit hat endlich das Recht auf ihrer Seite. Und es ist nicht nur die frühwinterliche Kälte, die frösteln macht.

Ein Frösteln, mehr aus Wut denn aus Erinnerung an die damalige Witterung, bemächtigt sich noch heute all derer, die sich rückbesinnen auf die Stunden vor und in dem meistgehaßten Haus Weimars. Bestritten wird, was längst offenkundig und späterhin von den neuen Eigentümern der formidablen Villa bestätigt wird. Von ihnen werden die Abhör- und Überwachungsanlagen, durch das MfS längst funktionsuntüchtig gemacht, demontiert und verschrottet. Entfernt werden von der VEAG (Vereinigte Energiewerke AG) auch sämtliche Stahlschränke, „in jedem Raum mindestens zwei", die Gitter vor den Fenstern und Türen des Erdgeschosses, die (ausgeräumte) Waffenkammer.

Eine zwei Meter hohe Umfassungsmauer machte Haus und Grundstück zur Festung. Das unrühmliche DDR-Erbe lastet schwer und weckt ungläubiges Staunen bis heute. „Alles war mit schwarzen Vorhängen verhangen, war total abgeschirmt und völlig verdunkelbar", sagt Bauingenieur Joachim Jobst, aus Liebe zum Objekt Leiter der Rekonstruktion und Sanierung der Villa. Daß diese Liebe lohnt, beweist nicht erst der Blick in die Bauakten.

Nach den Plänen Henry van de Veldes entstand das Palais Dürckheim 1912/13, eines von drei Wohnhäusern, die der belgische Baukünstler in Weimar errichtete. Van de Velde verkehrte in den Kreisen, zu denen die Familie von Dürckheim gehörte. So war er mit deren Ansprüchen und Gepflogenheiten vertraut, und mit dem Bau bewies er, daß er bereit und fähig war, seine Formensprache der Haltung und Lebensführung des Bauherrn anzupassen. Im Innern herrscht das Klima hochherrschaftlicher Gesellschaftsräume mit abgewogenen Raumfolgen und kultivierter Innenarchitektur. Verglichen mit der Nachbarbebauung fällt besonders die blockhafte Monumentalität der Straßenfassade auf. Sie erfuhr durch Anbauten nach Süden (1935) und Westen (1938) eine drastische Steigerung. Durch nuancierte Farbgebung ist die ursprüngliche Villa heute eindeutig bezeichnet.

„In einem Denkmal zu arbeiten, ist Verpflichtung", konstatiert Dieter Weidauer, technischer Leiter des Netzbetriebes Weimar der Vereinigten Energiewerke AG, „dieser Verpflichtung stellen wir uns." Eine denkmalpflegerische Zielstellung wurde bereits im April 1990 erarbeitet. Grundlage für die schrittweise und weitestgehende Rückführung auf den Originalzustand beziehungsweise die Instandsetzung des Baudenkmals. So werden künftig das mit Holz vertäfelte und mit Einbauten versehene Herrenzimmer, das Treppenhaus, der großzügige Salon mit dem goldgerahmten Spiegel über dem Kamin aus olivgrünem alpidischen Marmor wieder im ursprünglichen Zustand erlebbar sein, ebenso der parkähnliche Garten.

Die Wiederherstellung der ehemaligen Raumstrukturen im Erdgeschoß, wie Rekonstruktion des Speisezimmers sowie der Halle sind durch die neuerliche Nutzung als Verwaltungsgebäude jedoch wenig sinnvoll. Überdies würde die Rekonstruktion des Speisezimmers die Nachteile van de Veldescher Raumordnung wiederherstellen, die darin bestanden, daß der östliche Treppenlauf der

Friedrich Graf Dürckheim-Montmartin und Gräfin Charlotte, geb. von Kusserow. Er entstammte einem altberühmten Adelsgeschlecht Bayerns und war einer der treuen Paladine von König Ludwig II.

Die Eingangsseite (Norden) bleibt in ihrer Asymmetrie zurückhaltend. Nur in wenigen Details weist die Straßenansicht auf typische Gestaltungselemente des Architekten van de Velde hin (um 1913).

unteren Treppenanlage lediglich zu einem Nebenraum (zu der Anrichte) führte und der kleine Salon und das Speisezimmer „gefangene" Räume waren.

Eine Million Mark soll van de Velde für seine künstlerische Arbeit bekommen haben. Der Pianist und Pädagoge Prof. Bruno Hinze-Reinhold (1877-1964), oftmals in dem Haus zu Gast, erinnert sich: „Van de Velde hatte das große Haus mit allen modernen Errungenschaften und Bequemlichkeiten ausgestattet, und es zeigte sich darin eine erlesene Wohnkultur."

Graf Friedrich von Dürckheim-Montmartin stammte aus einem altberühmten Adelsgeschlecht Bayerns und ist einer der treuen Paladine von König Ludwig II. gewesen, die den unglücklichen Monarchen bei einer Revolte geschützt haben. Er war 1913 ein charmanter, jovialer, jugendlicher Fünfziger von ungezwungenem Benehmen ohne jeden Dünkel.

Den großen Reichtum hatte seine Gattin Charlotte mitgebracht, eine geborene von Kusserow, die von Oppenheimers abstammen sollten: Eine lebhafte, hochintelligente, künstlerisch interessierte, angenehme Dame. Die Atmosphäre des Hauses wird als frei und zwanglos, geistig sehr hochstehend beschrieben. Der älteste Sohn, Graf Karl-Friedrich, nahm Klavierunterricht bei Hinze-Reinhold, ein bescheidener, netter, aber nicht sonderlich begabter Schüler. Anna Hinze-Reinhold unterrichtete später den jüngeren Bruder und die jüngere Schwester. Bruno Hinze-Reinhold erzählt in seinen Memoiren vom I-Kreis (I=Intelligenz), der im Palais Dürckheim tagte. Darin vereinigten sich, so Hinze-Reinhold, „die vielen, die aufgrund ihrer Stellung in der Gesellschaft oder Kunst- und Gelehrtenwelt sich über die anderen erhaben dünkten. Von den eigentlichen Hofkreisen verkehrten bei Dürckheims nur wenige, etwas freiere Elemente."

Das Speisezimmer verdient architektonische Beachtung. Vier Eckpfeiler, die durch Abschrägung ihrer Kanten und das Gesimsband der Wand zugeordnet bleiben, tragen die Decke (um 1913).

„Van de Velde hatte das große Haus mit allen modernen Errungenschaften und Bequemlichkeiten ausgestattet, und es zeigte sich darin eine erlesene Wohnkultur."
(Hinze-Reinhold)
Abb.: Blick in den Salon

Theaterintendant Ernst Hardt und seine Frau Polyxeni gehörten zu den häufigen Gästen, Dr. Ernst Lutzko, Kapellmeister am Nationaltheater, der Bildhauer Prof. Richard Engelmann, der Maler und Grafiker Prof. Walter Klemm, der berühmte Pianist Bernhard Stavenhagen und viele andere.

Das Herzstück des Hauses ist der Salon, u. a. genutzt als Musiksaal, auch später noch, als das Palais nicht mehr im Besitz der Dürckheimschen Familie, sondern an das Thüringenwerk verkauft worden war (1928), in dem Hinze-Reinholds 1949 gestorbener Vetter, Ministerialrat Gerhard Schmid Burgk, als Generaldirektor waltete. Einer baulichen Besonderheit erinnert Hinze-Reinhold sich lebhaft: „Damals besaß das frisch erbaute Haus seltsamerweise fast keine Türen, sondern von einem Raum in den anderen führten offene, nur mit Teppichen verhängte Zugänge."

*Das Wappen des Grafen
Dürckheim-Montmartin*

1945 hatte die Rote Armee das repräsentative Haus requiriert und als Sitz des Geheimdienstes genutzt. Die Vergangenheit hat sich in kyrillischen Schriftzeichen ins Marmor des Treppenhauses geritzt. Sehr dezent, doch deutlich erkennbar. Als die Sowjet-Armee 1968 das Haus räumt, wird es Sitz der Kreisdienststelle Weimar des Ministeriums für Staatssicherheit. Die heutige VEAG hat sich gleich Anfang 1990 um den Kauf der Immobilie bemüht und den Zuschlag erhalten. Damit wird ein Traditionsfaden wieder aufgenommen, den im Mai 1928 die Aktiengesellschaft Thüringische Werke ausgelegt hatte. Die heutigen Eigentümer sind deren Rechtsnachfolger.

Wie in einem Brennglas konzentriert sich in diesem Haus die Geschichte unseres Jahrhunderts - mit ihren Höhen und all ihren Tiefen.

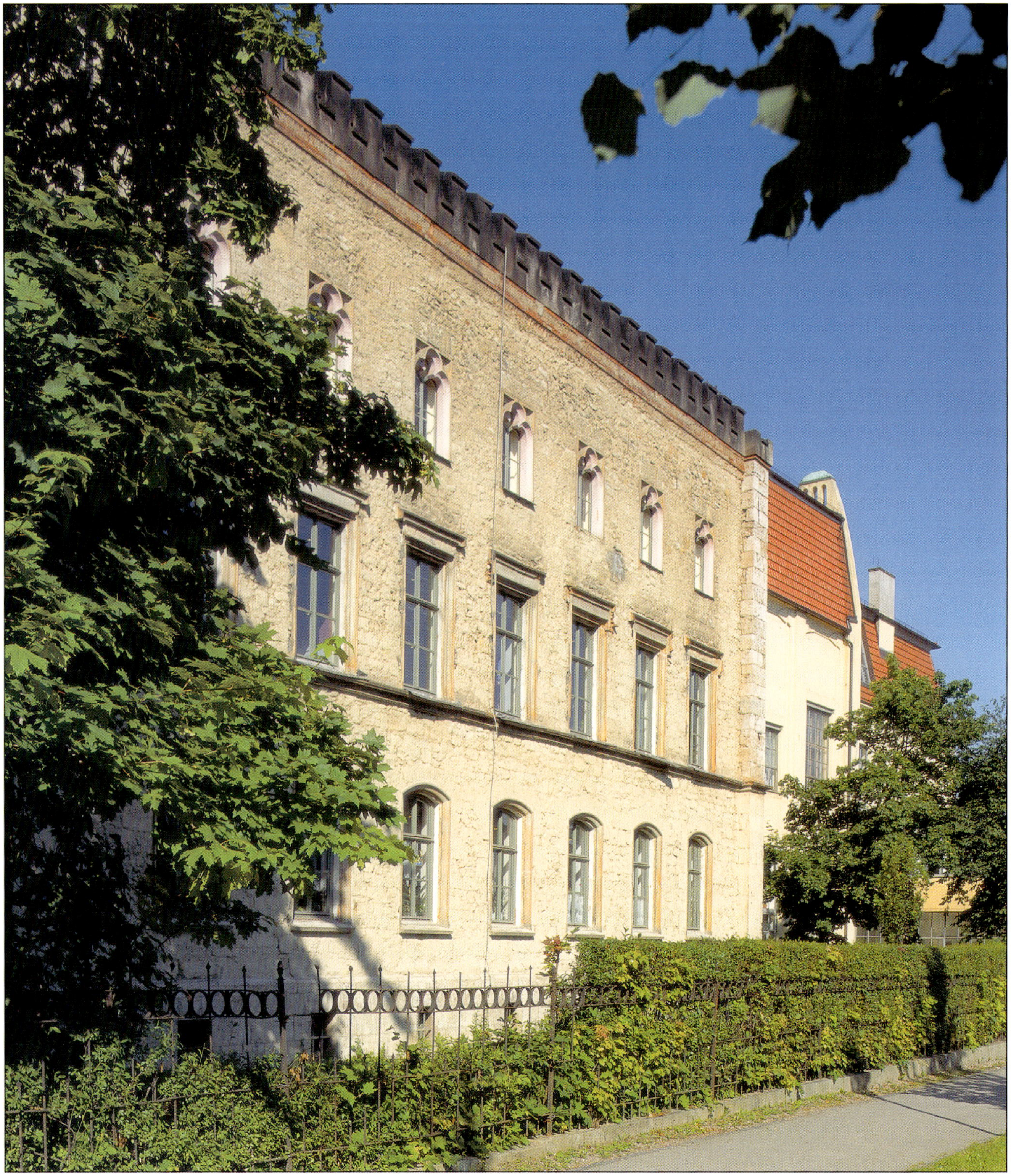

Belvederer Allee 1

Die Villa an der Belvederer Allee 1 steht für eine reiche und wechselvolle Vergangenheit. Heute lindert das voluminöse Gebäude die wachsende Raumnot der kräftig expandierenden Bauhaus-Universität Weimar. Dieses noch junge Kapitel des 142 Jahre alten und denkmalgeschützten Hauses begann 1992 mit dessem Ankauf durch das Land Thüringen. Einst lebte dort die Liszt-Freundin Olga von Meyendorff, die regen Austausch auch mit Henry van de Velde führte. Ländlich ist es zu ihren Lebzeiten an der Belvederer Allee 1 gewesen und auch Jahre nach ihrer Übersiedlung nach Rom (1914). Eduard Körner betreibt dort sein rund 50 Hektar großes Stadtgut, das später in den Besitz seines Sohnes Heinrich (1879-1961) übergeht. Auf dem Gehädrich und Überm Merketale sind die landwirtschaftlichen Nutzflächen zu finden und vorwiegend mit Getreide und Feldfutter bestellt.

48
Olga von Meyendorff

"Umgedrehte Kommode" nennt sie der Volksmund. Ein Spitzname, der den Kern trifft, doch stets mit unverkennbarer Sympathie artikuliert wird. Fragen Sie einen alteingesessenen Weimarer mit der etwas eigenwilligen Beschreibung nach der Villa, Ihnen wird ohne Umschweife der Weg gewiesen. Ein wuchtiger Gebäudequader am westlichen Rand des Ilmparks, drei lange Fensterreihen in der geometrischen Akkuratesse gleicher Abstände, der First von Zinnen gekrönt. Unwillkürlich schweifen die Gedanken gen Süden. Die Architektur hat den spröden Charme venezianischer Palazzi und steht in denkbar großem Kontrast zum benachbarten van-de-Velde-Bau der Bauhaus-Universität. In diesem strengen Antlitz nehmen sich die sieben doppelbögigen Fenster im zweiten Stock der Straßenfassade aus wie schüchterne Verfeinerungsschnörkel. Weder dem Bauherrn noch dem Architekten wollen wir Phantasielosigkeit unterstellen. Eher scheinen sie geleitet von nüchterner Funktionalität und Solidität.

Am 5. August des Jahres 1854 reichte Maurermeister Hirsch „neun Unterlagen, Zeichnungen und Situationspläne zwecks Errichtung eines Wohnhauses" an der Belvederer Allee 1 ein. „Die Genehmigung wird nur erteilt, wenn das Wohnhaus in massiver Steinausführung gebaut wird", heißt es sechs Tage später. Doch bereits am 23. August (!) liegt die Großherzogliche Bewilligung zum Bau für den Departementchef Joachim von Helldorf vor.

Der Sockel wird aus Travertinquadern errichtet, das erste Geschoß in Stein-, das zweite in Lehmziegelbauweise. Auch nach Einzug derer von Helldorfs ruht die Bautätigkeit nicht. Nachbesserungen, konkret: der Einbau „russischer Rauchrohre" in Metall, werden erforderlich, mit entsprechendem Abstand zu Holz beziehungsweise Lehm-Stroh (Mai 1855), im Seitengebäude wird die Einrichtung einer heizbaren Stube gestattet (1869), in der von Helldorf'schen Wagenremise 1874 ein Waschhaus eingebaut.

Anno 1882 wechselt das Anwesen den Besitzer. Bäckermeister Eduard Friedrich Wilhelm Körner (1836-1909) erwirbt das stattliche Vorderhaus, seine Bäckerei, jahrzehntelang im Familienbesitz und auf dem Hinterhof der Belvederer Allee 1 betrieben, gibt er auf. Es muß ein lukratives Geschäft gewesen sein. In großem Maßstab kauft der agile Landwirtschafter Ländereien auf. Wie ein Blick in die Adreßbücher belegt, lebt er mit seiner Familie nicht allein in dem riesigen Gebäude. Zwei Etagen, jede rund 220 Quadratmeter groß, werden vermietet.

Olga von Meyendorff, geborene Prinzessin von Gortschakoff, genannt La Chatte (die Katze), lebte zwischen 1882 und 1914 in der Belvederer Allee 1. Sie war eine enge Vertraute von Franz Liszt.

Baronin Olga von Meyendorff, geborene Prinzessin von Gortschakoff, hatte früher mit ihrem Gatten, der russischer Gesandter war, in Weimar gelebt und zieht als Witwe wieder hierher. Schon lange mit Liszt befreundet, sehr gescheit, musikalisch und literarisch gebildet, ist sie ihm ein unschätzbarer Umgang. Er bringt seine freien Abende bei ihr zu, lesend und musizierend, er liebt es, vierhändig mit ihr zu spielen und ihr alles musikalisch Neue zu zeigen. Wenn sie Weimar verläßt, so fehlt ihm der behagliche Salon, die geistige Ansprache, die er in nächster Nachbarschaft findet. Liszt kennt sie seit einem Jahrzehnt, seit der Zeit, da er sich in Rom niedergelassen (1861), wo Meyendorff den Posten eines russischen Legationssekretärs innegehabt hat. Die Baronin, sehr schlank, sehr elegant, gibt sich Menschen gegenüber, die ihr gleichgültig sind, frostig, denen aber, die ihr Vertrauen genießen, hinterläßt sie einen ganz anderen Eindruck. Ein äußerst kultivierter, entschlossener und aufrichtiger Charakter, vielleicht mitunter ein wenig anmaßend, aber eine originelle, außerordentlich begabte Pianistin. „La Chatte noire" wird sie genannt, die „schwarze Katze", ihrer Geschmeidigkeit, ihrer Intelligenz und ihres unbeugsamen Willens wegen.

In seiner Liszt-Biographie erwähnt Graf Guy de Pourtalès, daß sie Liszt anfangs mied, sich der Gefahr bewußt, zu der solch ein Mann für sie werden kann. Und jahrelang ließ die Verschwiegene sich nicht das Geringste anmerken. 1867 wurde ihr Gatte zum russischen Gesandten in Weimar ernannt, dort begegnet ihr Liszt fünfzehn Monate später wieder. Die Katze zieht die Krallen ein. Und als ihr Mann 1871 stirbt, bemüht sie sich ganz offen um Liszt, in ihrer eigenwilligen Art. Nun leistet er Widerstand. Hält sich nicht mehr für jung genug. Und dann die Soutane, Carolyne, die Arbeit ...

Pourtalès hebt die Macht hervor, die sie auf die großen Männer ausübte, die ihr begegneten, auf Berlioz, Villiers, de l'Isle-Adam und andere. Auch Liszt widersteht nicht länger. „La Chatte noire" soll die Arbeitskraft des Komponisten gesteigert, den Begeisterungsschwung, den ihm einst Carolyne verliehen, wieder entfacht haben. Erneut sieht man ihn arbeitsamer, enthusiasmierter, strahlender. Ganz unbestritten ist das jedoch nicht. Andere Biographen beschreiben die Baronin als eine sehr eifersüchtige Geliebte, die starken Einfluß auf Liszt gewann. Der Preis, den Liszt für ihre Fürsorge zu bezahlen hatte, wurde ihm zu hoch, zuletzt suchte er sich der Baronin zu entziehen.

Als Henry van de Velde sie um 1905 kennenlernt, ist Liszt tot, sie lebt zurückgezogen, meidet Gesellschaften, deren Einladungen sie unbeantwortet läßt. In seiner Autobiographie beschreibt van de Velde ihre großen Wohnräume, die ihn

Erntedankfest an der Belvederer Allee 1

*Heinrich Körner
(1879-1961)
war der letzte Gutsherr an
der Belvederer Allee 1.
Im Jahre 1952 wurde der
landwirtschaftliche Betrieb
von der DDR-Regierung
devastiert.*

an Salons erinnern, in denen sich die Heroinen der Romane Tolstois bewegten. Die Einrichtung soll prächtig gewesen sein, „aber es war ein ziemliches Durcheinander zusammengewürfelter Dinge, die irgendein Dekorateur im Stile Hans Makarts arrangiert hatte." Darin bewegt die vornehme Olga sich mit der noblen Grandezza der „grande dame".

Stets kleidet die Baronin sich schwarz. Ihre Kleider sind, wie van de Velde beschreibt, von strengem, altmodischem Schnitt, hochgeschlossen bis zum Hals, im Stil jener Damen, die während ihrer winterlichen Aufenthalte in Rom päpstliche Würdenträger empfangen. Voller Sympathie, doch nicht frei von Skepsis steht sie den Plänen von Henry van de Velde und Harry Graf Kessler für ein neues Weimar gegenüber. Van de Velde schreibt: „Ich glaubte, aus ihren Augen und dem Runzeln ihrer Stirn ihren Zweifel lesen zu können, daß irgendetwas imstande wäre, Weimar aus der Lethargie zu wecken, die sich seit den legendären Zeiten Liszts ausgebreitet hatte."

Ländlich ist's zu Lebzeiten der Baronin an der Belvedere Allee 1 gewesen und auch Jahre nach ihrer Übersiedlung nach Rom (1914). Das Stadtgut von Eduard Körner, das später an seinen Sohn Heinrich (1879-1961) übergeht, hat bis 1945 eine Betriebsgröße von stattlichen 50,12 Hektar. In den Stallungen auf dem Hof an der Belvederer Allee 1 wurden nach Angaben von Körners Enkeltochter Helga Schramm immer um die sechs Arbeitspferde gehalten, ebensoviele Kühe mit Nachzucht, rund 20 Schweine und Kleinvieh. „Auf dem Gehädrich" und „Überm Merketale" sind die landwirtschaftlichen Nutzflächen zu finden, vorwiegend mit Getreide und Feldfutter bestellt. Immerhin war der Betrieb auch Futterlieferant für den Marstall. Bewirtschaftet wird das Gut von vier ständigen Arbeitskräften, nach Bedarf kommen Saisonkräfte hinzu. Der Name Körner ist in der Stadt geachtet. Mindestens zehn Jahre lang, bis zu ihrer Auflösung 1945, ist Heinrich Körner Hauptmann der Weimarer Armbrustschützengesellschaft. 1952 wird der landwirtschaftliche Betrieb von der DDR-Regierung devastiert. Nur die beiden Häuser bleiben im Besitz von Heinrich Körner. Im Vorderhaus, der „umgedrehten" oder auch „umgestürzten Kommode", wie Helga Schramm sagt, wohnt bis zu seinem Tod 1961 Heinrich Körner, im Hinterhof-Haus sein Sohn Wilhelm mit Familie.

Von der Erbengemeinschaft erwarb das Ministerium für Wissenschaft, Forschung und Kultur die Villa 1992 für die Bauhaus-Universität. Umfangreiche Restaurierungsmaßnahmen wurden eingeleitet, bevor im ersten Stockwerk die Fakultät Architektur mit den Lehrstühlen Entwerfen und Baukonstruktion sowie Entwerfen und Hochbaukonstruktion einzog. Von 1997 an wird das Baudenkmal komplett von der Hochschule genutzt werden, die Sanierung und Modernisierung der Wohnräume erfolgte bereits unter diesem Vorzeichen. Noch stehen die Fassadenrenovierung und die Erneuerung des Treppenhauses aus. Und noch steht die „umgedrehte Kommode" auf einem Grundstück von, milde gesprochen, reichlich verwildertem Charme.

150

Abraham-Lincoln-Straße 8

Beide Familien schrieben Weimarer Stadtgeschichte. Daß sie, nacheinander, ein und dasselbe Haus an der Abraham-Lincoln-Straße 8 bewohnten, dürfte jedoch kaum bekannt sein.

Paul W. Tübbecke (1848-1924), der als ein typischer Vertreter der Weimarer Malerschule gilt, erwarb das um die Jahrhundertwende erbaute Eckhaus 1903. Hier entstanden viele seiner zwischen Spätromantik und Realismus angesiedelten Gemälde. 1952 kauft Apotheker Walter Hoffmann (1895-1967) die Neorenaissance-Villa. Viel Glück ist ihm nicht beschieden. Die seit Generationen im Familienbesitz befindliche Hofapotheke, im Krieg schwer beschädigt, darf er nicht wieder aufbauen. Erst Sohn Christian Hoffmann kann den Familienbetrieb nach fast 45 Jahren unfreiwilliger Pause weiterführen. Mit ihrer fast 500jährigen Geschichte ist sie der älteste Betrieb Weimars.

49
Paul W. Tübbecke, Walter Hoffmann

Nicht aufs Klingelschild, hinab auf den Boden zieht's den ersten Blick. Der verweilt, verwundert und vielleicht auch ein wenig beglückt auf der ersten Eingangsstufe, die ein Mosaik mit beziehungsreichem „Salve" ziert. Ob der einstige Besitzer Goethe posthum seine Gunst erweisen wollte, es ist nicht überliefert. Er wird die einladende Geste wohl mit klugem Bedacht plaziert haben. Wer solcherart liebenswürdig begrüßt wird, mag um eine Spur freundlicher die nächsten Stufen nehmen. Es darf getrost angenommen werden, daß viele Menschen in dieser feudalen Stadtvilla an der Gartenstraße, heute Abraham-Lincoln-Straße 8, ein- und ausgingen.

Paul Wilhelm Tübbecke (1848-1924) war ein gastfreundlicher Mann. Vom Bauunternehmer Hugo Ernst, der den stattlichen Dreigeschosser im Neorenaissance-Stil von Albert Sömmering 1899/1900 hatte errichten lassen, kaufte der Landschaftsmaler das herrschaftliche Haus 1903. Getreu einem Erlaß Carl Alexanders war unterm Dach ein Atelier eingerichtet. Daß der neue Hausherr dieses fleißig genutzt hat, steht außer Zweifel. Es existiert sogar ein Gemälde von Tübbecke, in dem er das Panorama aus dem Atelierfenster festgehalten hat. Paul Tübbecke war fleißig und unermüdlich und ein typischer Vertreter der Weimarer Malerschule. Nach einer ersten Ausbildung an der Akademie seiner Heimatstadt war der gebürtige Berliner 1869 seinem Lehrer Maximilian Schmidt an die Großherzogliche Kunstschule gefolgt. Allzusehr mag es ihm dort nicht behagt haben, denn als Schmidt nach Königsberg geht, verläßt auch Tübbecke 1872 Weimar. Erst zwei Jahre später, unter den freieren Bedingungen Theodor Hagens, kehrt Tübbecke zurück. Ihm ist eine breite Ausbildung zuteil geworden. Nun wendet er sich endgültig der Landschaftsmalerei zu.

Zeitlebens reist er gern und viel, stets den Skizzenblock in der Tasche. 1877 nach Neustadt in Holstein, 1880, 1881 und 1894 nach München, 1887 ins Fichtelgebirge, 1891 in den Taunus, nach Mecklenburg (1897), sogar bis in die Tatra (1899), nach Ungarn (1902 und 1909) und nach Siena (1903). Gewiß ist ihm Aufgeschlossenheit gegenüber fremden Menschen und Kulturen zu attestieren, Wißbegier, aber auch Sensibilität und Einfühlungsgabe.

Seine Arbeiten verkaufen sich gut, und es ist Tübbecke wohl kaum anzulasten, daß er Konzessionen an den Publikumsgeschmack macht. Als freier Künstler ist er auf den Verkauf seiner Arbeiten angewiesen und muß sich einer gewissen, vom Weimarer Publikum geforderten Konvention beugen.

Seine Motive findet er in den Dörfern um Weimar, in Ettersburg und Gaberndorf, in Legefeld, Blankenhain und Kapellendorf, vor allem aber in Weimar selbst. Erinnert sei an seine Bilder „Gemüsemarkt auf dem Jakobsplan in Weimar" (1877), eine effektvolle Darstellung der Stadt im Gegenlicht. Anders „Die Gänsewiese am Dorfrand": ein kleines Bild, beseelt von heiterer Farbgebung, es zeigt, zu welch fortschrittlichen Ergebnissen die Weimarer Künstler im Umfeld des neuen Direktors Theodor Hagen gelangten. Dem um nur sechs Jahre älteren Hagen, der sich in unmittelbarer Nähe an der Lassenstraße ein eigenes Haus errichten läßt, ist Tübbecke freundschaftlich verbunden. Familie Tübbecke bewohnt das herrschaftliche Haus nicht allein; zunächst drei, später zwei Etagen, dann nur noch eine Etage werden vermietet. Daß das reich und mit gehobenem Wohnkomfort ausgestattete Gebäude eigentlich nicht auf Vermietung angelegt

Paul Wilhelm Tübbecke (1848-1924) gilt als ein typischer Vertreter der Weimarer Malerschule von regionaler Bedeutung. Seine Freilichtstudien aus den 80er Jahren sind aus heutiger Sicht als frühe impressionistische Werke zu bezeichnen.

war, belegen innenarchitektonische Details. Auf der ersten und zweiten Etage gab es keine Bäder, noch nach Jahrzehnten erinnern Klingelschnüre an die einstige Dienerschaft. Erst nach dem Tod ihres Mannes 1924 vermietet die Witwe Anna alle unteren Etagen und zieht sich ins dritte Stockwerk zurück. Als 1939 Pfarrer Alexander Wessel mit Frau Käthe die Wohnung im Erdgeschoß mietet, zahlt er für fünf Zimmer, Küche, Korridor und Bad 135 Reichsmark Mietzins, inclusive zwei Keller- und zwei Bodenräume. Bis zur politischen Wende 1989 wird sich der Mietpreis kaum wesentlich verändern.

Einigermaßen unbeschadet übersteht das Gebäude den zweiten Weltkrieg, dann aber wird es richtig voll in dem Haus, vom Keller bis unters Dach. Umsiedlerfamilien und Flüchtlinge werden vorübergehend aufgenommen. Von Tübbeckes Erben kauft Walter Hoffmann 1952 den Eckbau, der durch seine räumlich reich

Um 1910 existierte der reichgestaltete Südgiebel noch. Weil einsturzgefährdet, mußte er später abgetragen werden. Im ersten Stock wohnte der Maler Paul Tübbecke mit seiner Gattin Anna.

belebte Kubatur und plastischen Fassadenelemente aus rotem Kunststein auffällt. „Jede Seite hat ein anderes Gesicht", sagt der Sohn Christian Hoffmann: Die eine ist wuchtig (Südfassade), die Ostfassade verspielt, die Nordseite nichtssagend, weil schlicht verputzt.

Einziehen dürfen Hoffmanns vorerst nicht. Auch nicht, als im neuerworbenen Besitz eine Wohnung frei wird. Es beginnt eine Odyssee durch verschiedene Mietwohnungen, wie sie in der DDR viele Hausbesitzer durchzumachen hatten. Dem Diktat aus Schikane und Bosheit kann die Apothekerfamilie erst 1963 entrinnen, als ihr im eigenen Haus eine Wohnung zugewiesen wird.

Walter Hoffmann ist der Ur-Urenkel von Carl August Hoffmann, der 1799 die Hofapotheke am Markt übernahm und damit eine Familientradition stiftete, die noch heute fortgeführt wird. Nur am Rande sei angemerkt, daß der Ahnherr einst mit Goethe im Apothekenlaboratorium experimentierte. Sicherlich ging es hierbei nicht um die Erzeugung eines „Homunculus", dennoch waren diese Experimente zweifellos Inspiration für Goethes Dichtung. Auch die Gestalt des Apothekers, der sein Geschäft am Marktplatz führt, findet in „Hermann und Dorothea" ihre lyrische Verarbeitung.

Nachfahr Walter Hoffmann ist ein hilfsbereiter Mensch, der mit hohem persönlichen Einsatz das Leid der kranken Häftlinge im Konzentrationslager Buchenwald zu mildern sucht. In Häftlingsbriefen wird später berichtet, daß „uns einer der Apotheker der Stadtapotheke Weimar (früher Hofapotheke), H. Hoffmann, half." Der Vater des heutigen Besitzers riskiert viel, als er Medikamente ins Lager schmuggelt, getarnt mit „unverfänglichen Aufklebern". Gegen Salmiakgeist und Desinfektionsmittel haben SS-Posten nichts einzuwenden.

Apotheker Walter Hoffmann (1895-1967), Leiter der Hofapotheke, riskierte viel, als er Medikamente ins Konzentrationslager Buchenwald schmuggelte.

Es hängt viel an dem Haus. Die Schicksale zweier Familien, die auf unterschiedlichem Gebiet Stadtgeschichte geschrieben haben. Tübbeckes Atelier existiert seit 1965 nicht mehr. Ansonsten aber hat die Villa sich über Generationen weitgehend im Original erhalten. Die Dachziegel stammen noch aus der Jahrhundertwende. Als der Dreigeschosser gebaut wurde, gab es in der Straße noch keinen elektrischen Strom. Noch heute liegen die inzwischen funktionsuntüchtigen Gaslichtleitungen, der Strom kommt per Freileitung ins Haus. Wie bei allen anderen historischen Bauten hat auch hier der Zahn der Zeit dem Baudenkmal arg zugesetzt, fehlende Baustoffe und Geldmangel taten ihr übriges. Der einsturzgefährdete und passantengefährdende Südgiebel mußte in den 60er Jahren abgetragen werden. In den nächsten Jahren soll behutsam restauriert und saniert werden, im Sinne eines kulturvollen Umgangs mit der alten Bausubstanz.

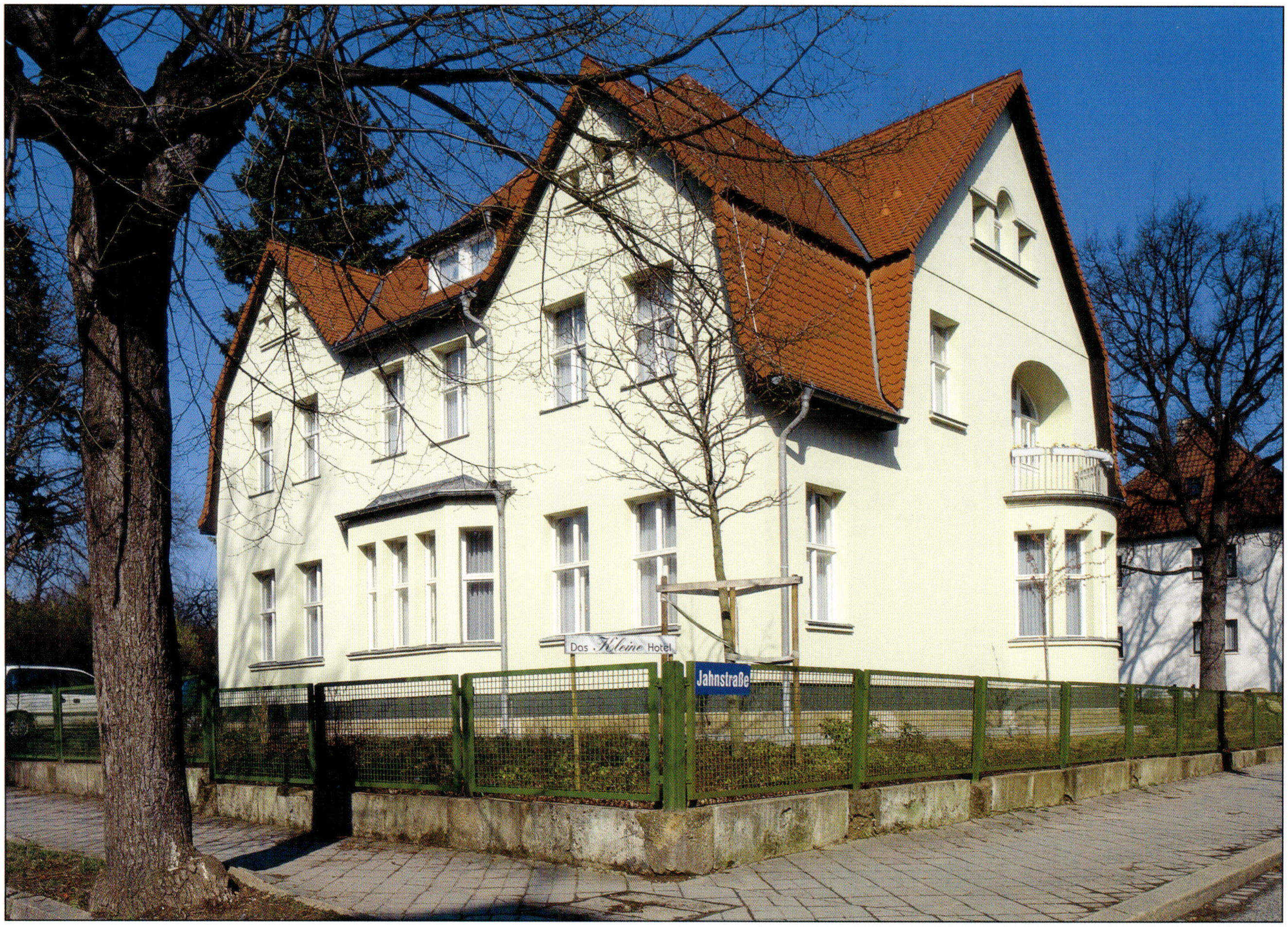
Das Kleine Hotel
Jahnstraße

Jahnstraße 18

Sein Name ist eng mit seiner Heimatstadt Weimar verknüpft, die ihn am 17. Dezember 1926 zu ihrem Ehrenbürger ernannte: Oberregierungsrat Prof. Dr. Eduard Scheidemantel, unermüdlicher Kurator des Schiller- und des Kirms-Krackow-Hauses, war ein Kulturweimarer im besten Sinne des Wortes.

Von Haus aus Lehrer, unterrichtete Scheidemantel mehr als 30 Jahre lang Deutsch und alte Sprachen am Wilhelm-Ernst-Gymnasium, bevor er 1920 als Oberregierungsrat ins Thüringer Volksbildungsministerium berufen wurde. Für die Erhaltung der Zeugnisse des klassischen Weimar hat er Bedeutendes geleistet. Ihm ist u. a. die Rettung des Jakobskirchhofes zu danken. Scheidemantel wirkte im Vorstand der Goethegesellschaft wie der Deutschen Schillerstiftung, war 30 Jahre lang Vorsitzender des Schiller-Bundes und organisierte dessen Festspiele.

50 Eduard Scheidemantel

Zwischen alten Dachpfannen haben sie den Brief hervorgezogen. Naß war er und zerknittert und datiert vom 14. Juli 1919, geschrieben hatte ihn der Leipziger Verleger Teubner und darin wärmstens ein Exemplar der soeben erschienenen „Philosophischen Propädeutik" dem Herrn Professor zur Durchsicht empfohlen. Ob Professor Dr. Eduard Scheidemantel (1862-1945) dem Wunsch entsprach, es ist nicht überliefert. Allein, es bleibt die einzige greifbare Erinnerung an ihn in seiner ehemaligen Villa an der Jahnstraße 18, einundfünfzig Jahre nach seinem Tod.

Ein Kulturweimarer schlechthin soll er gewesen sein, einer, der das Wort Kultur nicht bloß auf den Lippen führte, sondern im Herzen. Getragen von hohem Idealismus, hat er sich verdient gemacht um Weimars Kulturgüter. Eng verbunden bleibt sein Name mit dem Schillerhaus und mit dem Kirms-Krackow-Haus, beiden musealen Einrichtungen stand der aus alter Weimarer Handwerksfamilie stammende Scheidemantel Jahrzehnte als Kurator vor.

47 Jahre ist er alt und sein Name in Weimar von gutem Klang, als Eduard Scheidemantel für seine Familie das Haus in der Wildenbruchstraße 18 (heute Jahnstraße) bauen läßt. Ganz dem englischen Landhausstil verpflichtet, eignet der gediegenen Architektur mit der weit heruntergezogenen und reich belebten Dachform etwas Heimeliges an. Als Architekt zeichnet Bruno Röhr verantwortlich. Gestellt wird der Bauantrag am 25. März 1909, bereits im Juni folgt die Rohbauabnahme und im Januar 1910 zieht die Familie ins neue Heim.

Gleich nebenan hat Eduards älterer Bruder Karl (1859-1923), der berühmte Kammersänger, sich ebenfalls eine Villa errichten lassen. Nur 5,60 Meter trennen die beiden stattlichen Bauten. Später, in den dreißiger Jahren, wird zwischen den Anwesen ein Zaun gezogen. Karl Scheidemantel ist längst tot und der berüchtigte Gauleiter Fritz Sauckel hat dessen Villa requiriert. Ursprünglich soll er ein Auge auf das Landhaus des Professors geworfen haben. Weil er aber aufgrund des hohen Ansehens, das Eduard Scheidemantel in Weimar genießt, einen Skandal befürchtet, nimmt Sauckel mit dem Haus des Bruders vorlieb. Heute ist das Sauckel-Haus verschwunden, es wich einem Neubau.

Vor Freude gerötete Wangen hat die Kleine, als sie am Tag nach dem Einzug aus dem Garten hereinkommt und ihrer entsetzten Mutter stolz präsentiert, was sie in ihrer Schürze gesammelt hat: Tulpenblüten über Tulpenblüten, die Stengel hat sie im Garten zurückgelassen und die sind nun alle kahl. Frau Kaune, eine

Prof. Dr. Eduard Scheidemantel (1862-1945), Oberregierungsrat und Ehrenbürger der Stadt Weimar, hat viel bewegt für seine Heimatstadt, kulturell ebenso wie kommunalpolitisch als Stadtrat.

gebürtige Engländerin, ist sprachlos vor Schreck. Sie nimmt ihre Tochter Margret, genannt Peggy, an die Hand und geht die 20 Stufen der Holztreppe hinauf zum Vermieter, dem die Tulpenzucht eines der liebsten Hobbys ist. Schlimmes befürchtend, mindestens aber die fristlose Kündigung der frisch bezogenen Erdgeschoßwohnung an der Jahnstraße 18.

Eduard Scheidemantel blickt erst die Mutter an, dann die Vierjährige, sieht das Glück über die wunderschönen Blüten aus deren Augen strahlen - und eine innige Freundschaft beginnt zwischen dem alten Herrn und dem kleinen Mädchen. Sie endet abrupt, als Bernhard Kaunes einzige Tochter 1942 stirbt, an einer vereiterten Mittelohrentzündung.

So ist er gewesen, der Professor - gütig, liebenswürdig und beseelt von seltener Herzenswärme. Geachtet von seinen Kollegen, geliebt von seinen Schülern.

Ein weißer Holzzaun säumte noch in den 30er und 40er Jahren das Grundstück, das mit seinem prächtigen Baumbestand auffiel.

Mehr als 30 Jahre lang hat Scheidemantel am Wilhelm-Ernst-Gymnasium, wo er einst selbst die Schulbank drückte, Deutsch unterrichtet und alte Sprachen. Nicht trocken und philisterhaft, vielmehr so lebensnah und packend, daß sich seines fesselnden und lebensvollen Unterrichtes auch später gern erinnert wird. Tausenden von begeisterten Schülern hat er gründliches Wissen und Grundsätze der Lebensführung gleichzeitig mit Schillers Dramen und Goethes „Tasso" vermittelt.

Auch der Literaturhistoriker Hans Wahl (1885-1949), Direktor des Goethe-und-Schiller-Archivs, muß sich gern seines Lehrers erinnert haben: „So jung wir damals waren, so sehr fühlten wir doch, daß in diesem Manne ein Geist lebendig war, der mitriß. ... Der geborene Erzieher zum Ideal des Guten, Wahren und Schönen stand vor uns, und dieser Erzieher war eine Künstlernatur, nicht nur

Die kleine Margret Kaune, genannt Peggy, war der Liebling des Hausherrn.

nach der Seite der bei ihm ungewöhnlich ausgebildeten Musikalität hin, sondern überhaupt. In diesem von der Natur durch seltene Gaben bevorzugten Erzieher wohnte und wirkte ein Reichtum an menschlicher Güte, an Wohlwollen und Herzenswärme, wie er nur in sich ausgeglichenen Menschen eigen ist."
1920 wurde Scheidemantel als Oberregierungsrat für den in den Ruhestand versetzten Dr. Krumbholz ins Thüringer Volksbildungsministerium berufen.
Eduard Scheidemantel ist 24jähriger Doktor der Philosophie, als sich in seiner Heimatstadt Weimar der ungeheure Nachlaß Goethes zu erschließen beginnt, als die Goethe-Gesellschaft sich gründet, 34jähriger Lehrer, als das Goethe-und-Schiller-Archiv seine Pforten öffnet. Als Heranwachsender erlebt der musikbegeisterte Eduard die Morgenfeiern in Liszts Haus, bei denen alle bedeutenden Geister der Stadt sich versammeln. Er sieht die Ausstellungen, die die Meister

der neuen Kunsthochschule zeigen - Max Thedy, Hans Olde, Paul Tübbecke, Graf Kalckreuth und viele andere. Und obwohl er zunächst gern dem Weg des älteren Bruders Karl gefolgt wäre, entschließt sich Eduard Scheidemantel dann doch für die Philologie. Dennoch bleibt ihm die Musik lebenslang eine treue Freundin. In seinem Haus widmet er ihr einen Raum, das nach Südwest gelegene, knapp 30 Quadratmeter große Eckzimmer. Überhaupt sind alle Räume großzügig bemessen. Im Erdgeschoß finden sich auch Küche und Speisezimmer, Damen-, Arbeits- und Kinderzimmer; im Obergeschoß sind die Schlafzimmer der Eltern, Kinder und Söhne untergebracht, das Zimmer der Tante und zwei Mädchenkammern. Später, nach Auszug der Töchter Irmingard und Barbara und des Sohnes Hans, der Sänger wird, ziehen sich die Eheleute zurück in die erste Etage und vermieten das Erdgeschoß an die Familie Kaune.

Hals über Kopf, nur zwei Stunden werden ihnen zum Packen gelassen, müssen die Bewohner mit dem Einmarsch der Russen das Anwesen verlassen. Die haben als eines der ersten in Weimar das Scheidemantelsche Haus requiriert. Wenigstens das hat der Ästhet und Weimarer Ehrenbürger Eduard Scheidemantel nicht mehr miterleben müssen, er starb 83jährig im März 1945.

Genutzt wird sein Haus in den folgenden Jahrzehnten vorrangig als Schulungszentrum, zunächst von der HO-Gaststättenschule, sie hatte das Gebäude vom Landesvorstand der Nationalen Front Erfurt übernommen, dann von der Musikhochschule Weimar, von der Akademie für sozialistische Wirtschaftsführung, schließlich vom Konsum, der dort seine Verkäuferinnen in EDV und Buchführung schulte. 1994 wird abermals verkauft. Für das heruntergekommene Haus die Wende zum Besseren.

Es wird komplett restauriert und saniert und im März 1996 als „Kleines Hotel" wiedereröffnet. Zwölf Doppel- und zwei Einzelzimmer sind entstanden. Ans Tageslicht befördert wird bei der aufwendigen Sanierung überraschend auch der Brief des Verlegers Teubner, dessen „Philosophischer Propädeutik" sich heute wohl kaum mehr jemand entsinnt.

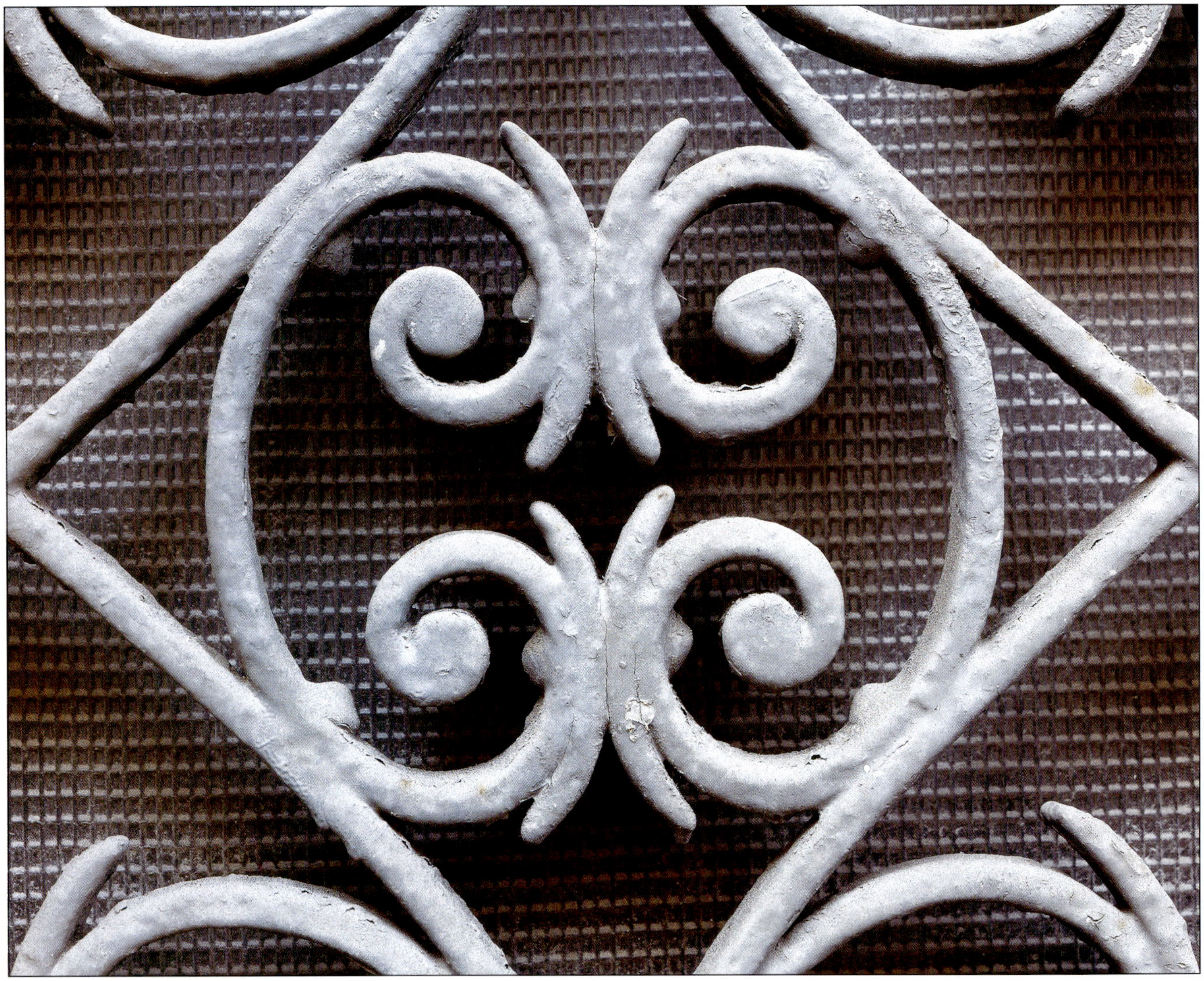

Gropiusstraße 8

Ludwig Karl Heinrich Pfeiffer wurde am 31. März 1842 in Eisenach geboren. Nach dem Besuch des Realgymnasiums seiner Geburtsstadt studierte er Medizin und Naturwissenschaften in Jena, Würzburg, Berlin, Prag und Wien. 1865 wurde er Assistent der chirurgischen Klinik in Jena, doch schon 1867 ließ er sich in Weimar als praktischer Arzt nieder. Großherzogin Sophie ernannte ihn 1871 zu ihrem Leibarzt. Die ärztliche Wissenschaft verdankt dem Geheimen Hof- und Medizinalrat, der an der Seminarstraße 8 (heute: Gropiusstraße) eine eigene Praxis unterhielt, allerlei bedeutungsvolle Anregungen, die, in seinen zahlreichen Schriften niedergelegt, verdiente Anerkennung fanden. Siebzehn Jahre lang war er im Gemeinderat tätig. Der Gelehrte förderte maßgeblich das Naturwissenschaftliche Museum beziehungsweise das Museum für Urgeschichte. Er starb 1921 im 80. Lebensjahr.

51 Ludwig Pfeiffer

Etwas Besonderes, ja, das war es in der ersten Zeit schon, irgendwie", lächelt versonnen die alte Dame, „vor allem aber war es richtig nett dort." Das „Pierrot" war eine Institution. Ein Klub mit ungewöhnlichem Vorzeichen. Treffpunkt, natürlich. Für zwei, für viele. Zunächst nur für die Beschäftigten des Theaters, in den letzten Jahren ging auch die interessierte Öffentlichkeit in dem kulturvollen Saal ein und aus.

Hier konnte man mit etwas Glück treffen, wen man sonst nur auf der Bühne sah. Heute eilt niemand mehr die drei Travertinstufen hinauf ins Klubhaus des Deutschen Nationaltheaters Weimar. „Geschlossen", steht hinter der Glastür, neugierige Blicke stoppt eine Sperrholzplatte. Noch immer aber lockt im Fenster in Goldlettern der Schriftzug „Theatergaststätte Pierrot".

„Die Nachtlaterne im Garten des Dr. Pfeiffer Ecke Seminarstraße/Hummelstraße steht so weit im Gebüsch, daß sie die Straße nicht genügend beleuchtet. Es würde sehr angelegen sein, denselben anzuweisen, die Zweige soweit entfernen zu lassen, bis die Laterne frei zur Straße kommt." Bürokratismus anno 1895. Wir schreiben den 4. Juli, den Monat der hellen und lauen Nächte. Zwar wird bereits am 23. Juli Vollzug gemeldet, aber „nicht in genügender Weise, denn die Verbreitung des Lichts ist immer noch beeinträchtigt." Ludwig Karl Heinrich Pfeiffer (1842-1921) ist ein grundgütiger Mensch, hilfsbereit und bescheiden. Wie er auf die Pedanterie des Amtsschimmels reagiert haben mag, wir wissen es nicht. Wohl aber, daß sein Name etwas gilt in der Stadt, deren Bürger er seit 1867 ist.

Als frei praktizierender Mediziner läßt er sich in Weimar nieder. Kompetent ist er und geduldig und 1871 bereits Leibarzt der Großherzogin Sophie. Zunächst wohnt Pfeiffer mit seiner Familie in der Wielandstraße 3, dann in der Brauhausstraße 34, und schließlich, 1883/84, läßt der Medikus sich an besagter Straßenecke ein eigenes Haus bauen. Auch hier übt er Verzicht. Hat nicht Größe im Blick, sondern funktionale Gediegenheit. Sprechzimmer und Wartezimmer sind in die Wohnung integriert. Früh bis acht und nachmittags von zwei bis drei Uhr öffnet er seine Praxis.

Vom späteren Architekten des Goethe- und Schiller-Archivs, Otto Minkert, entworfen, sieht der Bauplan eine zweigeschossige Travertinvilla vor, einziger Schmuck ist der Erker an der Nordwestecke des Hauses. Auch die plastisch vortretenden Fenstergewände im ersten Stock mildern nicht den Eindruck der

Ludwig Karl Heinrich Pfeiffer (1842-1921) war ein in Weimar hochangesehener Arzt und Gelehrter, Leibarzt der Großherzogin Sophie.

Strenge. Noch ist der Haupteingang im Süden gelegen. Üppig bemessen, nährt die Grundfläche von stolzen 260 Quadratmetern den Eindruck von Generosität. Errichtet wird die wehrhafte Villa auf historischem Grund, Chausseewärter August Stade hat hier sein Gehöft gehabt.

Zeitsprung: In hellstem Dur preist die „Thüringische Landeszeitung Deutschlands" am 27. Dezember 1952 die Eröffnung des DNT-Klubhauses, „das dank des vorbildlichen Einsatzes aller Mitglieder des Ensembles kurzfristig eingerichtet werden konnte. In ihrer Freizeit können hier die Künstler Ruhe und Entspannung finden, aber auch arbeiten und diskutieren." Der Künstlertreff untersteht neben einem gewerkschaftlichem Klubrat im täglichen Wechsel einem Mitglied des Ensembles zur ehrenamtlichen Aufsicht. Zutritt haben außer den Bühnenangehörigen und ihren Familienmitgliedern alle eingeführten Gäste, die

Hinter Büschen und Hecken von der Straße abgeschirmt stand das Haus Anfang des Jahrhunderts.

im Besitz einer Mitgliedskarte sind, darunter auch die Angehörigen der Volkspolizeieinheit Holzdorf, mit der das Nationaltheater durch einen Freundschaftsvertrag verbunden ist.

Das geräumige Haus bietet Diskussions- und Veranstaltungsräume, einen Saal, Lesezimmer mit Bibliothek, FDJ-Zimmer, Parteikabinett, Dunkelkammer, einen Raum für bühnentechnische Versuche und eine Konsumverkaufsstelle. Den ersten Stock belebt der Theaterkindergarten, der bis zu 50 Kinder aufnehmen kann. Von den Möbeln und den Wandmalereien bis zu den Metallbaukästen ist alles aus eigener Arbeit geschaffen worden, wie überhaupt die gesamte Ausgestaltung des Hauses durch freiwillige Leistungen, Sachspenden und finanzielle Unterstützung des Ensembles ermöglicht wurde. Vielleicht hätte es dem Mediziner und Menschenfreund Dr. Pfeiffer herzliches Pläsier bereitet, daß in seinen ehemaligen vier Wänden Erwachsene wie Kinder einen behaglichen (H)ort der Ruhe finden. Ein hilfsbereiter, warmherziger und sorgender Mensch soll er gewesen sein, der mit offener Hand im geheimen Liebes und Gutes tut. Davon hat seinerzeit manch Weimarer Familie erzählen können.

Sein hervorragender Leumund weckt das Interesse der Großherzogin Sophie, sie ernennt Pfeiffer 1871 zu ihrem Leibarzt. Lang ist die Liste seiner Tätigkeiten und Funktionen und Ehrenämter. Verantwortlicher Redakteur des „Korrespondenzblattes des Allgemeinen Ärztlichen Vereins von Thüringen" ist er, ein rühriger Autor und Verfasser medizinischer Schriften. Mitbegründer des Leipziger Ärzteverbandes, Mitbegründer des Sophienhauses Weimar und des Museums für Urgeschichte Thüringens. Ebenso aktiv aber ist der Geheime Hof- und Medizinalrat auch auf paläontologischem Gebiet wie auf dem der Prähistorie.

Als sieben Jahre nach Ende des zweiten Weltkrieges das Deutsche Nationaltheater in Pfeiffers ehemaliger Villa sein Klubhaus eröffnete, erhielt in einem Raum links des Eingangs Hummelstraße auch der Konsum eine Verkaufsstelle.

Pfeiffer gehört siebzehn Jahre lang dem Gemeinderat an, ist Ehrenmitglied und Förderer der Hainturm-Gesellschaft. Schon zu Lebzeiten wird eine Straße nach ihm benannt. Südöstlich des Belvederer Parks bezeichnet man einen Landschaftsteil als „Pfeiffers Ruh" und eine Quelle als „Pfeiffer-Quelle". Im 80. Lebensjahr stirbt er in seinem Haus als damals ältester Arzt Weimars. Schon früh ist der 1870 geborene Sohn Ernst (gest. 1933) in seine Fußstapfen getreten, auch er hat den Arztberuf zur Berufung gewählt, sitzt der Kommission des Museums für Urgeschichte vor und ist von 1827 an hauptsächlicher Museumskurator. Auch er lebt im elterlichen Haus, im Erdgeschoß.

„Weil unsere bisherigen Geschäftsräume Dingelstedtstraße 2 nicht mehr ausreichen", erwirbt im Januar 1939 die Beamtenbank für Thüringen von Pfeiffers Erben die ansehnliche Villa. Es wird umgebaut und für 48.000 Mark angebaut.

Für gesellige Stunden: Am 21. Dezember 1952 wurde in der Philipp-Müller-Straße 8 (heute: Gropiusstraße) das Klubhaus des Nationaltheaters, das erste seiner Art in der damaligen DDR, eingeweiht.

Zur Hummelstraße wird ein zweiter Eingang geschaffen. Darüber prangt in 35 Zentimeter hohen, mit echtem Dukatengold vergoldeten Buchstaben der Schriftzug „Beamtenbank". In Vorahnung des drohenden Krieges werden im Keller ein Luftschutzraum samt Gasschleuse installiert.

Nur vier Jahre später wechselt das Gebäude für 110.000 Mark den Besitzer. Hausherr wird das Wirtschaftsamt für den Stadtkreis Weimar. Nach Kriegsende bezieht die Sozialversicherung die Räume, bevor 1952 das Deutsche Nationaltheater Weimar das Haus übernimmt. Es wird zu einem Zentrum des gesellschaftlichen Lebens am Theater, mehr als vier Jahrzehnte lang. Zur Jahreswende 1993/94 wird die Theatergaststätte geschlossen, ein Jahr später der Theaterkindergarten. Bis vor kurzem haben noch Bühnenbildner und ein Grafiker im Haus gearbeitet. Damit ist nun Schluß. Erneut steht ein Besitzerwechsel bevor.

174

Thomas-Müntzer-Straße 27

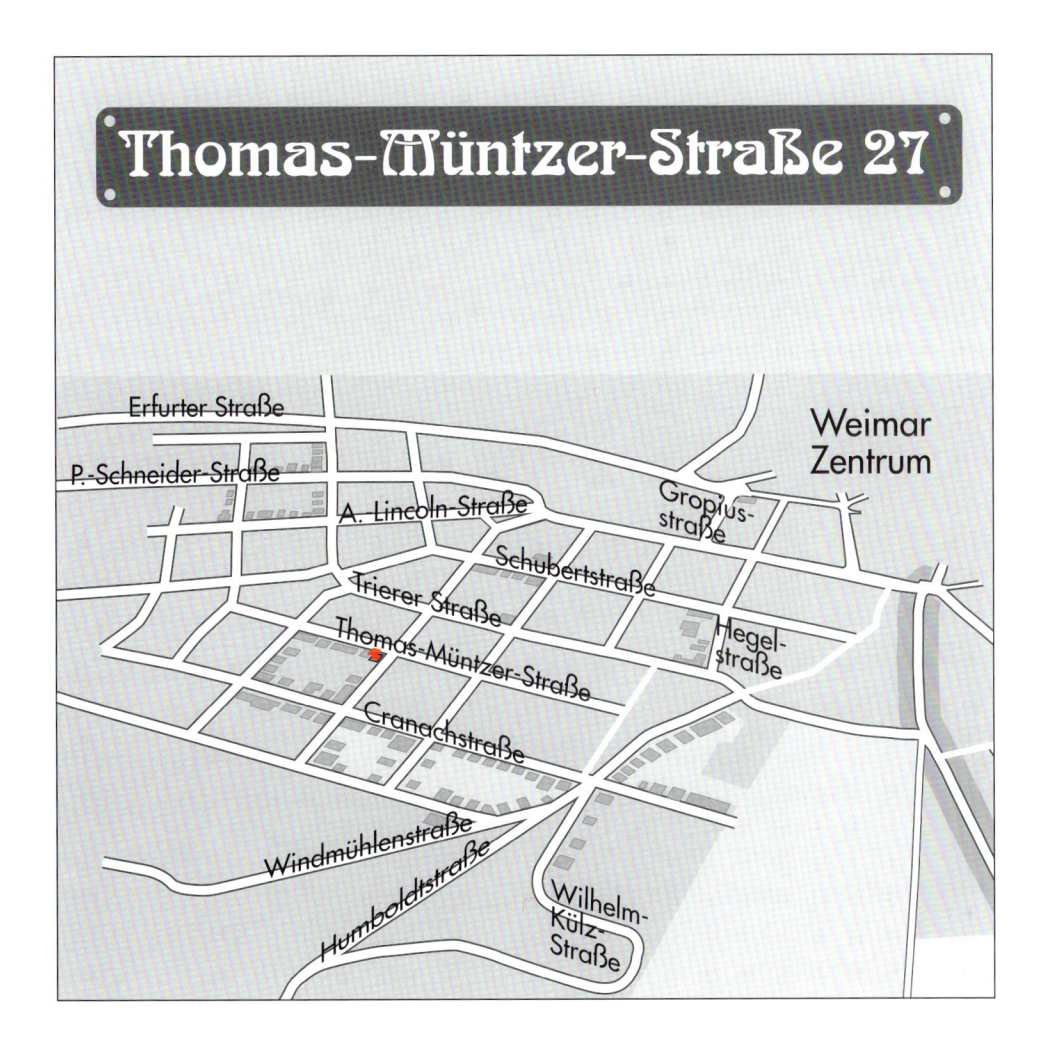

Wenn die feinen Damen ein Paar Handschuhe bei ihm kauften, dann erfreute Robert Saalfeld (1855-1925) sie mit einem Praliné. Im Erdgeschoß seiner Villa an der Thomas-Müntzer-Straße 27 hatte der Fabrikant 1894 einen Arbeitssaal einrichten lassen. Er muß beachtlichen Erfolg und Umsatz gehabt haben, denn im Januar 1904 würdigte der Gewerbeverein Weimar Robert Saalfelds Verdienste zum 25jährigen Berufsjubiläum mit Verleihung einer Silbermedaille. Hinter dem Namen Robert Saalfeld verbarg sich eine interessante Persönlichkeit, die, mit außergewöhnlichem Erfindungsreichtum begabt, auch auf anderen Gebieten höchst erfolgreich war: als Grammophonspezialist und als Schokoladenhersteller. Wie umfangreich diese Tätigkeiten waren, ist heute nicht bekannt.

52 Robert Saalfeld

Vor dem Fenster lockt verführerisch eine reife Birne. Zum Greifen nah, doch viel zu weit entfernt, um sie mit ausgestrecktem Arm zu erhaschen. Vielleicht mit einer Leiter? Lang müßte diese sein und sehr stabil. Der Birnbaum an der Südseite der Villa Thomas-Müntzer-Straße 27 reckt sich hoch hinauf dem Licht entgegen, um das dieser, sich zwischen zwei hohen Häusern behauptend, mit einer benachbarten Birke konkurriert. Herbstlich gefärbt zittern ihre Blätter im kalten Ostwind. Der Handschuhfabrikant Robert Saalfeld war ein Mann vieler Talente, und er hatte auch ein besonderes Faible für seinen Garten, der jedoch seinerzeit einiges mehr an Quadratmetern maß. Auch damals, als er die repräsentative Villa erwarb, war es November. Windmonat. Nebelmond. Man schrieb das Jahr 1894. Rudolf Diesel entwickelt den nach ihm benannten Verbrennungsmotor, Louis Lumière erfindet den ersten Kinematographen, Nikolaus II. wird Zar von Rußland, in St. Petersburg stirbt Tschaikowsky an der Cholera.

Robert Saalfeld (1855-1925), Sohn von Ludwig Osmar Otto Saalfeld, Großherzoglicher Katastergeometer, und Maria Zimmermann, baut im Erdgeschoß des Hauses seine Handschuhfabrik auf. Spezialität: Feinste Qualitäten in Chair-Lamm- und Ziegen-Leder. Die Damen, unter ihnen viele Adlige, bekommen beim Kauf eines Paar Handschuhe ein Praliné. Voilà. Herr Saalfeld hat Stil und versteht sich aufs Geschäft. Dieses floriert, und 1900 wird erweitert, das Erdgeschoß seines Hauses nach Süden um einen Anbau vergrößert. Mittels externer Treppe erhält der Arbeitssaal auf der Westseite einen eigenen Zugang. Dem Anbau werden 1904 im ersten und im zweiten Stock Balkone und Zimmer aufgesetzt. Als die Neorenaissancevilla 1890-1892 für den Bildhauer Ernst Rudolphi und den Fassadenputzer Gustav Schultze erbaut wurde, da stand das wuchtig aufragende zweistöckige Wohnhaus noch ziemlich allein an der Wörthstraße (heute: Thomas-Müntzer-Straße). Davon erzählt eine vergilbte Photographie. Von der späteren dichten Bebauung mag sich zu diesem Zeitpunkt wohl niemand eine Vorstellung gemacht haben.

Reizvoll muß der wunderschöne Garten gewesen sein, mit von Saalfeld selbstgefertigten Blumenkübeln und einem interessanten Springbrunnen aus einem einen Meter tiefen Betonbecken mit einem Aufsatz aus einem Waschkessel, alles schön verkleidet mit Tuffsteinen. Ganz am hinteren Ende des Gartens soll sich ein Hühnerhaus befunden haben, zweigeschossig mit Giebeldach und Balkon.

Robert Saalfeld (1855-1925)
Arm in Arm
mit seiner Schwester
Clementine (1859-1941).
Gemeinsam lebten die
Geschwister im Erdgeschoß
ihres Hauses an der
Wörthstraße 27
(heute: Th.-Müntzer-Straße).

Dort werden Hühner und Enten gehalten. Damit die Eier nicht gestohlen werden können, ist das imposante Hühnerhaus mit einer Selbstschußanlage (!) und einer Fallgrube gesichert. Das Hühnerhaus wie der angrenzende Schuppen sind von Robert Saalfeld selbst gebaut worden. Praktisch und handwerklich veranlagt ist er. Von Statur klein und gedrungen, etwas verschroben vielleicht, aber sehr patent, das Gesicht von einem prachtvollen Vollbart umrahmt, die Pfeife stets in Griffweite - in Weimar, seiner Heimatstadt, ist Robert Saalfeld wohlgelitten. Weniger glückhaft verläuft dagegen sein Familienleben. 1898 läßt der gebürtige Weimarer sich nach nur drei Jahren Ehe von Frieda Fehring, Tochter des Rechtsanwalts und Notars Fehring in Cuxhaven, scheiden.

1902 wird er Vater eines Sohnes. Gemeinsam mit seiner Schwester Clementine (1859-1941) lebt Robert Saalfeld im Erdgeschoß, stattliche 163 m² groß.

Die anderen Etagen sind vermietet, die Innenräume mit schönen Stuckdecken versehen und mit herrlichen Deckenmalereien. Allerlei Kuriosa zeugen von Saalfelds origineller Kreativität. Es wird erzählt, daß er im Tuffstein des 1892 angebauten Wintergartens eine bizarre Höhlenlandschaft geschaffen hat: die Gänge und Hohlräume von Hirschen und Heinzelmännchen bevölkert, das Ganze dekoriert mit vielen Pflanzen. Einen sonderbaren Reiz verbreitet die Beleuchtung aus echten japanischen Lampions. Da sitzt man nun in der Mitte des Raumes auf Stühlen um einen runden Tisch und blickt auf die Tuffsteinwände. Eine Installation aus dünnen Birkenästen ziert die Decke, Lampions hängen herab. Auch ist Robert Saalfeld, der Rührige, Unternehmungsfreudige, ein passionierter Jäger. Er besitzt mehrere Jagdgewehre, die seinen beiden Neffen Werner und Wolf-Dieter sehr imponiert haben.

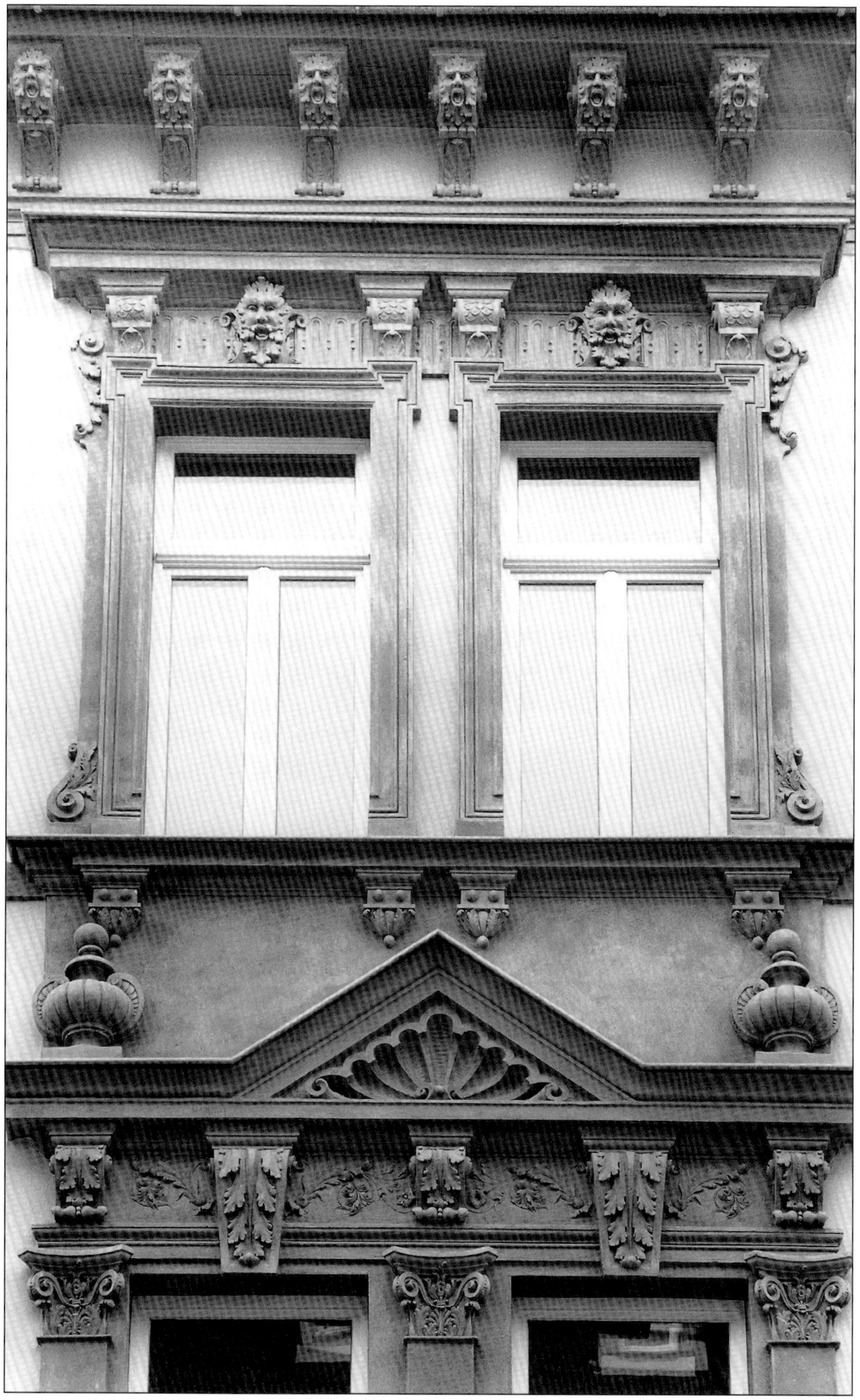

Robert Saalfeld muß ein großer Musik-Liebhaber gewesen sein. Er nennt eine riesige Schallplattensammlung sein eigen, mehr als 3.000 Einzelstücke, mit sämtlichen Platten von Enrico Caruso, dem berühmtesten Opernsänger seiner Zeit. Er besitzt ein Grammophon mit einem riesigen Blechtrichter, an dem Abnahmearm hat der ingeniöse Tüftler eine eigene Erfindung zur besseren Tonwiedergabe angebracht, für die er ein Patent besessen haben soll. Und noch ein Prachtstück erregt die Bewunderung seiner Familie und Gäste: ein schönes Modell des Kreuzers „Emden", mit (funktionierenden) Kanonen aus Metall mit Elektroantrieb, selbst fabriziert.

Die Familie Saalfeld ist eine sehr alte thüringische Familie, die ihren Ursprung im Dorf Saalfeld bei Mühlhausen hat. Die älteste Nachricht stammt von Jutta von Salveld. Sie soll Hofmeisterin bei der Heiligen Elisabeth gewesen sein, auf dem Glasmosaik in der Elisabeth-Kemenate auf der Wartburg ist sie dargestellt. Johann Kaspar Conrad von Salveld lebte 1670 zu Naussis, verarmte, und um einen gewerblichen Beruf zu ergreifen, legte er das „von" ab und nannte sich Saalfeld. Sein Sohn Johann Nikolaus Saalfeld wurde Schneidermeister, hatte ein Posamentengeschäft in Erfurt und kam wieder zu Wohlstand. Der Urenkel von ihm war Ludwig Osmar Otto Saalfeld, Vater von Robert und Clementine Saalfeld.

Als Robert Saalfeld im Juni 1925 stirbt, ist seine Schwester Clementine alleinige Erbin des Hauses. Einen erbitterten Streit hat sie mit den Mietern Naumann im zweiten Stock auszufechten. Die beklagen sich im September 1925 darüber, daß „der Herd vollständig unbrauchbar ist und bei Benutzung Brandgefahr besteht". Weil Hauseigentümerin Clementine Saalfeld nicht, wie gefordert, einen neuen Herd bereitstellt, sondern Schadhaftes ausbessern läßt, entbrennt der Disput im April 1927 erneut. Der Herr von der Aufsichtsbehörde aber meint nach einer Besichtigung: „Meines Erachtens wird der Herd von der Mieterin nicht richtig behandelt und über das normale Maß abgenutzt. Die vorhandene große Unordnung in der Küche spricht viel davon." Dem Mieteinigungsamt liegt bereits eine Räumungsklage vor, und 1928 ziehen Willi und Luise Saalfeld mit ihren Söhnen Wolf-Dieter und Werner ins zweite Stockwerk.

Bis 1994 bleibt das Baudenkmal im Besitz der Familie Saalfeld, dann wird es von der Erbengemeinschaft an die Grundstücksgesellschaft Allobjekt verkauft. Umfangreiche Sanierungsmaßnahmen beginnen. Gesellschafter Günter Dimmig sieht es als eine moralische Verpflichtung, denkmalgeschützte Häuser im Original zu belassen. So bleiben die Wohnungen, jeweils ein Stockwerk fassend, in Größe und Bestand unangetastet. Erneuert wird sämtliche Technik, die Fassade erhält wieder den ursprünglichem Glanz.

Das Dachgeschoß wird zur Studiowohnung ausgebaut. Einen herrlichen Blick hat man von dort über Weimars Dachlandschaft - und auf den Birnbaum und die Birke.

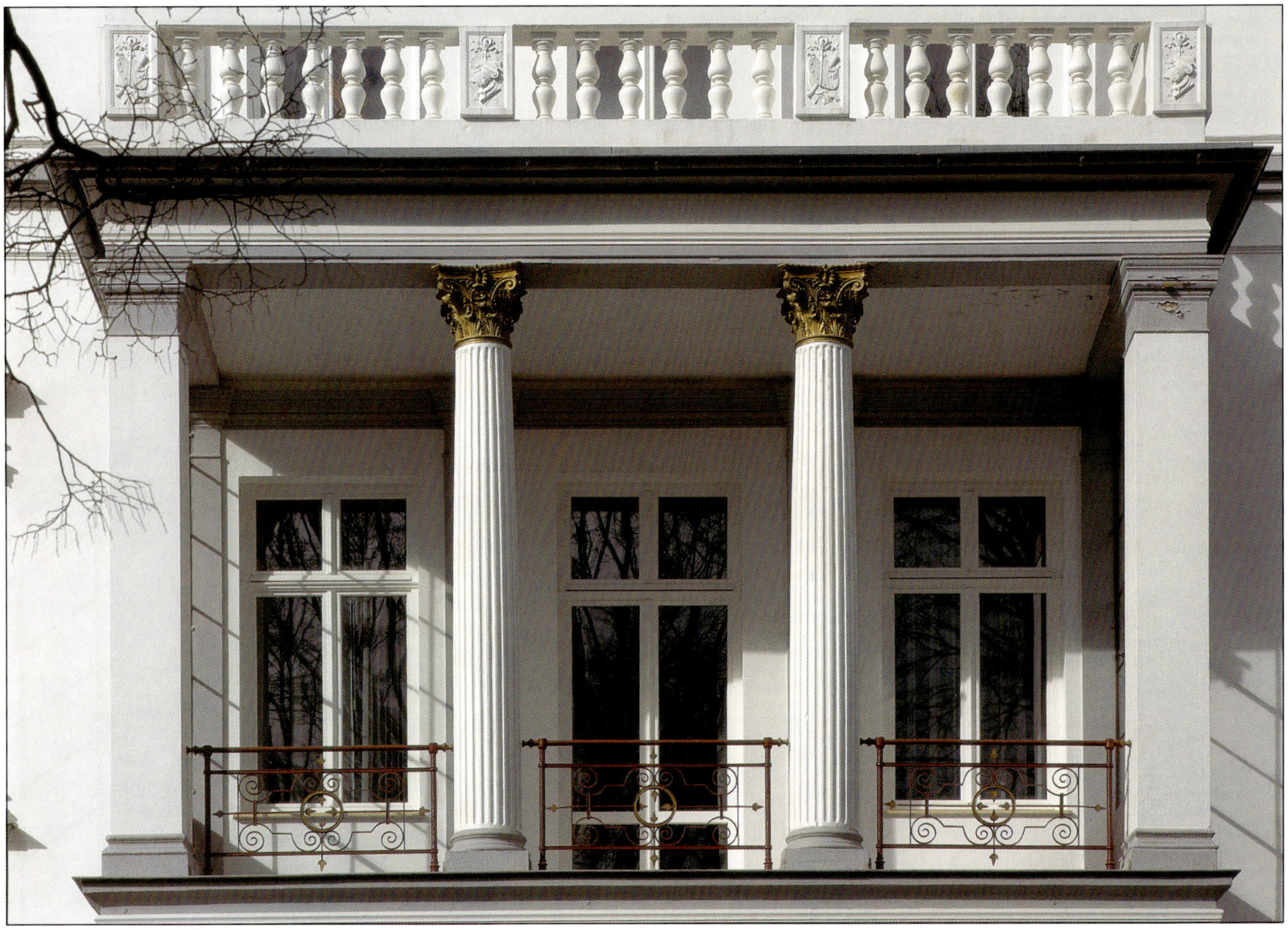

Bauhausstraße 12

Viele Namen von Persönlichkeiten, die nicht nur in Weimar Geschichte und Geschichten geschrieben haben, finden sich in der Chronik der stattlichen Villa an der Bauhausstraße 12: Der Philologe und Soziologe Rudolf Steiner hat kurzzeitig dort gewohnt, der Bankier Arnold Callmann, Marie Freifrau von Loen, Witwe des Theaterdirektors August von Loen. Auch Ernst Obbarius, Großherzoglicher Landgerichtsdirektor, findet Gefallen an dem repräsentativen Wohnhaus. Der Jurist hat 1924 in Hannover den berüchtigten Massenmörder Fritz Haarmann mitverurteilt und war im Panoptikum (Wachsfigurenkabinett) in Erfurt zu sehen. Nach einer grundlegenden Restaurierung und Modernisierung sind das Äußere wie das veränderte Innere des Hauses in das helle Licht der Gegenwart getaucht. Die Bauhausstraße 12, erbaut 1873/74 durch Zimmermeister Kurth, geht als „Hotel Hentzel" der Zukunft entgegen.

53 Ernst Obbarius

Sechs junge Ahornbäumchen zieren den Vorgarten, allerlei floraler Schmuck und zwei Kunstwerke. Hoch hinauf streben die rot-blau-schwarz-weiß gepuzzelten Holzstelen, sehr schlank und sehr avantgardistisch stehen sie in denkwürdigem Kontrast zur monumentalen klassizistischen Villa. Fröhliche Farbtupfer vor blitzendem Weißgrau. Blickfang oder Glücksbringer, wer vermag das schon genau zu beantworten? Dieter M. Weidenbach hat die Bizarrerie sorgsam konstruiert, abstrakte Analogien zu Mann und Frau, gewissermaßen das Häkchen im akkuraten Antlitz des patriarchalisch vornehmen Hauses an der Bauhausstraße 12.

Der respektvolle Blick hinter das hochherrschaftlich anmutende Mauerwerk setzt eben diesen Eindruck fort. Renoviert wurde gründlich und immerhin drei Jahre lang. Fertig ist man noch immer nicht ganz. Wo heute ein Hotel seine gastlichen Pforten weit offen hält, nach seinem Eigentümer „Hotel Hentzel" genannt, war man auch früher schon keineswegs zimperlich ausschließlich aufs Privatime bedacht. Der chilenische Konsul Wilhelm Mann hielt hof und wurde hofiert. Nur fünf Jahre, zwischen 1924 und 1929, residierte der diplomatische Herr in der zweiten Etage des Dreigeschossers, doch bis heute ist der Beiname „Botschaft" für selbige Villa vertraut.

1873 hatte Prof. Wolff den Bauantrag für die voluminöse Villa gestellt, ein knappes Jahr darauf, im August 1874, meldet Zimmermeister Karl Eduard Kurth die Fertigstellung des Rohbaus. Nur wenige Jahre hat er Freude an seinem stattlichen Besitz, bevor er im August 1877 seinen Wohnsitz in Weimar aufgibt. Auch Rentier Bruno Müller bleibt nicht lange. Wohl aber erweitert er die feudale Architektur um ein Nebengebäude, bestehend aus Kammer und Waschküche. Von Arnold Callmann wird die Bautätigkeit 1882 bis 1889 fortgesetzt. Im März des Jahres 1883 beantragt der aus angesehener Familie stammende Bankier den Umbau des sich südwestlich, einem Appendix gleich, ans Haus anschließenden Ateliers in Küche, Speisekammer und Mädchenstube. Etwas später wird das Waschhaus verlagert, und es ist 1886 eine mit größerem Aufwand verbundene, weil die Verlegung der Feuerstelle nach sich ziehende Maßnahme.

Isidor Arnold ist der älteste Sohn des Bankiers August Callmann (1804-1869), der sein Bankgeschäft am Markt 21 betreibt. Bevor sie im Frühjahr 1900 schlagartig aus Weimar und aus dem Gedächtnis der Stadt verschwindet, gehört die Familie Callmann zu den geachtetsten Familien der bürgerlichen Oberschicht.

*Landgerichtsdirektor
Ernst Obbarius
(1859-1944) mit seiner
Frau Hedwig,
geb. von Pressentin.*

Wie Eva Schmidt in ihrem instruktiven Buch „Jüdische Familien im Weimar der Klassik und Nachklassik" beschreibt, ist den Callmanns, die in ihrem religiösen Bekenntnis und Selbstverständnis zur jüdischen Gemeinschaft gehören, der Weg ins Weimarer Bürgertum nicht leicht gemacht worden. Eine lange Zeit und unendliche Mühe hat der aus Rudolstadt zugezogene August Callmann darauf verwendet, als Weimarer Stadtbürger anerkannt zu werden. Erst zehn Jahre nach seinem Antrag wird diesem Gesuch 1849 stattgegeben. Zunächst bei seinem Onkel Julius Elkan in die Lehre gegangen, später dessen Prokurist, machte Callmann sen. sich 1854 selbständig. Als er 1869 stirbt, wird das Bankgeschäft zunächst durch Arnold Callmann fortgeführt, nach dessen Weggang durch die Brüder Otto und Georg Callmann betrieben. Ein jähes und tragisches Ende nimmt die glanzvolle Familiengeschichte nach dem Zusammenbruch der

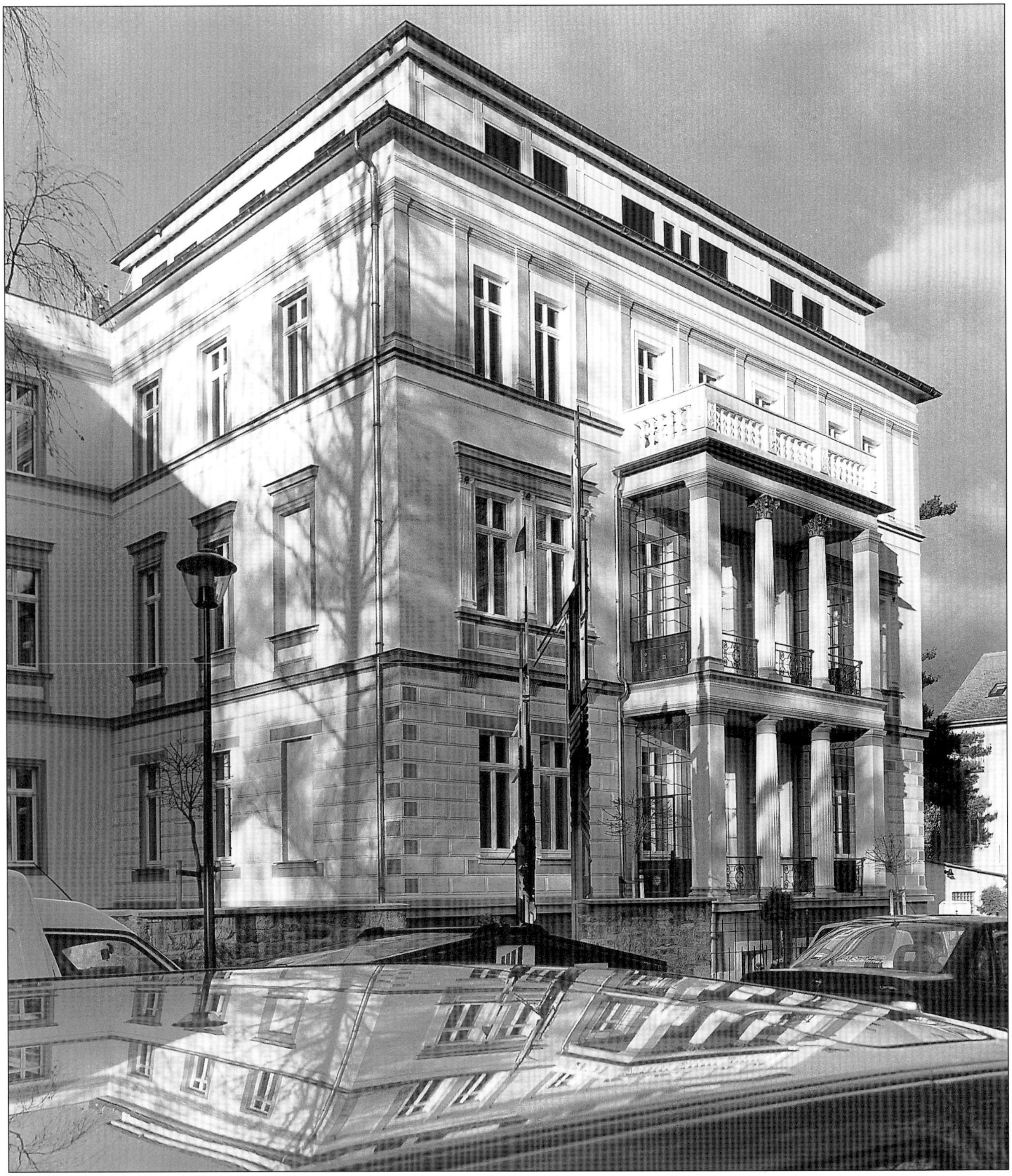

„Apoldaer AG für Metallindustrie", einer Callmannschen Gründung, und dem nachfolgenden Konkurs der Bank. Georg Callmann begeht am 16. Mai Selbstmord, sein Bruder Otto stirbt Tage später an einem Selbstmordversuch. Ihre Schwester Laura verläßt Weimar. Schon 1889 hat Arnold Callmann, der mit seinem Geschäftslokal an der Schützengasse 3 Bankrott machte, der Stadt den Rücken gekehrt. Aus der Callmannschen Konkursmasse erwirbt Hofbäcker Hermann Türk das Anwesen an der Kurthstraße 12 (heute: Bauhausstraße). Er ist es auch, der 1897 die Aufstockung des Anbaus um zwei Etagen veranlaßt. Das geräumige erste Stockwerk der Villa, rund 220 Quadratmeter groß, bewohnen seit dem Tod ihres Mannes und Vaters Marie Freifrau von Loen, Witwe des Theaterintendanten August von Loen (1827-1887), und Freiin Marie. Mutter wie Tochter zeichnen sich aus durch ihre Güte und Sanftmut und ausdauernde caritative Tätigkeit. Ihre 7-Zimmer-Wohnung nutzt gut zehn Jahre später der Geheime Hofrat und Gymnasialdirektor a.D. Dr. Ludwig Weniger. Unter seiner Leitung war 1887 das neue Gebäude des Wilhelm-Ernst-Gymnasiums in der Amalienstraße bezogen worden. Und noch einen illustren Mieter beherbergte das imponierende Bauwerk. Es war in seinem letzten Weimarer Jahr, 1897, als der Philologe und Soziologe Rudolf Steiner (1861-1925), Begründer und Hauptvertreter der Anthroposophie, mit dem befreundeten Ehepaar Ewan Crompton im Erdgeschoß der Villa unter einem Dach wohnte. Zu seiner Zeit war diese stille Straße fast noch Teil des nahegelegenen Parks. Schon im Jahr darauf folgte Steiner der geliebten Anna Eunike nach Berlin.

Ein nochmaliger Besitzerwechsel ist 1910 amtlich dokumentiert. Es soll der letzte für eine lange Periode ruhigen Gleichmaßes sein: der Großherzogliche Landgerichtsdirektor Ernst Obbarius (1859-1944) zieht mit seiner Frau Hedwig, geb. von Pressentin, und den vier Kindern indes nicht gleich selbst ein, behält den Wohnsitz in der Bockstraße 6 bei, aber er baut. Ausdauernd und unermüdlich wie schon seine Vorgänger. Später wird er dienstlich nach auswärts verpflichtet. Mitte der zwanziger Jahre ist Ernst Obbarius in Hannover an der Verurteilung des berüchtigten Massenmörders Haarmann beteiligt.

Nicht sofort, doch dann um so dringlicher: Erste Schäden machen sich bemerkbar. Der einst von den Damen Loen bewohnte erste Stock soll sich Mitte der zwanziger Jahre in einem unbeschreiblichen Zustande befunden haben. Fensterrahmen sind morsch, der Ofen im Wohnzimmer qualmt derartig, daß ein

*Karneval 1913.
Der närrische Zug der phantasievoll kostümierten Kunstschüler machte vor dem Haus Kurthstraße 12 halt.*

Aufenthalt im Zimmer unmöglich ist, beklagt Regierungsmedizinalrat Schmidt. Vergrößert wird das Seitengebäude, entsprechend auch die Klärgrube.

Schwer beschädigt wird das repräsentative Domizil im Februar 1945 bei Fliegerangriffen. Zerstört wird das Schieferdach. In Strömen dringt Regenwasser ins Treppenhaus ein und greift auf die Zimmer über. Der Zustand ist trostlos. Es wird repariert, geflickt, ausgebessert, instandgesetzt. Noch im Mai 1962 beklagt sich ein Mieter beim Gesundheitsamt der Stadt über den verwahrlosten Zustand des Hauses und die gesundheitlichen Gefahren, die davon ausgehen. Wieder wird repariert, erneuert, Notwendiges in Ordnung gebracht.

Mit Petra und Claus Hentzel verliebt sich 1993 ein Ehepaar in das heruntergekommene Gebäude. Sie veranlassen eine Komplettsanierung. Von Grund auf wird erneuert, was über Jahrzehnte mehr oder minder sich selbst überlassen bleiben mußte. Wieder hat ein an Geschichte(n) reiches Weimarer Haus neue Kontur gewonnen, das ohne hartnäckige Sympathie verloren gewesen wäre. Der Bruch mit der Vergangenheit jedoch ist unübersehbar.

Mit ihren drei Töchtern und ihrem Sohn stellten sich Ernst und Hedwig Obbarius dem Fotografen (um 1916).

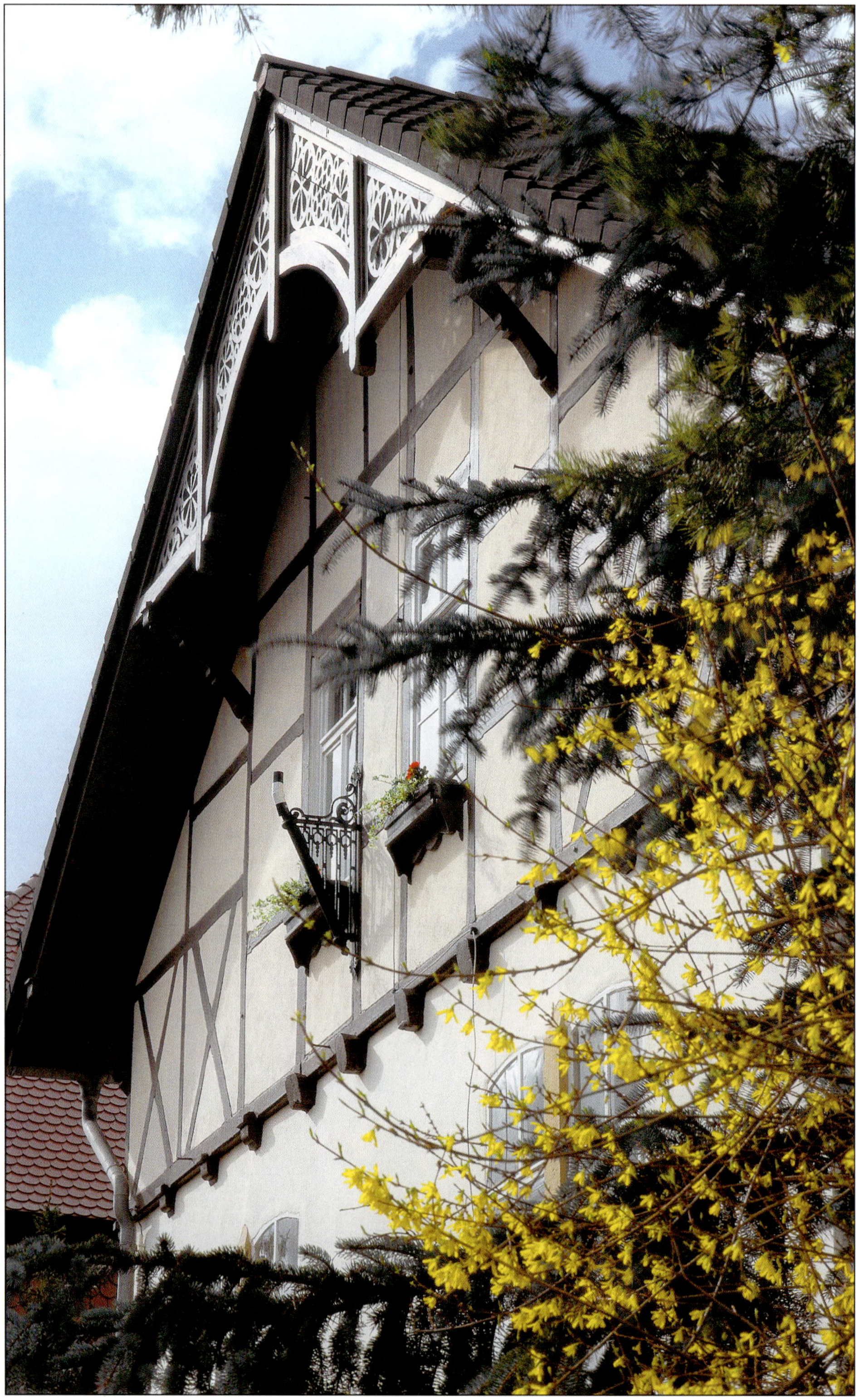

Haeckelstraße 20

Wer heute die Haeckelstraße entlangspaziert, eine stille Parallelstraße zur ungleich lebhafteren Belvederer Allee, der mag auch das Haus Nummer 20 passieren, das Anfang unseres Jahrhunderts ein Künstler und seine Familie mit Leben erfüllten, der weit über seine Wirkungsstätte Weimar hinaus Rang und Ansehen genoß: Der Maler und Radierer Max Thedy (1858-1924) wurde 1882 an die Großherzogliche Kunstschule Weimar berufen und erhielt später einen lebenslangen Vertrag, der ihn bis 1910 an diese Ausbildungsstätte band. Seiner Wahlheimat blieb der gebürtige Münchener treu. Hervorragendes leistete er als Bildnis- und Interieurmaler. Ihm ist das hohe Niveau dieser Gattungen an der Kunstschule zu verdanken. Max Thedy gehört zu den Hauptmeistern der Weimarer Malerschule. Zahlreiche seiner Werke sind im Besitz der Kunstsammlungen zu Weimar.

54
Max Thedy

Als das Haus gebaut wurde, lag es weit außerhalb des Stadtbauplanes. Erst nachdem der Großherzog persönlich seine Zustimmung zum Bau gegeben hatte, durfte damit begonnen werden. Damals zählte das Grundstück noch zur Belvederer Allee und trug die Nummer 23. Datiert auf den 18. April 1873, ist der erste Bauantrag zugleich auch Ausdruck neuer Baulanderschließung, 124 Meter südlich der Belvederer Allee. Gebaut wurde das Haus, wie es sich auch heute noch äußerlich nur unwesentlich verändert dem Betrachter darbietet, in den Jahren 1879/80. Der Architekt und Bauunternehmer Reinhold Röhr errichtete „ein Wohnhaus für seinen eigenen Gebrauch". Weil die „Bausache sich so in die Länge zog, ich aber am 1. Oktober einziehen muß", hatte er im Frühjahr 1879 zu bauen begonnen, ohne daß die erforderliche Genehmigung vorlag. Wie aus den Akten ersichtlich, verübelte ihm das Bauamt das eigenmächtige Vorgehen indes nicht sonderlich. Einziehen konnte Röhr jedoch erst im Februar 1880.

Nur zehn Jahre lang hat der umtriebige Bauunternehmer Freude an seinem Haus. Dann geht er in Konkurs. Zunächst von der Weimarer Villengesellschaft erworben, kauft der Maler Max Thedy das schmucke Landhaus im Dezember 1893. Das große Grundstück bietet viel Raum, grad so wie es der Wahlweimarer für sich und seine Familie wünscht. Der Münchner war elf Jahre zuvor von Albert Brendel als Nachfolger für Alexander Struys an die Weimarer Kunstschule berufen worden.

Max Thedy wurde am 16. Oktober 1858 in München geboren. Früh verlor er den Vater und als er elf Jahre alt war, auch die Mutter. Auf den begabten Jungen war der in München lebende Hamburger Maler Louis Reinhardt aufmerksam geworden. Der nahm ihn zu sich und an Kindes Statt an, wurde ihm Lehrer und Freund. Der junge Thedy besuchte zunächst die Realschule in Freising und dann die Kunstgewerbeschule in München. Allem künstlerischen Geflunker abhold, wird ihm an der Kunstakademie Ludwig Löfftz ein gleichgesinnter und wohlwollender Lehrer. Der fleißige und unermüdliche Kunstjünger Thedy mag denn wohl auch ein Erziehungsobjekt so recht nach seinem Herzen gewesen sein, zumal er bald zum Stolz seiner Schule wurde. Das stärkste Aufsehen machte ein Kopf, der ganz in Lichtreflexen aufgelöst war und doch die herrlichste Zeichnung aufwies. Jenen Studienkopf erwarb Graf Andrassy (Wien), und auch andere honorige Persönlichkeiten kauften dem aufstrebenden Maler manches ab.

Max Thedy (1858-1924) wurde 1883 von Albert Brendel an die Weimarer Kunstschule berufen. Bei seinen Schülern war er u.a. wegen seiner Zeichenkunst sehr beliebt.

Dem nunmehr Vierundzwanzigjährigen eröffneten die Honorare die Erfüllung eines Herzenswunsches: Im Herbst 1882 reiste er nach Südtirol. Dort erreichte ihn gänzlich unerwartet die Nachricht von der Berufung nach Weimar. Die Freude war groß und auch die Eile. Und als der junge Mann in Weimar eintraf, da war man am zeremoniellen Hofe ein wenig indigniert - der Neuberufene hatte zum Empfange keinen Frack mitgebracht. Gleichwohl nahm der Großherzog, weniger auf Etikette bedacht als sein Hofmarschall, den ob seines Versäumnisses verlegenen Künstler gnädig und freundlich auf.

Als er Anfang 1883 an der Kunstschule die Mal- und Zeichenklasse übernimmt, ist er der jüngste Lehrer und wohl auch der unerfahrenste. Doch anders als vielen seiner Kollegen, ist Weimar für Thedy nicht Durchgangsstation. Er bleibt. Einen starken Rückhalt findet er beim damaligen Direktor der Großherzoglichen

Von Reinhold Röhr jun. wurde das Haus 1879 errichtet und im Februar 1880 bezogen. Das Grundstück hatte er bereits 1873 erworben, die Baugenehmigung jedoch erst später erhalten, weil das Bauprojekt außerhalb des Stadtbauplanes ausgeführt werden sollte.

Kunstschule, bei dem aus Berlin stammenden Albert Brendel. In dessen Haus begegnet er auch seiner späteren Frau, Dorothea Brendel, einer nahen Verwandten des Künstlers, die er 1884 heiratet.

Max Thedy ist ein bescheidener, ja schüchterner Mensch, bei seinen Schülern sehr beliebt. Christian Rohlfs gehört dazu, auch Otto Rasch. Ein kleiner rundlicher Bayer, ein trefflicher Zeichner und virtuoser Techniker der Münchener Schule mit einer großen Liebe für die Niederländer des 17. Jahrhunderts als den Meistern von Bildnis und Innenraum. Erinnert sei an Thedys Bild „Klompjes". Während eines Hollandaufenthalts 1887 in Leiden entstanden, zeigt es ausschnitthaft eine leere holländische Stube. Durch ein Seitenfenster fällt Licht in einer diagonalen Achse vom oberen linken Bildrand zum unteren rechten und lenkt den Blick des Betrachters auf ein Paar Holzschuhe, das verlassen auf dem

Fußboden steht. Die Einfachheit der Bildaussage erfährt durch die farbige Sensibilität und die sorgfältig inszenierte Lichtführung eine Art Verklärung, die den Stimmungsgehalt steigert. Thedys „Klompjes" sind poetisch-verklärte Symbole für eine vergangene Zeit. Seine Malerei entbehrt alles Sensationelle. Er ist kein Liebermann, kein Slevogt. An Delikatesse des Vortrags, an Feinheit der Beobachtung und Wärme der Empfindung ist er aber jenen Künstlern mindestens ebenbürtig, wenn nicht gar überlegen.

Will man ihn durchaus einer Richtung zuordnen, wäre die der Luminaristen wohl die passendste, also jene Maler, die sich dem Licht und seiner Wiedergabe verpflichtet fühlen. Mit Vorliebe läßt Max Thedy das Licht durch kleine Fenster in halbdunkle Bauernstuben schlüpfen, läßt es abgenutzte Möbel entlanghuschen, auf dem gesenkten Kopf einer alten Frau und ihren groben Händen ausruhen.

*Max Thedy
im Kreis seiner Familie:
Im Haus des Malers
Albert Brendel, Direktor der
Kunstschule 1881 bis 1884,
lernte er seine spätere Frau
Dorothea Brendel kennen.
Sie heirateten 1884,
vier Söhne und eine Tochter
wurden in den nächsten
Jahren geboren.*

Licht spaziert im Hintergrund seiner Bilder durch offene Haustore, erhellt Flure und Fenster, auf die man aus dem Halbdunkel des Vordergrundes blickt, bahnt sich seinen Weg durch farbige Kirchen- und Rathausfenster. Ein harmonisches, erquickendes Licht, reich abgestuft in seinen Übergängen.

Gewiß hat der Maler und Radierer, einer der Hauptmeister der Weimarer Malerschule, in Weimar angemessene Bedingungen für seine Arbeit gefunden. In der Kunstschule ebenso wie im häuslichen Umfeld. Wohl kaum wäre er sonst im Gegensatz zu vielen seiner Kollegen bis an sein Lebensende Weimar verbunden geblieben. Noch heute ist sein Haus in der Haeckelstraße 20 im Besitz der Familie.

Ende der 50er Jahre sieht es schlimm aus um das Landhaus. Vier Wohnungen befinden sich darinnen, die stark in ihrer Bewohnbarkeit beeinträchtigt sind.

Amtlicherseits werden die Mängel aufgelistet: Hausschwamm im Keller und Erdgeschoß, das Dach ist defekt, die Toilettenanlage desolat, der Anbau zu enttrümmern. „Schwierige Erbschaftsverhältnisse" erschweren die Instandsetzung. Die Kommunale Wohnverwaltung veranlaßt die notwendige Sanierung. Denn, „werden die Instandsetzungsarbeiten nicht durchgeführt, ist in kürzester Zeit mit Sperrung und dem Verlust der vier Wohnungen zu rechnen." Die veranschlagten 10.000 Mark werden zukunftsweisend investiert und retten das Haus vor endgültigem Verfall. - Nach der Wende werden Dach und Fassade erneuert. Und wer etwas genauer hinschaut, der mag im dekorativen Holzgiebel eine markante Erinnerung an Max Thedy entdecken. Obwohl noch viel Grün das Haus umgibt, es an einer stillen Seitenstraße situiert ist, die Zeit hat die alten Stadtgrenzen von 1890 natürlich längst überholt.

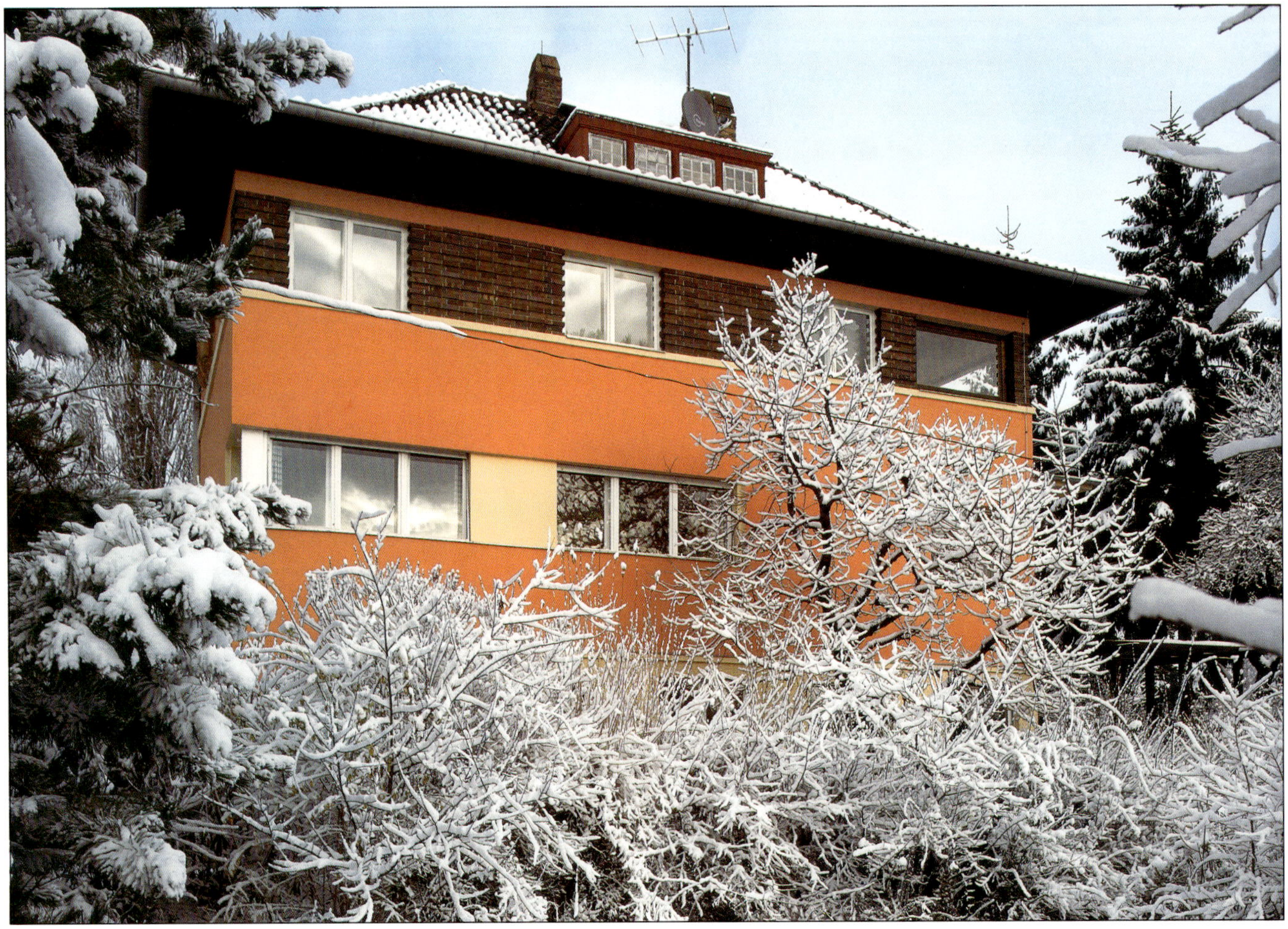

Ratstannenweg 21

Noch steht an der Gartenpforte dezent das alte Namensschild. Achtungsvolle Verbeugung vor dem ehemaligen Eigentümer, Bibliotheksrat Dr. Paul Ortlepp (1878-1945), erster Direktor der Landesbibliothek nach dem zweiten Weltkrieg. Verbeugung auch vor einem tragischen Schicksal. Lucy Ortlepp (1883-1943), eine hochbegabte Malerin, war Jüdin, 1943 wurde sie nach Auschwitz deportiert und dort im selben Jahr ermordet.

Das Ehepaar bewohnte ein Haus, das seinerzeit zu den fortschrittlichsten Wohnbauten Weimars zählte und heute als eines der wenigen modernen Wohnhäuser in Weimar vor 1930 unter Denkmalschutz steht. Inspiriert von der zeitgenössischen Moderne, wurde das 1827/28 errichtete Haus von den konventionellen Weimarern schlichtweg als Provokation empfunden. Das sollte sich erst nach einem Umbau des Hauses 1931 ändern.

55
Paul Ortlepp

In wunderlichem Bogen wuchs der Birke Ast zunächst nach unten, dann nach oben. Einen ebenso anmutigen Haken hat im Laufe der Zeit das nebenstehende Wohnhaus geschlagen. Keine Villa im herkömmlichen Sinne. Weder Türmchen noch Erker entdeckt der aufmerksame Blick. Bar jeglicher dekorierenden Verschönerung ist das dreigeschossige Gebäude am Ratstannenweg 21 vielleicht gerade deswegen bemerkenswert. Es war dieses noch viel mehr in den ersten Jahren seines Seins. Viel Staub aufgewirbelt hat der Bau, eines der ersten Häuser, das in dem heute dicht besiedelten Wohngebiet errichtet wurde. Dann wurde abgemildert, was ganz offensichtlich dem Bauhaus, respektive der architektonischen Avantgarde verpflichtet war. Des hochaufragenden, flachgedeckten Baues radikale Formen wurden besänftigt. Der Kubus des Anstoßes erhielt ein Walmdach. Weit mehr Konzessionen als einst die Bauherrin macht nun der neue Besitzer. Doch berichten wir der Reihe nach.

Im Auftrag von Margarete Trettner stellt Architekt Johannes Otto Berger am 23. August 1927 den Bauantrag und bittet um „baldmögliche baupolizeiliche Genehmigung des Neubaus". Die aber läßt trotz zahlreicher Erinnerungen und wiederholter Anrufe auf sich warten. Am 6. September 1927 dann die telefonische Nachricht, daß „der Neubau Trettner vorerst nicht genehmigt" werden kann und „das Projekt dem Heimatschutz zur Beurteilung vorgelegt wird". Die schriftliche Begründung folgt am Tag darauf: „Die Erledigung des Baugesuches Trettner kann erst dann erfolgen, wenn die zuständige Kommission darüber entschieden hat, ob die von Ihnen gewählte äußere Ausgestaltung des Bauwerkes an dortiger Stelle gutgeheißen werden kann, da allenthalben starke Bedenken gegen eine derartige Bauart geltend gemacht werden." Die zuständige Kommission entscheidet am 9. September, im Sitzungsprotokoll heißt es: „Der Vorsitzende erläutert, daß gerade in der Siedlung Weimar-Süd die Architektur zu Klagen Anlaß gab. Daher ist eine neuzeitliche Architektur beim Neubau Trettner für Weimar nicht passend, da es unwahrscheinlich sein wird, eine zusammenhängende Gruppe solcher Häuser zu erbauen. Es entsteht die Frage: Soll diese Architektur hier in Weimar Eingang finden? Es werden allgemein derartige Auswüchse im Hausbau verurteilt; aber die Genehmigung kann kaum versagt werden, da ohne öffentliche Mittel gebaut wird. Es wird ausnahmsweise die Ausführung in der vorliegenden Weise für die in Frage kommende Stelle und Bebauungsraum genehmigt."

Lucy Ortlepp (1883-1943), gebürtig aus Neubrandenburg, war eine sehr talentierte Malerin, die, in Berlin u.a. bei Lovis Corinth ausgebildet, auch in Weimar Mal- und Zeichenunterricht gab. Sie wurde 1943 von den Nazis nach Auschwitz deportiert und dort im gleichen Jahr ermordet.

Die Rohbauabnahme kann am 25. November 1927 erfolgen, die Schlußabnahme am 20. Juli 1928, gerade rechtzeitig zur Verehelichung von Margarete Trettner mit dem Chorsänger Reinecke. Drei Jahre später aber verkauft das Ehepaar sein mühsam erstrittenes Haus. Neue Eigentümer werden Dr. phil. Paul Ortlepp und seine Gattin Lucy. Er ist Bibliothekar, sie Malerin; beide sind sie hochgebildet. Mit seiner Anstellung als Bibliothekar an der Großherzoglichen Bibliothek siedelt der gebürtige Erfurter Paul Ortlepp (1878-1945) 1905 nach Weimar über. Im Januar 1908 heiratet er die aus Neubrandenburg stammende, talentierte junge Malerin Lucy Bock (1883-1943), Tochter aus begütertem Hause. Ihre erste Ausbildung hatte sie bei dem Maler Alterdinger erhalten, später geht sie zum „Verein der Künstler und Künstlerinnen" in Berlin und bekommt als Auszeichnung schon nach zwei Semestern die Erlaubnis,

In seiner radikalen Schlichtheit im Weimar Ende der 20er Jahre eine Provokation: Das Haus am Ratstannenweg 21 wurde von dem Architekten J.O. Berger für Margarete Trettner entworfen. Angeregt von der zeitgenössischen Moderne, ein kubisch streng geschlossener Block.

Unterricht erteilen zu können. Nach vier Semestern erhält sie dort im Jahre 1902 im Alter von 18 Jahren ein Zeugnis als Zeichenlehrerin mit dem Prädikat „in allen Fächern gut". Kunstreisen in die Schweiz, nach Italien und England folgen. Wieder zurück in Berlin nimmt sie hauptsächlich Porträtstudien bei Lovis Corinth, Busch, Frank und bei Prof. Hanns Fechner. Anatomie und Akt arbeitet sie in den von Lewin-Funke nach Pariser Muster eingerichteten Ateliers. Wenn Lovis Corinth in seinen Lebenserinnerungen bekennt, „ich liebte niemals, als Herdenvieh mitzugehen, mit besonderer Leidenschaft schlug ich mich stets auf die Seite der Minorität und habe es nie bedauert", so mag diese Lebenseinstellung jener der jungen Lucy sehr entgegengekommen sein.

Vornehmlich malt sie Porträts, in Kreide, Bleistift, Rötel, aber auch zauberhafte Blumenstücke und Stilleben in Aquarell. Ihre Güte und Freundlichkeit werden von allen hochgeschätzt, groß ist ihr Freundes- und Bekanntenkreis. Selbst Modell aber sitzt sie dem Weimarer Maler Alexander von Szpinger: das Porträt in Öl zeigt Lucy Ortlepp als reife Frau - große braune Augen in einem ernsten Gesicht, das umrahmt ist von dunklem Haar.

Mit ihrem Einzug in den Ratstannenweg 21 beginnt eine emsige Bautätigkeit. Das flache, mit Asphalt bedeckte (Sonnen-)Dach, auf dem sich die Wäsche so wunderbar trocknen ließ, wird entfernt und ein Stockwerk mit Walmdach aufgesetzt. Insgesamt 9,80 Meter hoch würde dadurch das Gebäude werden, im Stadtteil zwischen Carl-Alexander-Allee und Berkaer Straße darf die Gebäudehöhe aber eigentlich neun Meter nicht überschreiten. Während das Stadtbauamt dennoch dem Antrag wohlwollend zustimmt, weil „das Gebäude durch den Stockwerksaufbau mit Satteldach eine bessere Gestaltung und Form erhält",

Dr. Paul Ortlepp (1878-1945) kam 1905 an die damalige Großherzogliche Bibliothek. 1930 feierte er sein 25jähriges Dienstjubiläum, sieben Jahre später wurde er von den Nazis entlassen: Seine Frau war Jüdin. Durch Hermann Brill wurde Ortlepp im Mai 1945 als erster Direktor der Landesbibliothek berufen.

Lucy Ortlepp (o.) mit Freundinnen bei der Ernte im Garten (1930).

erhebt der Eigentümer des angrenzenden Baulandes, Dr. phil. Kurt Hirsch, vehement Einspruch. Daß seine beharrliche Intervention erfolglos bleibt und die Aufstockung relativ rasch vonstatten geht, beweist ein Blick in die Bauakten. Am 9. Juni 1932 findet die Abnahme des Stockwerksaufbaus statt. Über dem Eingangsportal ließ das Ehepaar ebenso weitsichtig wie mutig bereits 1931 ein Hochrelief aus rotem Porphyr anbringen, ein „Sinnbild der jetzigen schwirigen Zeit", gefertigt vom Bildhauer Josef Heise.

Zwei Jahre zuvor hatte Ortlepp sein 25jähriges Dienstjubiläum an der Landesbibliothek feiern können. Er wird gerühmt als liebenswürdiger, hilfsbereiter Mensch und verdienstvoller Mitarbeiter, der seine ganze Kraft in den Dienst der Bibliothek stellt, der „unermüdlich dafür tätig ist, die Verbundenheit der Bibliothek mit weiten Kreisen des geistigen Weimar immer tiefer zu begründen."

Nur sieben Jahre später wird er zur Zielscheibe von Denunziationen und aus dem Staatsdienst entfernt infolge des „Gesetzes zur Wiederherstellung des Berufsbeamtentums" - seine Ehefrau Lucy ist Jüdin.

Ein Dr. Oberländer stellt „eine ungünstige politische Beurteilung aus", ein Nachbar muß ausdauernd beobachtet haben: „Seine Frau soll angeblich jungen Leuten Mal- und Bildhauerunterricht erteilen. Frau Ortlepp und die im Haus weilenden jungen Leute haben sich im vergangenen Sommer oft in einer den Anstand verletzenden leichten Bekleidung im völlig offenen Hausgrundstück vor dem Nachbarn gezeigt. Dadurch haben sich die Nachbarn moralisch abgestoßen gefühlt. Im vergangenen Sommer sollen bei der Frau Ortlepp auch Juden ein- und ausgegangen sein." - Man schreibt das Jahr 1937.

Eine Tragödie nimmt ihren Anfang. Für das Ehepaar beginnt eine Leidenszeit mit Quälereien und Niederträchtigkeiten. Mehrfach wird Lucy Ortlepp im Februar und März 1939 aufgefordert, den zweiten Vornamen Sara zu führen. 1943 wird sie über Theresienstadt nach Auschwitz deportiert und dort im gleichen Jahr ermordet.

Das Thüringische Staatsministerium, namentlich Hermann Brill, beruft Dr. Paul Ortlepp am 12. Mai 1945 wieder in den Staatsdienst und ernennt ihn zum Direktor der Landesbibliothek. Am 23. Mai 1945 heiratet Paul Ortlepp ein zweites Mal, Ida Martha Hoffmann, eine Freundin seiner ermordeten Frau Lucy. Kaum ist der neue Direktor in sein Amt wieder eingeführt, hält ihn ein schweres Krankenlager von seinem Dienst fern. Am 24. Juli 1945 stirbt er an den Folgen der Räumung des Sophien-Krankenhauses durch die Rote Armee, da er dort gerade frisch operiert worden war.

Das Haus bleibt bis 1974 im Besitz von Ida Martha Ortlepp, danach ihrer Nichte. 1994 wird das denkmalgeschützte Haus verkauft. Mit privaten Mitteln 1995 umfangreich und denkmalgerecht saniert, bleibt an der Eingangspforte das schmale Namensschild Ortlepp nicht nur achtungsvolle Reminiszenz, es ist vielmehr äußeres Zeichen, daß hier noch heute das Andenken an die einstigen Bewohner lebendig erhalten wird.

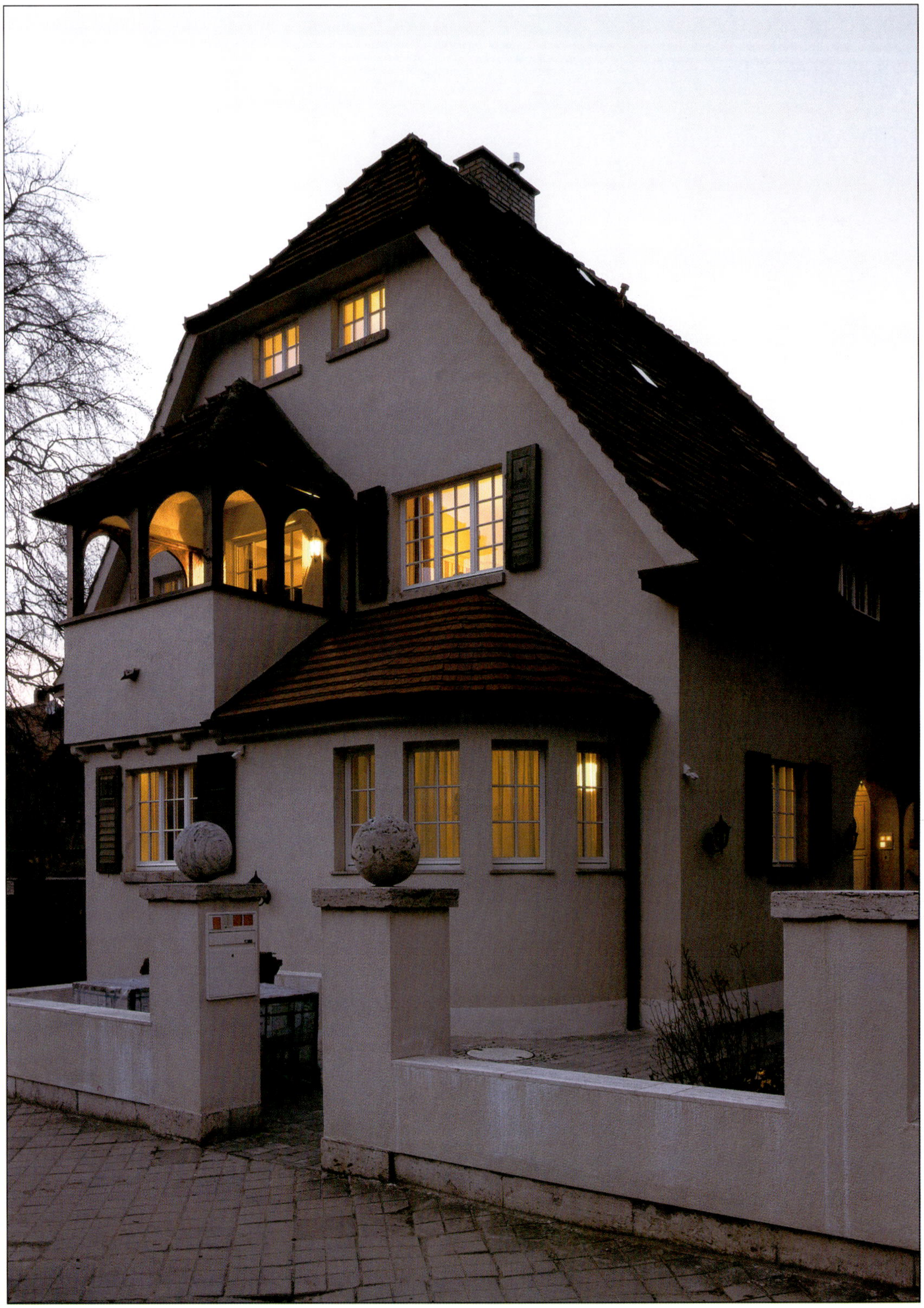

Cranachstraße 42

Bei der Wahl ihres Wohnortes sind sie sich rasch einig: Weimar muß es sein. Während ihre Familien in Erfurt beheimatet sind, sich dort auch ihre Schuhfabrik befindet, zieht es die Eheleute Georg und Wilhelmine Ducké, geb. Hesse, in die benachbarte Klassikerstadt. Doch auch bei der Wahl des Architekten ihres Landhauses an der Cranachstraße 42 greifen die Duckés auf Heimatliches zurück und beauftragen Alfred Crienitz. Er entwirft ein einstöckiges, doch sehr geräumiges Wohnhaus, dessen vielteilige Kubatur und reiche Innenausstattung jeden Besucher entzückt. Bis zu ihrem Verkauf im Juli 1995 bleibt die Villa im Besitz der Erbengemeinschaft Ducké-Hesse. Die Villa steht heute als Einzeldenkmal unter Schutz und ist behutsam saniert und restauriert.

56
Georg Ducké

Lässig umfaßt die linke Hand den Bogen, die rechte zieht aus dem Köcher einen Pfeil. Diana im Jagdfieber. Das kniekurze Röckchen vom Winde verweht. Oder ist es vom schnellen Lauf, den sie plötzlich abgebremst? Aus fernen Zeiten und Ländern grüßt die graziöse Gipsgestalt, zu spielerischer Anmut gewunden die floralen Stuckornamente an beiden Seiten des Medaillons.

Reich an Details ist die erlesene Ausstattung der Villa. Der griechischen Mythologie entlehnt sind die fragilen Figuren, hellenische Tänzer und Musikanten. Zu erhabener Größe erstarrt. Figürliche Stuckreliefs in einer Fensternische, fein ziselierte florale Stuckapplikationen über dem Sturz der Fensternische im Treppenhaus, Erker mit Einbauschrank und hölzerner Kassettendecke: „Der hat an nichts gespart und beste Qualität verwenden lassen", staunten Baufachleute nicht schlecht, als vor einem Jahr nach ihrem Verkauf die Villa an der Cranachstraße 42 grundlegend renoviert wurde.

Der Schuh-Fabrikant Georg Ludwig Ducké (gest. 1943) war ein wohlhabender Mann. Warum es aber ihn, ein Kind Erfurts, 1912 ausgerechnet nach Weimar zog, darüber ist müßig zu spekulieren. Die reine Luft? Die Kultur? Die günstigen Baupreise? Es ist nicht mehr rekonstruierbar. Nachfahren gibt es keine. Das Ehepaar Georg Ludwig Ducké und Wilhelmine Ducké, geb. Hesse, blieb kinderlos. Und Nachforschungen in der weitverzweigten Erbengemeinschaft erbrachten keinerlei Hinweise auf Lebensstil und -gewohnheiten.

Eine alte Photographie zeigt die Eheleute bei einem Kuraufenthalt. Elegant gekleidet alle beide, sie in einer cremefarbenen Kombination, er im hellen Anzug mit dunkler Krawatte. Untersetzt, von robuster Statur, die Augen hinter kreisrunden Brillengläsern verborgen - so tritt uns Georg Ducké entgegen, ein nobel-kultivierter Herr. Seine Gattin, sehr schick, doch durchaus mit pragmatischem Sinn, wie ihre bequemen Laufschuhe verraten.

„Vielhabend zu sein", heißt es bei Goethe, „ist eine lästige Sache, wenn man es nicht versteht." Wie uns jedoch ein Blick auf und hinter die Mauern ihres 1912 von dem Erfurter Architekten Alfred Crienitz erbauten Landhauses lehrt, scheinen sie „es" sehr wohl verstanden zu haben. Der erste Eindruck ist ein anheimelnder. Der zweite läßt aufmerken: Ein reich differenzierter Baukörper, vielteilig sind Grundriß und Kubatur. Krüppelwalmdächer mit Ziegeleindeckung fügen sich zu anspruchsvoller Optik. An den vier Außenseiten unterstreichen niedrige

Anbauten das gediegene Ambiente. Daß Georg Ducké durchaus ein Mann des Fortschritts war, zeigt eine bauliche Notwendigkeit, die gewöhnlich nicht thematisiert wird: Die biologische Kläranlage. Noch bevor allgemein das Spülsystem für Toiletten eingeführt ist: der Ducké'sche Haushalt hat eines: „Als Klosett dürfen nur Syphonschüsseln zur Verwendung kommen", steht in den Bauakten zu lesen, „die eine jedesmalige automatische Spülung von mindestens acht Liter Wasser zulassen."

Georg Ducké ist seiner Zeit weit voraus, er ist ein erfahrener, vor allem aber ein klug kalkulierender Geschäftsmann. Die Erfurter Schuhfabrik mit ihrem Firmensitz an der Rudolstädter Straße 39 und weiteren Räumen an der Bahnhof- und Louisenstraße, am Mainzerhofplatz und am Wermutmühlenweg 11 führt er gemeinsam mit seinem Bruder Wilhelm.

Das Ehepaar Georg und Wilhelmine Ducké, geb. Hesse, zog es 1912 aus Erfurt nach Weimar. Georg Ducké gehörte mit seinem Bruder Wilhelm zur Prominenz der Erfurter Schuhindustrie.
Das Foto entstand um 1930 bei einem Kuraufenthalt.

Eine gute Startposition verschafft sich die Fabrikantenfamilie durch die Produktion von Kommißstiefeln. Zweifellos gehören Georg und Wilhelm Ducké zur Prominenz der Schuhindustrie, die in Erfurt seit dem 19. Jahrhundert zu einem bedeutenden Wirtschaftszweig herangewachsen ist. Auch ohne konkrete Anhaltspunkte ist unschwer an der reichen Bautätigkeit der Brüder ablesbar, daß das Geschäft floriert. Damit verdient auch Architekt Alfred Crienitz (1881-1965) manche Reichsmark: 1909 errichtet der Baumeister, der später in Erfurt u.a. die Senffabrik Born und die Thüringenhalle entwarf, das Erfurter Firmengebäude der Gebrüder Ducké, 1912 die beiden Villen der Firmeninhaber. Während Wilhelm Ducké in Erfurt bleibt, zieht es den feingeistigen Georg ins nahe Weimar, das einst Egon Erwin Kisch „eine zur Stadt erhobene Dichterbiographie" genannt hatte. Einen geeigneten Bauplatz findet das Ehepaar im noblen Südviertel, zwei Parzellen werden erworben, summa summarum 1.900 Quadratmeter. Daß ihm neben der Ökonomie auch die Ökologie am Herzen liegt, auch das dokumentiert der Bauantrag. So soll „das jetzige, mit Obstbäumen bepflanzte Terrain", das rund 1,50 Meter unter der Straßenkrone liegt, „zwecks Erhaltung der Bäume auf dieser Höhe verbleiben, nur die Strecke von der Straße bis zum Haupteingang soll Auffüllung bis zur Höhe der Straße erhalten." (Und einige der alten Bäume stehen auch heute noch.) Gegenüber läßt Graf Dürckheim sich von Henry van de Velde ein Palais errichten.

Das Erdgeschoß des Ducké'schen Baus wird dominiert von dem 34 Quadratmeter großen Speisezimmer und seiner holzsichtigen Balkendecke. Mit 13 Quadratmeter großzügig bemessen ist der Wintergarten, in dessen Wand ein Sandsteinbrunnen eingelassen ist.

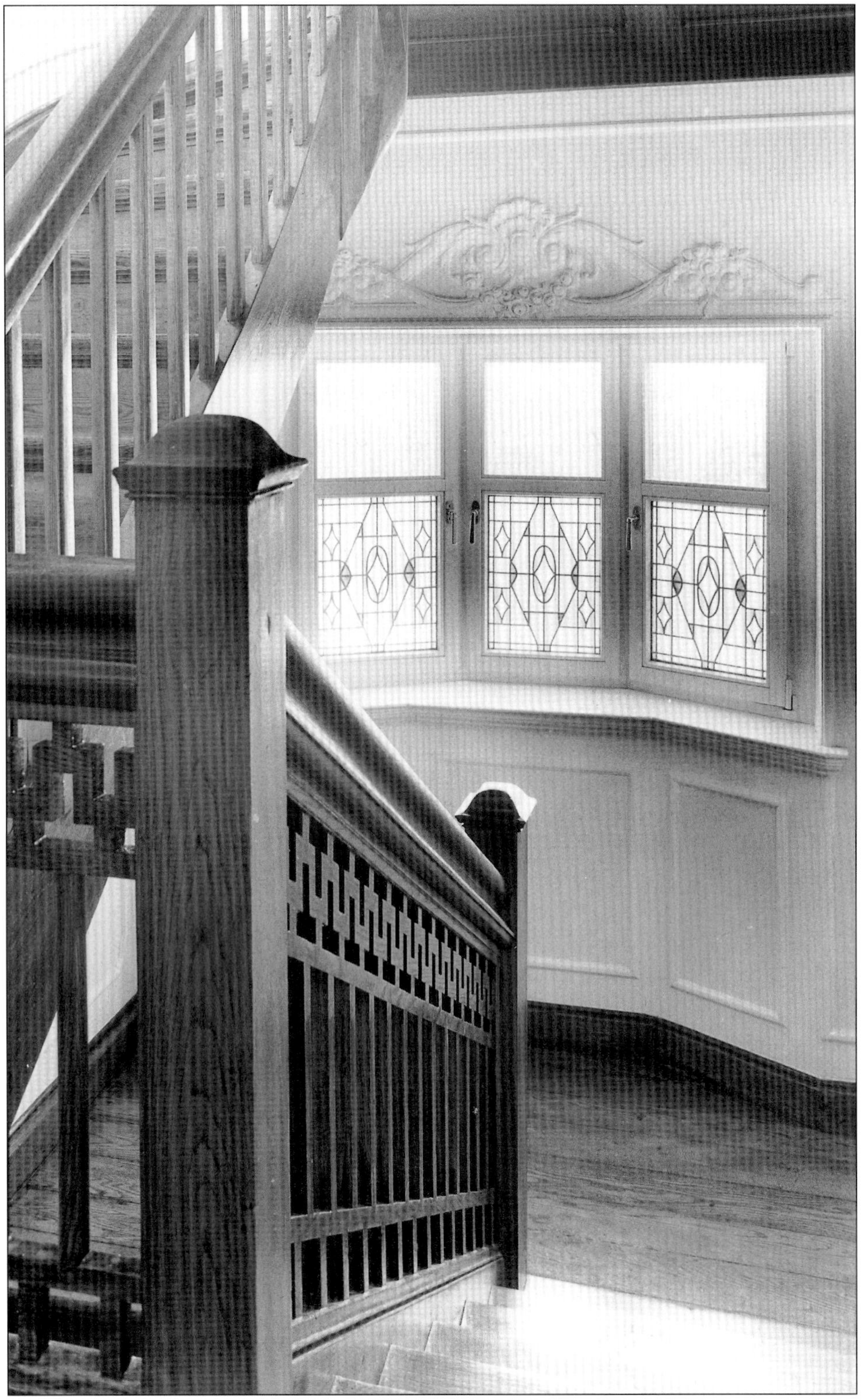

Ebenso generös angelegt sind auch das angrenzende Herrenzimmer und der Salon. Das Obergeschoß ist den Schlafräumen vorbehalten und dem Mädchenzimmer. Im Kellergeschoß läßt Georg Ducké eine Hausmeisterwohnung einbauen. Eine ruhige Wohngegend, vornehm und kultiviert.

Das Ambiente mag den weiten Weg zur Firma in Erfurt durchaus aufgewogen haben. „In dieser mit gediegenen Möbeln, Teppichen, Gemälden, Porzellan und anderen Kunstgegenständen ausgestatteten Umgebung verlebte er mit seiner Frau Wilhelmine glückliche Jahre", erinnert sich Traute Kaltenecker an Gespräche mit ihrer 1963 gestorbenen Cousine Ingelene Hesse, Großnichte von Wilhelmine Ducké. Georg Ducké starb 1943 „nach einem arbeitsreichen Leben, in dem er sich für die Mitarbeiter der ihm gehörenden Schuhfabrik in Erfurt sozial sehr engagiert hatte".

Wie Frau Kaltenecker weiter berichtet, fand „nach dem Krieg auch der sowjetische Stadtkommandant von Weimar das Haus besonders attraktiv und Wilhelmine Ducké mußte es ihm überlassen. Sie starb 1958 in Geschwenda, wohin sie übergesiedelt war. Das Villengrundstück hatte sie in ihrem Testament ihrer langjährigen Haushälterin für treue Pflege vermacht. Da diese jedoch vor Wilhelmine Ducké bereits im Jahr 1957 starb, fiel die Villa den anderen in ihrem Testament bedachten Erben zu."

Es fand sich ein Verwalter, Horst Findeisen, der das Haus gut verwaltet und, soweit ihm möglich, gut erhalten hat. Mit dem Verkauf im Juli 1995 begann ein neues Kapitel der 83 Jahre umfassenden Chronik der Villa und eine denkmalgerechte und behutsame Sanierung ihrer heruntergekommenen Bausubstanz. Nun zückt Diana, zuvor unter dickem Anstrich fast verborgen, um so schwungvoller aus dem Köcher den Pfeil.

Nachtrag: Daß der Familie Dr. med. Mario Torka der Vorrang beim Erwerb der Immobilie gegeben wurde, ist dem Verantwortungsgefühl der Erbengemeinschaft und ihrem Traditionsbewußtsein zu danken. Denn die Gegenwart läßt durchaus Parallelen mit der Vergangenheit zu: Wiederum wird das denkmalgeschützte Haus von einer einzelnen Familie bewohnt, die sich Weimar zum Lebensmittelpunkt erwählte. Erhalten bleibt auch der große Garten. Die Gefahr seiner Teilung und Bebauung, wie es ein mitbewerbender Investor wünschte, ist gebannt, und ein kulturvoller Ort im ursprünglichen Sinne ist in die Zukunft gerettet worden.

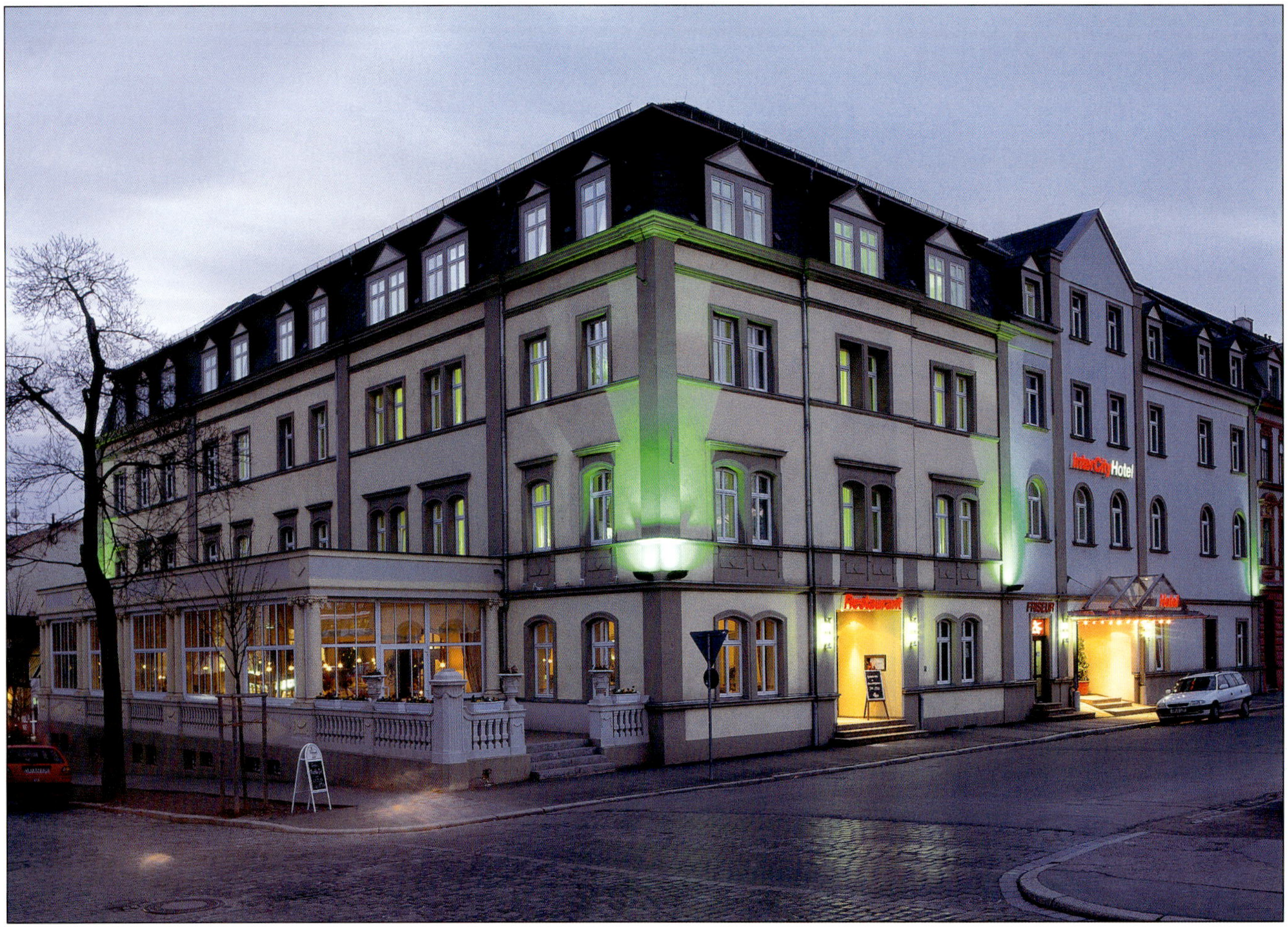
InterCity Hotel
Restaurant
FRISEUR
Hotel

Carl-August-Allee 17

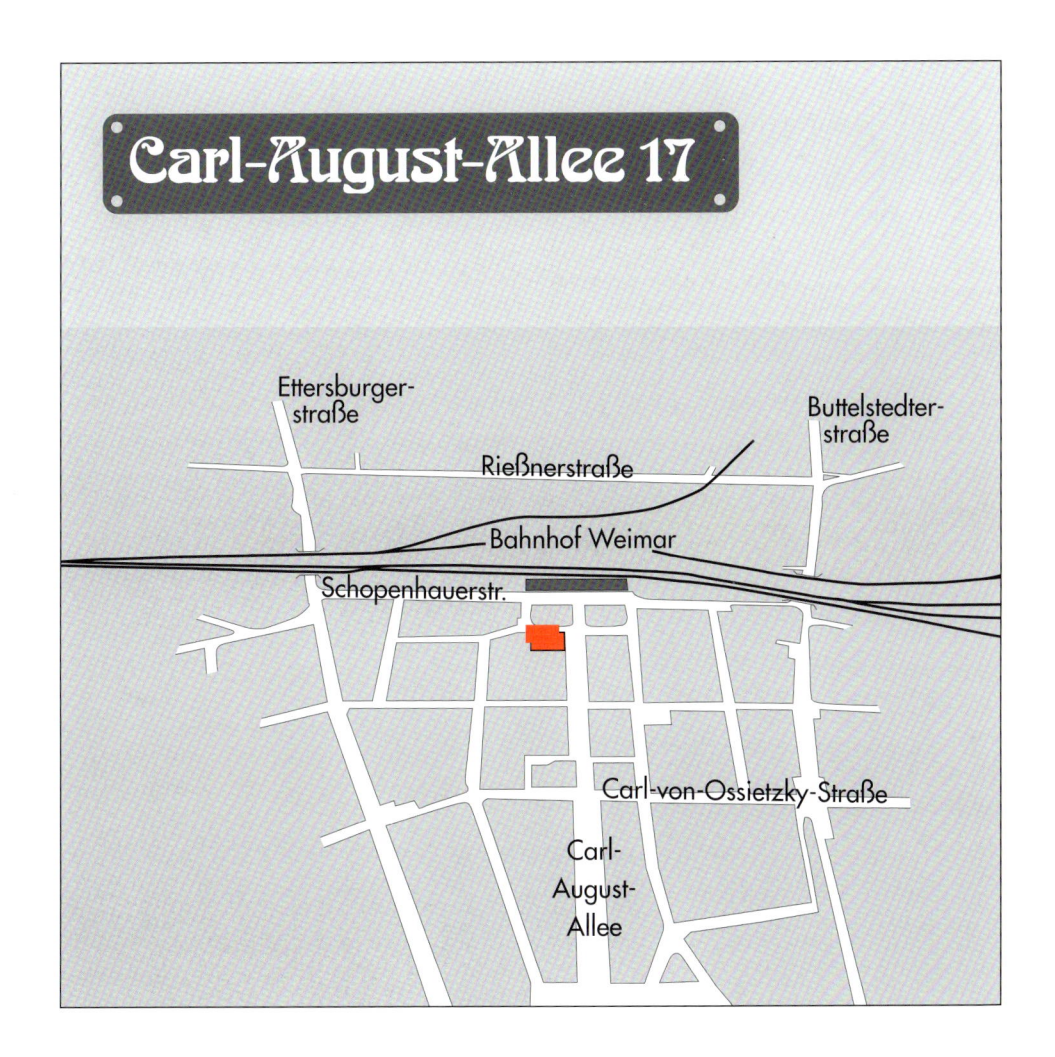

Thomas Mann logierte im „Hotel Augusta", ebenso Arnold Zweig und Martin Andersen Nexö und viele andere Persönlichkeiten aus Kultur, Wirtschaft, Politik und Kirche. Ihrerzeit waren die An- und Umbauten bereits erfolgt, die aus der einst zweigeschossigen Villa an der Sophienstraße 17 (heute Carl-August-Allee) einen reich strukturierten Baukörper entstehen ließen. Als 1867 nach Plänen von Architekt August Franke das Wohnhaus mit Wirtschaftsgebäude und Restauration errichtet wurde, zeigte sich die nördliche Vorstadt als ländliche Idylle. Niemand wird seinerzeit geahnt haben, daß mit dem Neubau ein Stück Hoteltradition in Weimar begründet wurde. Tradition und Innovation heißen die Stichworte, unter denen das gastliche Unternehmen in die Zukunft geführt wird.

57 Hotel Kaiserin Augusta

„Nun bin ich da, nun habe ich alles wieder vor Augen. Und nicht nur das, sondern traumhafterweise, ich bin ein Bürger der Stadt geworden, nach der ich mich damals sehnte." Thomas Manns Besuch zu den Goethe-Feierlichkeiten 1949 in Weimar ist in erster Linie dem damaligen Weimarer Oberbürgermeister Hermann Buchterkirchen zu danken. Logiert hat der Dichter und Ehrenbürger Weimars im „Hotel Kaiserin Augusta" vis à vis des Hauptbahnhofs. Der Weimarer Fotograf Ernst Schäfer erinnert sich: „Ich durfte Thomas Mann mit meiner Leica begleiten. Als Dank habe ich nach einer halbstündigen Plauderei mit ihm in seinem Hotelzimmer diese Widmung erhalten: ‚Dem hoch-geschickten Photographen Ernst Schäfer'".

Als Schäfer das Bild am Abend danach Thomas Manns damaligem Kraftfahrer George Motschan zeigt, kommentiert dieser am Kraftfahrer-Tisch im „Hotel Augusta" die zweideutige Bildunterschrift mit den Worten: „Thomas Mann ist nicht nur von uns in der Schweiz genügend gewarnt worden: Er traut niemanden von euch allen."

Im Jahr darauf ist es der Lyriker Arnold Zweig, den Ernst Schäfer porträtieren darf im „Hotel Augusta". Die mit einer 9 x 12 Großformat-Kamera gemachte Aufnahme findet den Beifall des neu ernannten Präsidenten der Deutschen Akademie der Künste. Er hätte dem ihm bislang unbekannten Weimarer Fotografen sonst wohl nicht ein so gutes Geleitwort zu dem ersten Bildband mit dem Titel „Erfurt" gegeben.

Auch der dänische Dichter Martin Andersen-Nexö weilte in den Mauern der „Augusta", desgleichen der erste Vorsitzende der Liberaldemokratischen Partei Deutschlands, Dr. Wilhelm Külz, und der Präsident des Lutherischen Weltkonvents, Landesbischof Dr. Hanns Lilje.

In der „Kaiserin Augusta" war am 3. September 1933 die HUK Coburg gegründet worden, dort trafen sich die freien Demokraten zur Gründungsversammlung der FDP Thüringen (29. Juli 1945), am 6. Januar 1946 vollzog sich am selben Ort die Zwangsvereinigung von KPD und SPD. Es scheint, als hätte das traditionsverbundene Haus vis à vis des Weimarer Hauptbahnhofes magische Anziehungskraft.

Als 1867 der Wirt Schuhmann aus Kleinroda am nördlichen Stadtrand von Architekt August Franke eine Restauration mit dazugehörigem Wohn- und Wirtschaftsgebäude errichten läßt, siedelt er mit seinem Betrieb in eine geradezu dörfliche Idylle. Äcker und ein von Bäumen gesäumter Bachlauf ziehen sich hangabwärts. Zwanzig Jahre zuvor war die Eisenbahnstrecke eröffnet worden. Es verkehren regelmäßig Züge nach Weißenfels und Erfurt, nach Halle und Kassel. In die Stadt gelangen die Reisenden in den ersten Jahren über einen unbefestigten Feldweg (Brennerstraße) oder mit einem Fuhrwerk über die Ettersburger Chaussee. Erst um 1863 wandelte sich allmählich das Bild. Die Achse Bahnhof-Landesmuseum, die Sophienstraße, gewinnt an Kontur. Aber der Ausbau der Bahnhofsvorstadt geht nur schleppend voran. Erst in den 1880er und 1890er Jahren folgt ein rascher Aufschwung.

Bald nach Vollendung des Hausbaus gerät der neue Besitzer Franz Horn, Mundkoch und Restaurateur, in ernste finanzielle Schwierigkeiten. Mehrfach angemahnt wird der Abputz des Wohnhauses, doch Horn muß das Amt vertrösten:

Der Schriftsteller Arnold Zweig (1887-1968) wohnte 1950 im Hotel Augusta. Ein Jahr zuvor hatte dort auch Thomas Mann (1875-1955) logiert.

Festlicher Empfang (um 1890).

„Das vergangene Jahr war für mich ein sehr ungünstiges und mit bedeutenden Verlusten verbunden, so mir auch das gegenwärtige wegen der schlechten Geschäfte auf meine Verhältnisse drückt, und es ist mir bei dem besten Willen nicht möglich, den Anstrich meines Wohnhauses jetzt ausführen lassen zu können." (29. 4. 1880). 1881 übernimmt Brauereibesitzer Büchner aus Erfurt das Haus, Pächter ist Ernst Reinhardt. Es muß recht vernachlässigt gewesen sein: „Ich habe in der letzten Nacht im ‚Hotel Kaiserin Augusta' logiert", klagt 1886 ein Alexander Winckler aus Arnstadt, „der Gestank vom Abort war unerträglich." - Dem kaiserlichen Namen, benannt ist das Hotel nach der Tochter des Weimarer Großherzogs Carl Friedrich und Maria Pawlowna, die später als Frau von Wilhelm von Preußen zur Kaiserin gekrönt wurde (1871), machte das Hotel erst drei Jahre später wieder alle Ehre.

Herr Reinhardt, er nennt das Hotel inzwischen sein eigen, beginnt eine reiche Bautätigkeit. Haus und Hofgebäude werden ausgebaut und aufgestockt, ergänzt und erweitert. Das Hotel hat 18 Zimmer mit 27 fertigen und drei Reservebetten. Weil die Nachfrage nach Logis derart groß ist, logiert Reinhardt Pfingsten 1890 etliche Gäste im noch nicht vollendeten Anbau und zieht sich prompt den Zorn der Großherzoglichen Bezirksdirektion zu.

„Durch den in Weimar gestiegenen Fremdenverkehr" sieht sich 1900 der neue Eigentümer Richard Dittmar veranlaßt, sein Hotel Sophienstraße 17 zu vergrößern, und zwar nach dem Jubiläumsplatz zu (heute: August-Baudert-Platz). Das Wirtschaftsgebäude läßt er abreißen und an seiner statt einen Saalflügel errichten: 20,20 Meter lang, 8,20 Meter breit, das Erdgeschoß dominiert der riesige Speisesaal, im ersten und zweiten Obergeschoß finden sich Fremdenzimmer.

1867 wurde an der Sophienstraße eine Hoteltradition begründet, die bis heute nicht abgerissen ist (1897).

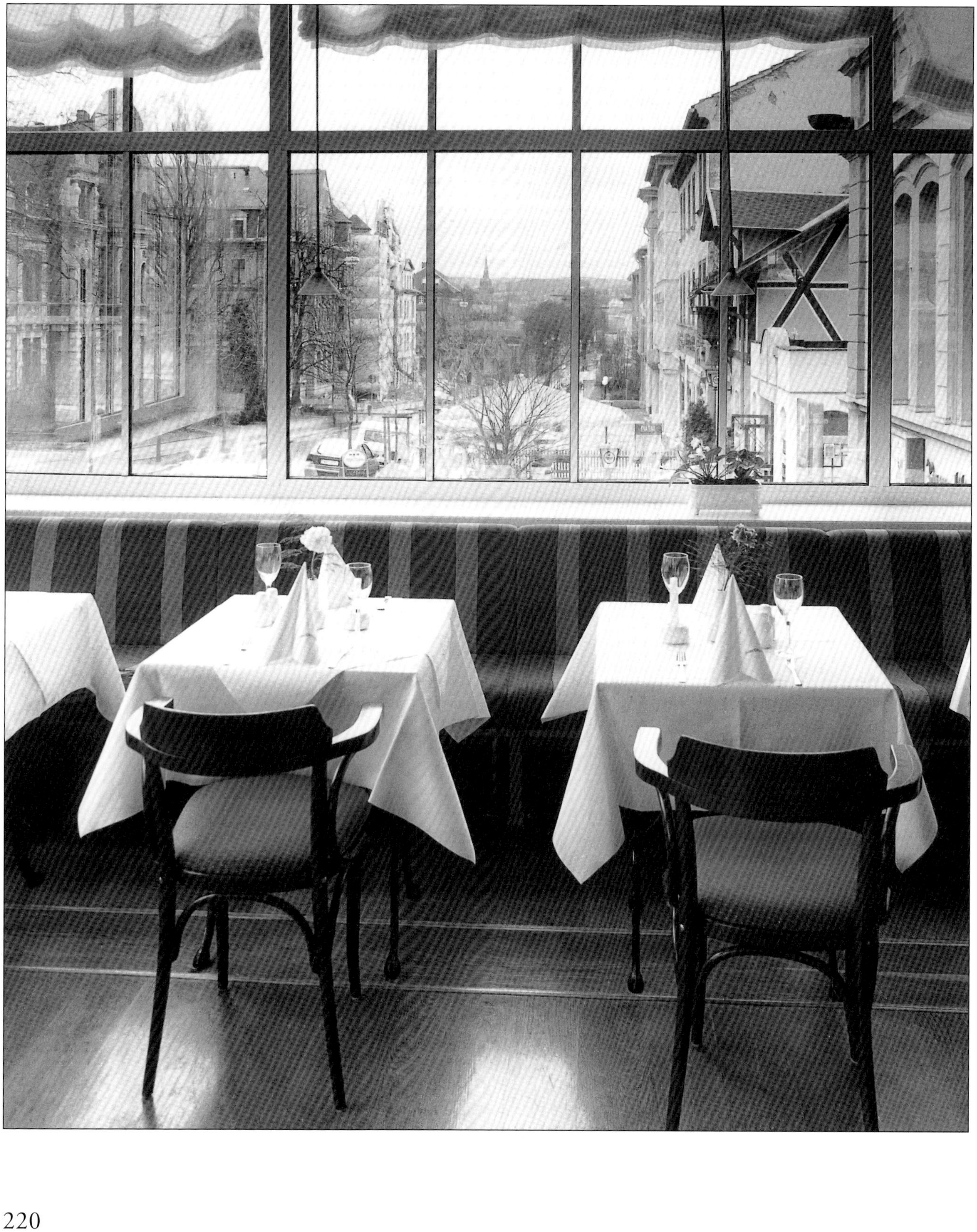

Wie der Blick in die Bauakten zeigt, bringt jeder Besitzerwechsel reiche Bautätigkeit. So auch 1909, als Richard Langsdorf sich zu neuerlicher Erweiterung genötigt sieht und dem markanten Gebäude einen Südflügel anfügt, Architekt: Rudolf Zapfe. Unter seiner Ägide wird 1909 im Vorgarten zur Sophienstraße eine massive bedachte Terrasse zur Ausführung gebracht: „aus geschäftlichem Interesse, hauptsächlich aber auch mit Rücksicht auf die Hebung des Fremdenverkehrs" (Richard Langsdorf).

„Größtes Haus 1. Ranges am Platze" wirbt 1927 das 100-Betten-Hotel mit der Kaiserkrone im Briefkopf; hingewiesen wird auch auf acht verschließbare Garagen. Drei Jahre später verfügt das Hotel über 15 Einzelgaragen, später über 20, verschließbar und heizbar, es gibt einen Wagenpfleger, im Hof einen Tank (Vertrag mit der Deutsch-amerikanischen Petroleumgesellschaft). Gerühmt wird die Küche des vornehmen gastlichen Hauses, ebenso die umfangreiche Weinkarte. Richard Langsdorf, von der Zeitschrift „Elegante Welt" als „einer der erfahrensten und bewährtesten Hoteliers in Deutschland" bekannt, ersucht 1930 das Stadtoberhaupt um bessere Wegweiser zu seinem Haus: „Der Fremdenverkehr hat in der heutigen Zeit durch das Auto kolossal zugenommen. Das ‚Hotel Kaiserin Augusta' ist für diese, mit dem Auto ankommenden Fremden sehr schwer zu finden." Später führt Langsdorf jun. das Hotel weiter.

„Es ist stets alles erstklassig", preist 1963 im Gästebuch ein Tourist aus Berlin, der das Hotel seit 1915 kennt. Aus der „Kaiserin Augusta" wurde 1951 das HO-Hotel „International". Die Zeiten haben sich gewandelt. Geblieben ist die individuelle und freundschaftliche Aufnahme. Ebenso die persönliche Fürsorge, die höfliche und zuvorkommende Bedienung. In Vorbereitung auf die Feierlichkeiten „1000 Jahre Weimar" wird das Hotel an der Leninstraße 17 restauriert.

Nach der politischen Wende beginnt 1991 auch für das geschichtsreiche Hotel eine neue Zeitrechnung: Mit der Privatisierung erfolgt die dringend notwendige Komplettsanierung und Modernisierung, Kosten: rund 26 Millionen Mark. Am 22. August 1994 darf die Wiedereröffnung als InterCity Hotel gefeiert werden. Bei aller Verbundenheit mit der Gegenwart und Aufgeschlossenheit gegenüber der Zukunft: Daß das gastliche Haus sich nach wie vor eng mit der Tradition Weimars verbunden fühlt, das beweist auch ein Blick ins stilvolle Foyer. Dort steht nämlich Zwiebelmarktkönigin Sandy-Maria Haupt, Auszubildende im Hotelfach, freundlich lächelnd hinter der Empfangstheke.

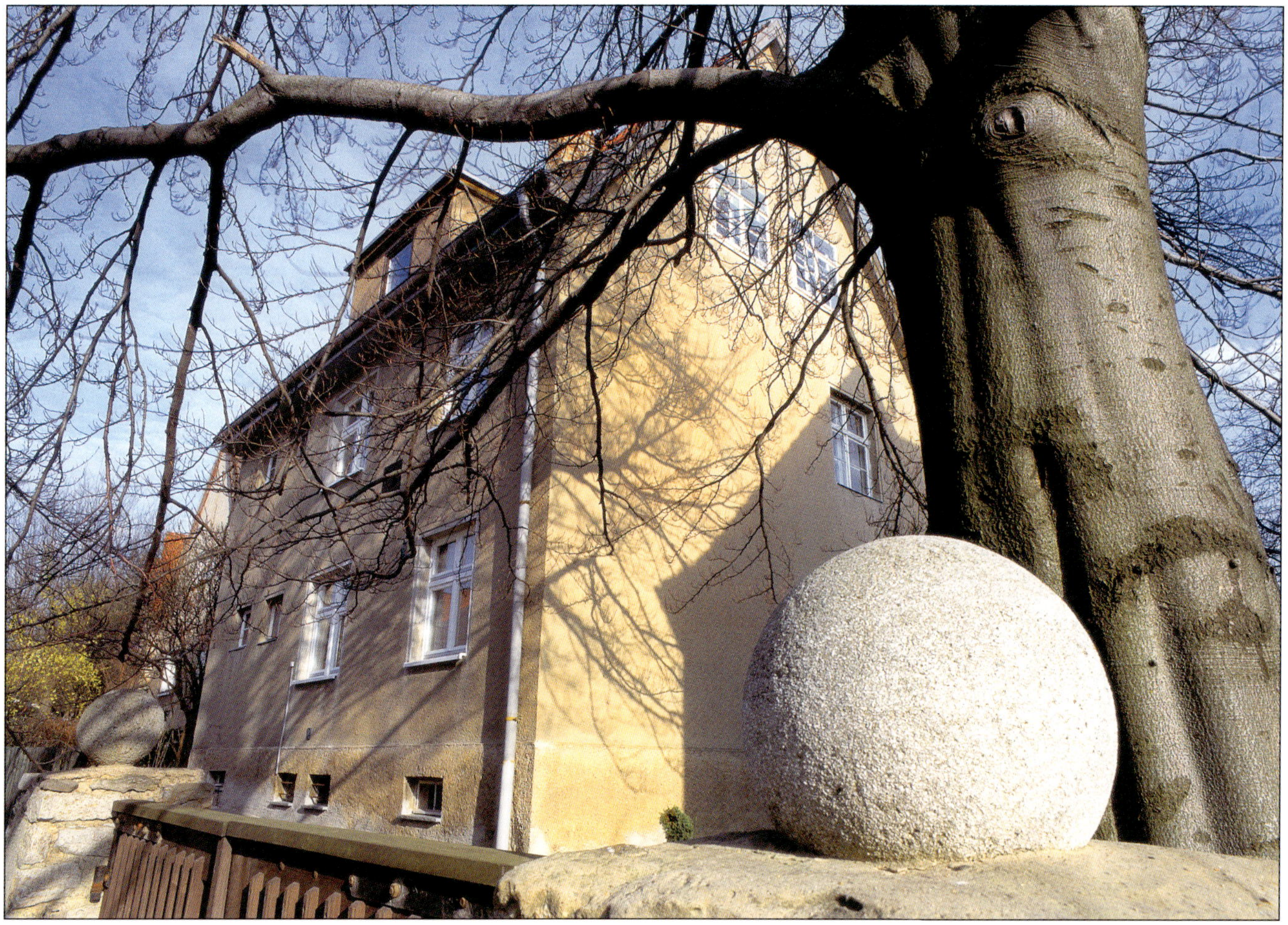

Bahnhofstraße 30

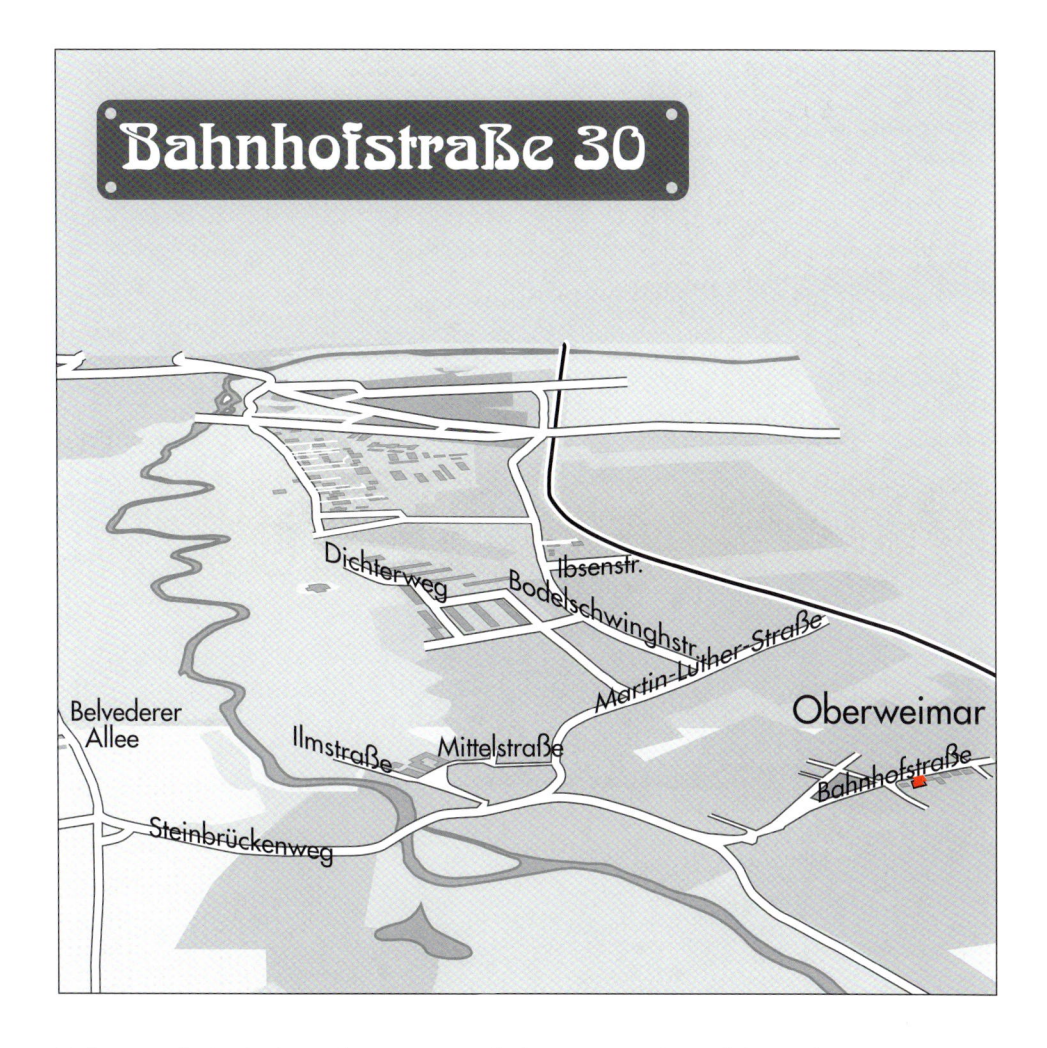

Leben und Werk der Juliane Karwath (1877-1931) sind heute kaum mehr bekannt. Daß ihr Nachlaß im Goethe- und Schiller-Archiv in Weimar verwahrt wird, dürften nur Eingeweihte wissen. Die Erinnerung an eine Schriftstellerin, die einst große Popularität genoß, ist verblaßt. Zu ihren Lebzeiten gab es indes reichlich Würdigungen ihres schriftstellerischen Wirkens, vor allem in einschlägigen Zeitschriften. Allerdings verdient sie nicht viel mit ihren Büchern, kann auch der schwachen Augen wegen nicht viel schreiben. Zeitlebens ist die Schriftstellerin durchdrungen von tiefer Melancholie und Pessimismus. Als sie 1926 mit ihrer Mutter Valerie ins ersehnte Weimar kommt, wohnen die Damen Karwath zunächst in der Kaufstraße 8, dann in der Bahnhofstraße 30 in Oberweimar. Ihre Sehnsucht nach Heimat und Ruhe aber findet auch hier keine Erfüllung.

58 Juliane Karwath

Das Haus ist unscheinbar. Ein Siedlungsheim aus den 20er Jahren unseres Jahrhunderts. Schlicht, funktional, ohne schmückendes Beiwerk. Nur die Tafel weckt Aufmerksamkeit. Eine Bronzetafel, kaum lesbar von der Straße aus. Weckt mehr Fragen, als sie beantwortet. Vorübergehende halten inne. Wollen wissen: Wer war sie, die Schriftstellerin Juliane Karwath? Julie, Julia, wie ihr Name einst abgekürzt wurde. Verblaßt ist heute die Erinnerung an eine Literatin, deren letzte Lebensstation Weimar wurde.

„Wenn nicht die Wohnungsschwierigkeiten wären, würde ich versuchen, in Weimar zwei leere Zimmer zu mieten und allein zu leben, aber es ist unmöglich." So schreibt die 46jährige im Februar 1923 in einem Brief an Sophie Hochstetter. Zwei Jahre später soll der Wunsch in Erfüllung gehen. Die ersehnte Ruhe aber findet die zeitlebens unverheiratet bleibende und mit ihrer Mutter Valerie zusammenlebende Juliane nicht. Zunächst haben sie Quartier in der Kaufstraße 8, zweiter Stock. Als sie das Haus räumen müssen, ziehen die Damen Karwath in die Bahnhofstraße 30 nach Oberweimar. „Die Miete in dem Neubau, wohin wir wegen bevorstehenden Hausabbruchs ziehen mußten, ist allerdings für unsere bisherigen Einkünfte recht hoch, jedoch liegt die kleine Wohnung wenigstens im Grünen." Labsal für die Augen Julianes, die ihr von Kindheit an Probleme bereiten.

Als die Kriegerwitwe Else Gernhardt 1927 den Bauantrag für das Dreifamilienhaus stellt, ist die Bahnhofstraße ein Weg zwischen Wiesen und Feldern. Für den späteren Ausbau der Straße hat die alleinstehende Mutter bei der Stadthauptkasse eine Kaution in Höhe von 1.254 Mark zu hinterlegen. Zum Vergleich: Der Grundstückswert wird seinerzeit mit 1.600 Mark angegeben. Als das Haus bezugsfertig ist, am 16. August 1928, mieten Juliane Karwath und Mutter Valerie das erste Obergeschoß: drei Zimmer, etwas mehr als 36 Quadratmeter, Küche, Bad und Balkon. Mehr genannt, als wirklich bekannt ist Juliane Karwath (1877-1931) auch nach Erscheinen ihrer zwölf Bücher, zahlreicher Erzählungen und Novellen, die teils in Zeitschriften publiziert wurden.

„Diese Frau könnte meines Erachtens das Maaß einer Selma Lagerlöf erreichen", glaubt die Dramatikerin Sophie Hochstetter schon 1919 unverbrüchlich an eine günstige Zukunft der Freundin: „Sie sind es, die ich von allen Schriftstellerinnen am meisten bewundere." Sie macht Juliane Mut, den eigenen Weg zu gehen, nennt sie in einem Atemzug mit Selma Lagerlöf und Gerhart Hauptmann.

Die Schriftstellerin Juliane Karwath (1877-1931) zog 1926 nach Weimar. Zu ihren bekanntesten Büchern gehören „Das schlesische Fräulein" und der Roman „Die Droste".

„Es ist eine Schande für unsere Kultur, wenn Sie Elementar- oder Gott weiß welchen Unterricht geben. Ich selbst lebe von meiner Arbeit, habe ein kleines elterliches Erbe." Ein Inserat will Sophie aufgeben, darin ein solventer Unterstützer für Julie gesucht wird. „Das Buch, das ich von Ihnen erhoffe, müße den kompositionellen Reichtum des Fräuleins haben und die Dinge des Eros und Tugendbrief. Zum Teufel, dann soll alles schlesische Zeug von Gerhart Hauptmann blasses Schemen sein."

Den ermunternden Zuspruch hat Juliane Karwath bitter nötig. Als sie 1922 von Gera in die Blumenstadt Erfurt übersiedelt, muß sie resigniert feststellen: „Meine Bücher sind hier in allen Buchhandlungen vollkommen unbekannt." Gegenüber ihrem Stuttgarter Verleger bekennt sie: „Und es läge mir sehr viel daran, als Schriftstellerin in Erfurt Boden zu gewinnen."

Eine tiefe Melancholie zieht sich durch ihre Briefe und autobiographischen Skizzen. Schwermütig ist sie und freudlos. „Mir ist noch immer, als ob ein Lastwagen mir alle Knochen gebrochen hätte. Das waren böse Zeiten. Was mag noch kommen?" klagt sie im Februar 1923 in einem Brief an Sophie Hochstetter.

Indes, sie war schon wer! Mit Ricarda Huch befreundet, von Clara Viebig bewundert, aber auch gefürchtet, weil sie zu allen Verabredungen zu spät kam, dem Kreis der Sophie Hochstetter angehörend, von Hans Brandenburg, Willibald Köhler und anderen gefördert. Geboren in Straßburg im Elsaß als Tochter eines katholischen Polen und einer protestantischen preußischen Offizierstochter, aufgewachsen im schlesischen Neisse. Über die Trostlosigkeit ihrer Kinderzeit trägt sie „das Gefühl, als ob dies alles nicht das Eigentliche sei, etwa, als ob ich in einem Traume lebe und die Wirklichkeit irgendwo hinter Nebeln stünde. Und

> In diesem Hause wohnte die Schriftstellerin Juliane Karwath v. 1928 bis zu ihrem Tode im Jahre 1931

in dem Suchen und Träumen nach ihr entstand mein Fabulieren." Nur eine Wirklichkeit gibt es für sie: das sind die vielen Bücher in ihrem Elternhaus. Mit vier Jahren kann sie lesen und kommt viel später in die Schule als andere Kinder. Die hochkultivierte Mutter hatte ihr das Lesen und Schreiben spielend beigebracht. Aber als sie später „die ersten hilflosesten Arbeiten kaum niederzuschreiben begann, tauchte das Gespenst des Erblindens vor mir auf, und die ganze Welt der Bücher und Farben versank für mich auf lange." Eine Kinderkrankheit, deren Nachwirkung auf die Augen schlug, verbot jegliches Lesen. Juliane wird Haushaltungslehrerin. Besteht das Examen mit dem Gesamtprädikat „gut". Im Kochen ist sie „ganz ausgezeichnet". Erst auf Drängen Sophie Hochstetters und der eigenen inneren Gestimmtheit, gibt sie fast zwei Jahrzehnte später, 1922, den Lehrerinnenberuf auf, der sie durch halb Deutschland geführt hatte.

Auf Initiative von Else Gernhardt, Bauherrin und Hauseigentümerin, hat die Deutsche Schillerstiftung Ende der 50er Jahre an Juliane Karwaths letzter Lebensstation eine Gedenktafel anbringen lassen.

227

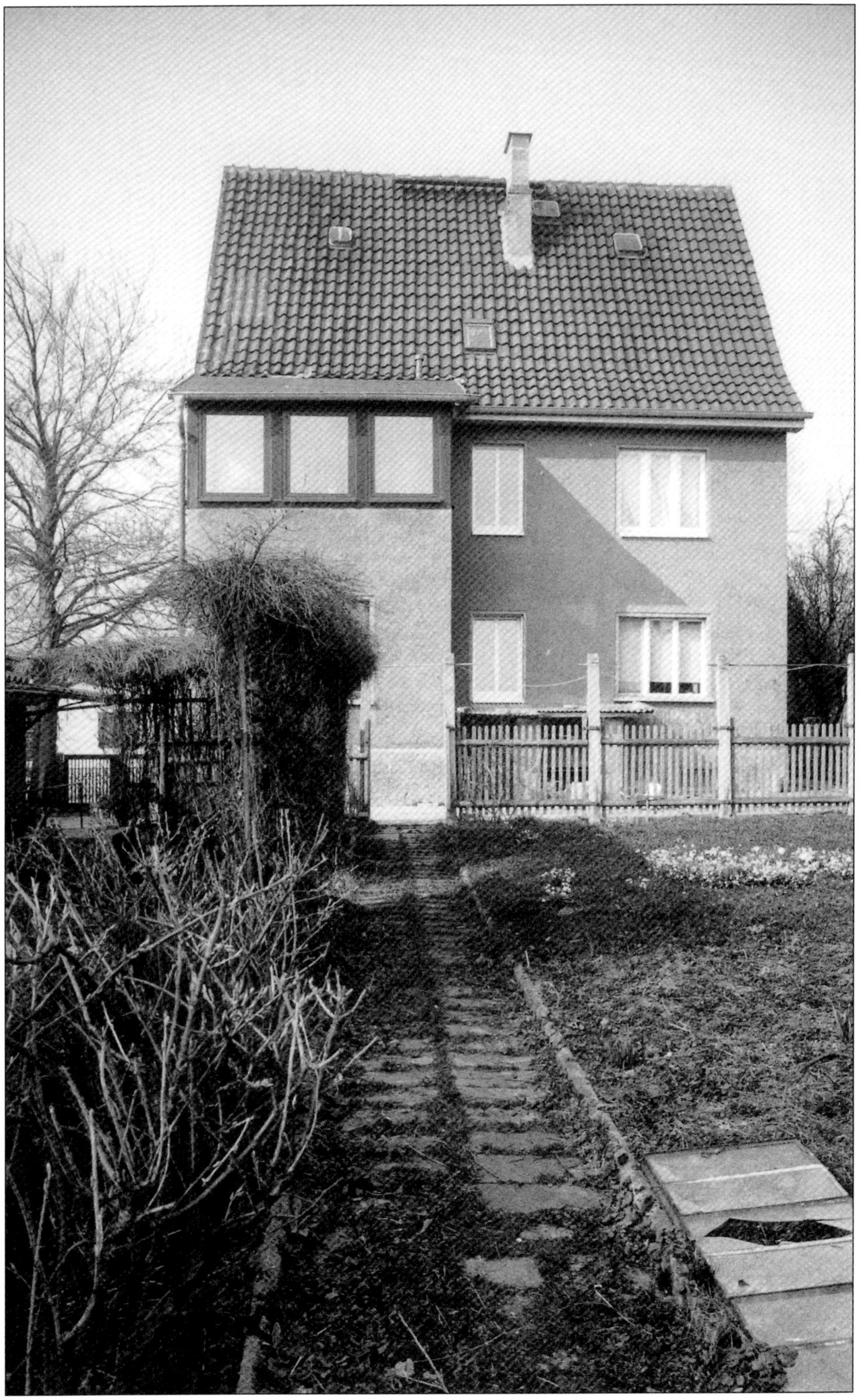

Immer ein wenig ruhelos, immer auf der Suche nach einer Heimat, erkennt Juliane Karwath zuletzt, daß Schlesien ihr Schicksalsland war, als sie den Quellen ihres Ursprungs nachgeht, alte Familienpapiere durchstöbert und sich selbst in einer Urahne wiederfindet, von deren Leben und Schicksal uns „Das schlesische Fräulein" berichtet, ihr wohl erfolgreichster Roman.

Ungeachtet ihrer schwachen Gesundheit, die immer wieder sie in zitternde Angst vor dem Erblinden setzenden schwachen Augen, in äußerster Bedrückheit, oft frierend und hungernd, mit Mutter und Schwester, die ihrer Begabung niemals gerecht wurden, im ewigen Zwiespalt, so verbringt Juliane Karwath die letzten zehn Jahre ihres einsamen Lebens. Einmal, da lebt sie schon in Weimar, sendet ihr Elisabeth Förster-Nietzsche 50 Mark, und entschuldigt sich, daß es nicht mehr hat sein können.

Alles andere als zukunftsfroh, hat Juliane Karwath sich längst zurückgezogen, macht kaum Besuche. Weder bei der Schwester des Dichterphilosophen, noch bei Erika von Watzdorf-Bachoff, Heinrich Lilienfein. Hans Bücker aus Münster, mit dem Juliane viele Jahre befreundet war, berichtet in seinem Tagebuch von einer letzten Begegnung mit ihr in Weimar (13. Mai 1930): „Gestern war das Wiedersehen mit Juliane. Sie empfing mich gütig, gemessen, wie ein Mensch, der Scheu vor der Umwelt hat. In ihrem schwarzen Stricksweater wirkte sie äbtissinnenhaft, ihre feingliedrigen Hände, mit der zarten Tönung ehrwürdigen Altelfenbeins vertieften den Eindruck des Weltabgewandten. Julianes Stirn war hoch und klar, ihre Stimme voll und dunkel im Klang. Wenn sie von der Mutter sprach, nahm ihr Gesicht einen furchtsamen spähenden Ausdruck an. Die Mutter bedrohte sie, sagte zu ihr: ‚Du hast kein Recht zu leben.' Sie ist wie eine Wachträumende."

Noch am 15. November 1931 fleht Sophie Hochstetter Juliane an: „Behalten Sie die Zuversicht, alles wird besser." Einen Monat später ist Juliane Karwath tot. Gestorben an der sogenannten Spitzenkrankheit. Die Schillerstiftung wird ihr Erbe, bekommt all ihren schriftlichen Nachlaß. Ihre Möbel werden versteigert.

Künstlerisches Tun war für Juliane Karwath „nicht Spielen, sondern der Versuch, dem großen Spiel, das mit uns geschieht, nachzuspüren".

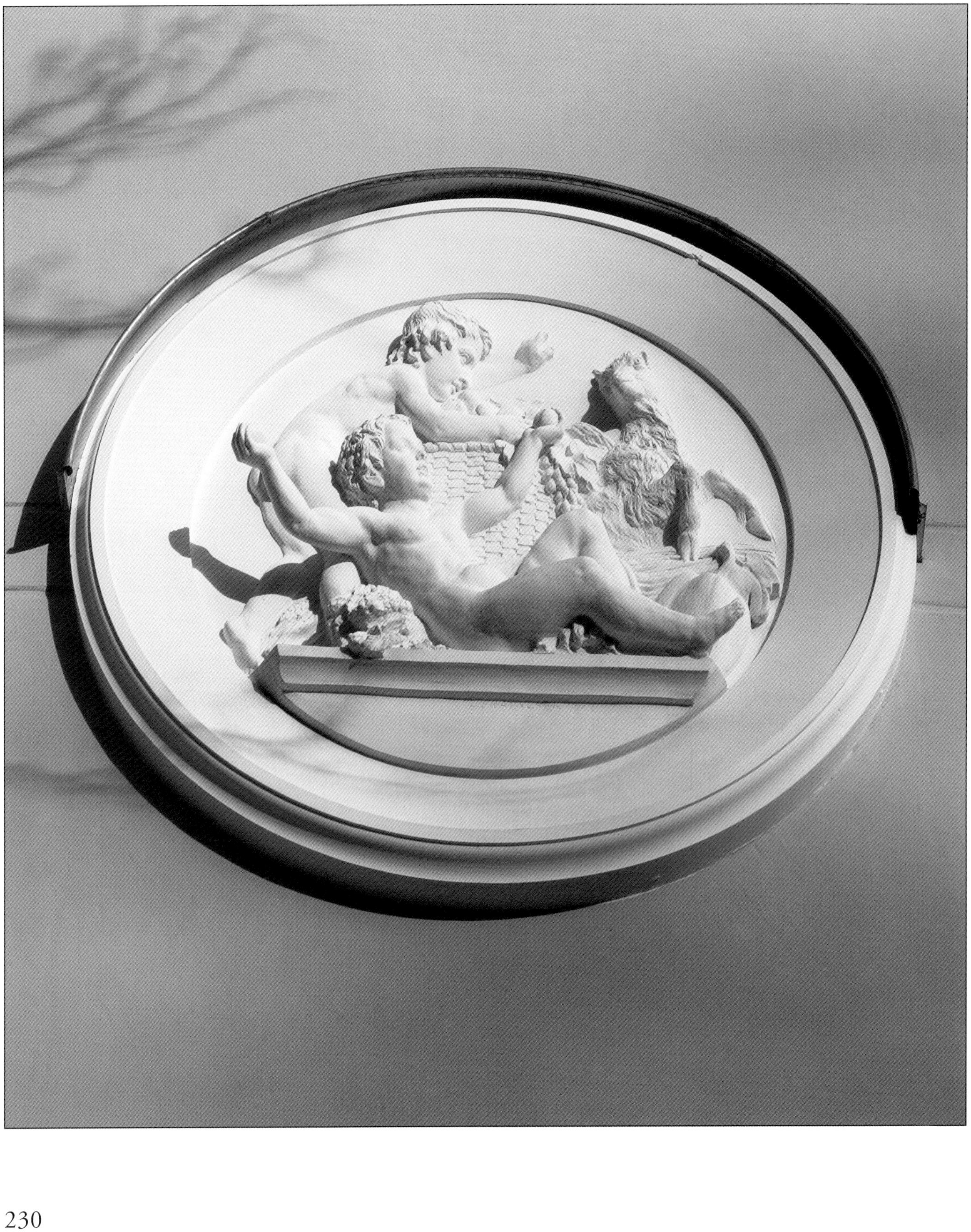

Mittelstraße 16

Erst als sie schon jenseits der 60 ist, zieht Anna Freifrau von Münchhausen (1853-1942) mit ihrem Sohn Thankmar nach Weimar. Als Wohnsitz wählt sie das Haus an der Mittelstraße 16 in Oberweimar. Sie, die aus dem noblen Baden-Baden kommt, schreibt begeistert über das neue Domizil und scheut es nicht, auch noch das Nebengebäude ausbauen zu lassen. Die Mittelstraße 16 wird schnell zu einem Mittelpunkt für Weimars Geistesleben. So pflegt die Baronin einen regen Austausch mit dem Ehepaar Klee, mit Elisabeth Förster-Nietzsche, Alfred Ahner ist bei ihr zu Gast, auch Rainer Maria Rilke gut bekannt mit ihr. In den Jahren großer wirtschaftlicher Not rückt die Gesellschaft um die Baronin zusammen. Sie selbst erlebt noch Hitler und den Beginn des Krieges. Nach ihrem Tod wechselt das Haus mehrfach den Besitzer, zeitweise ist die Grundschule Oberweimar dort untergebracht.

59 Anna von Münchhausen

Wer vom Ilmpark kommend, dem Bienenmuseum zustrebt, passiert linker Hand ein gediegenes Wohnhaus, das mit fein durchgebildeten Stuckarbeiten auffällt. Reizender Blickfang auf grauem Grund. Die Eingangstür liegt hinter dem blendenden Weiß einer Holzpforte vor zudringlichen Blicken geschützt, ebenso der Hof. Eine Oase der Ruhe an der Mittelstraße 16 in Oberweimar. Anna Freifrau von Münchhausen (1853-1942) wurde sie zur Heimat im besten Wortsinne. Aus dem noblen Baden-Baden war sie anno 1922 mit ihrem Sohn Thankmar (1893-1972) an die Ilm gekommen.

„Unsere Wohnung ist wunderschön und stattlich, die Vorderzimmer trotz Südseite düster, aber mein Schlafstübchen voll Behagen, Heimlichkeit und Anmut", vertraut die Witwe des Konsuls Thankmar Freiherr von Münchhausen am 6. August 1922, knapp drei Wochen nach dem Einzug, ihrem Tagebuch an. „Das Balkonzimmer ist Reich der Erinnerung. Thankmar soll Gegenwart sein, aber er hängt auch seinen Teil an die Wände."

Doch Anna von Münchhausen ist bei aller Verehrung des Vergangenen eine fortschrittliche Frau. Es braucht nicht lange, da steht sie in engem Kontakt zu den in Kunst und Literatur Weimars herausragenden Persönlichkeiten. „Abends Musik bei Gräfin Dohna, Maler Paul Klee und Frau spielen wunderschön Violin-Sonaten von Bach, Mozart, Schumann. Das Ehepaar gefällt mir ungewöhnlich", gibt der Tagebucheintrag vom 1. November 1925 beredtes Beispiel. Gut bekannt ist sie mit Rainer Maria Rilke. Allein vier Briefe an Anna Freifrau von Münchhausen sind in Rilkes Briefband 1914-1921 veröffentlicht, sechs an Thankmar adressiert. Hugo von Hofmannsthals Tochter Christiane ist mit dem einzigen Sohn der Münchhausens eng befreundet. Mehrfach ist die belesene Christiane zu Gast im Mittelstraßen-Heim. Rollt sich mit Schmöker in die grüne Veranda. Geht mit Thankmar zum Reitturnier auf die Parkwiesen.

Von Henri Pierre Roché, Autor von „Jules et Jim", wird Anna von Münchhausen in Erinnerung an einen Besuch 1920 als „fein und liebenswürdig" beschrieben: „Munter und bestimmt mit ihren 64 Jahren, mit denselben hübschen dunklen Knopfaugen wie ihr Sohn Thankmar. Ich fühle mich sofort zu Hause in der fröhlichen Atmosphäre gesunder Aristokratie und Aufrichtigkeit zwischen Mutter und Sohn."

Wie berichtet wird, waren die Wohnräume des Anwesens Münchhausen mit Möbeln von Henry van de Velde eingerichtet, die er eigens dafür entworfen hat.

Ein Jugendbild von Anna Freifrau von Münchhausen (1853-1942).

Diese befinden sich heute im Besitz einer Tochter der Baronin Münchhausen. Darüber hinaus sollen während der DDR-Zeit noch weitere Kunst- und Wertgegenstände der Familie von Münchhausen in der Mittelstraße 16 vorhanden gewesen sein. Ein Blick in die Mietakten zeigt, daß ein einschlägig bekannter Mieter jedoch nicht davor zurückschreckte, diese Gegenstände unrechtmäßig in seinen Besitz zu bringen und zu verkaufen.

Doch wenden wir uns wieder der Vergangenheit des um 1850 am Rand des Ilmparkes erbauten Hauses zu und Anna Freifrau von Münchhausen: „Unser Hof ist bezaubernd, wilde Rosen werfen vom Haus aus wilde Zweige mit tausend Blüten über den Hof, ein Märchen." So verliebt ist sie in ihre grüne Oase, daß die Baronin 1927 das Nebenhaus ausbauen läßt. Am 24. April ist die entscheidende Bausitzung. Drei Monate darauf verzweifelt die agile 74jährige, daß

„der Bau nicht steigt. Ewiges Hin und Her mit Handwerkern. Bis endlich ganze Wälder, Balken und Bretter abgeladen werden". Schon am 17. August 1927 grüßt das Richtbäumchen von der Ilmstraße 4 a, Mitte Dezember ist der Neubau bezugsfertig. Schnell finden sich Mieter. Zu spät kommt da im Januar die Anfrage von Rilkes Schwiegersohn Sieber, „ob wir das neue Haus für das Rilke-Archiv geben wollten." Bekümmert ist darüber besonders die Baronin. „Ich bin traurig, wie wundervoll wäre das gewesen. Ein Wunder wollte sich begeben wir konnten es nicht halten." Wer ihr Tagebuch liest, erkennt in Anna von Münchhausen eine hochgebildete Frau, feinsinnig ist sie und kulturvoll. Hochgeschätzt als Gesprächspartnerin, ihr Wissen und ihre Noblesse gerühmt. Ihre zwanzig Weimarer Jahre fügen sich zu einem leuchtenden Bild voll warmer Farbigkeit, in dessen Facetten sich das Weimar der 20er und 30er Jahre spiegelt.

Unter ihrer Ägide entwickelt die Mittelstraße 16 sich zu einem gepflegten Mittelpunkt des Geisteslebens. Maler Alfred Ahner kommt und malt „den Blick aus meinen Fenstern auf die mächtigen Bäume, die dunkle Ilm und das Sportfeld dahinter." Mit Harry Graf Kessler führt sie regen Austausch, mit Elisabeth Förster-Nietzsche, Liszt-Enkelin Cosima Bülow, Helene von Nostitz, mit Wilhelm Wagenfeld, der 1929 die Leitung der Metallwerkstatt an der Staatlichen Bauhochschule Weimar übernimmt und im ersten Stock der Ilmstraße 4 a mit seiner Familie Wohnung genommen hat. Zu jener Zeit hatte die nur wenige Straßen entfernt lebende Schriftstellerin Juliane Karwath sich bereits zu sehr von der Außenwelt abgekapselt, als daß sie die wohlmeinenden Bitten von Sophie Hochstetter befolgt, „die Baronin Münchhausen, geb. Keudell, zu besuchen. 75 Jahre, geistig sehr rege".

Wie oft geht die Baronin unerschrocken zu Fuß in die Stadt, drei Kilometer hin, drei zurück. Nehmen wir noch einmal ihr Tagebuch zur Hand: „3 Uhr 40 morgens aus Berlin zurückgekommen, durch die schlafende Stadt und die im Nebelglanz träumenden blühenden Wiesen nach Hause gegangen." (Mai 1925)
Es sind Jahre großer wirtschaftlicher und politischer Not, trotzdem man fröhlich ist und gesellig und näher zusammenrückt, Jahre des Bescheidens und böser Vorahnung. „Hitlers Programm schafft schlechte Nacht und Grauen." (27. Februar 1932). Im September 1939 sind auch in Weimar bereits die Auswirkungen des Krieges mit Polen zu spüren - „Einquartierung aus dem Saarland überschwemmt Oberweimar. Ich habe zwei junge Burschen, Frl. von Kalkstein oben zwei Mädels, alle nett, anständig, heiter."
Baronin Münchhausen stirbt am 8. September 1942 im Alter von 88 Jahren.

Wechselnde Nutzer geben sich in den folgenden Jahrzehnten die Klinke in die Hand. Vorübergehend werden Anfang der 50er Jahre die Mittelstraße 16 und auch die Ilmstraße 4 a zum Schulhaus (Grundschule Oberweimar). Danach Wohnhaus, Ende der 70er Jahre quartiert die Musikhochschule Weimar Studenten ins Erdgeschoß ein. Später will die Hochschule für Architektur und Bauwesen dieses Studentenwohnheim übernehmen. Umfangreiche Rekonstruktionsmaßnahmen sind geplant, werden zum Teil auch ausgeführt. Aus dem Vorhaben wird indes nichts, weil die Stadt die Villa Anfang der 80er Jahre wieder für Familien nutzt. Als der heutige Eigentümer das Haus 1994 von der Erbengemeinschaft übernimmt, ist es um die denkmalgeschützte Bausubstanz schlecht bestellt. Die umfangreiche Restaurierung und Modernisierung sichert dem Haus die Zukunft. Sanft erfüllt ist es von der Melancholie der Vergänglichkeit.

Die Baronin im Alter.

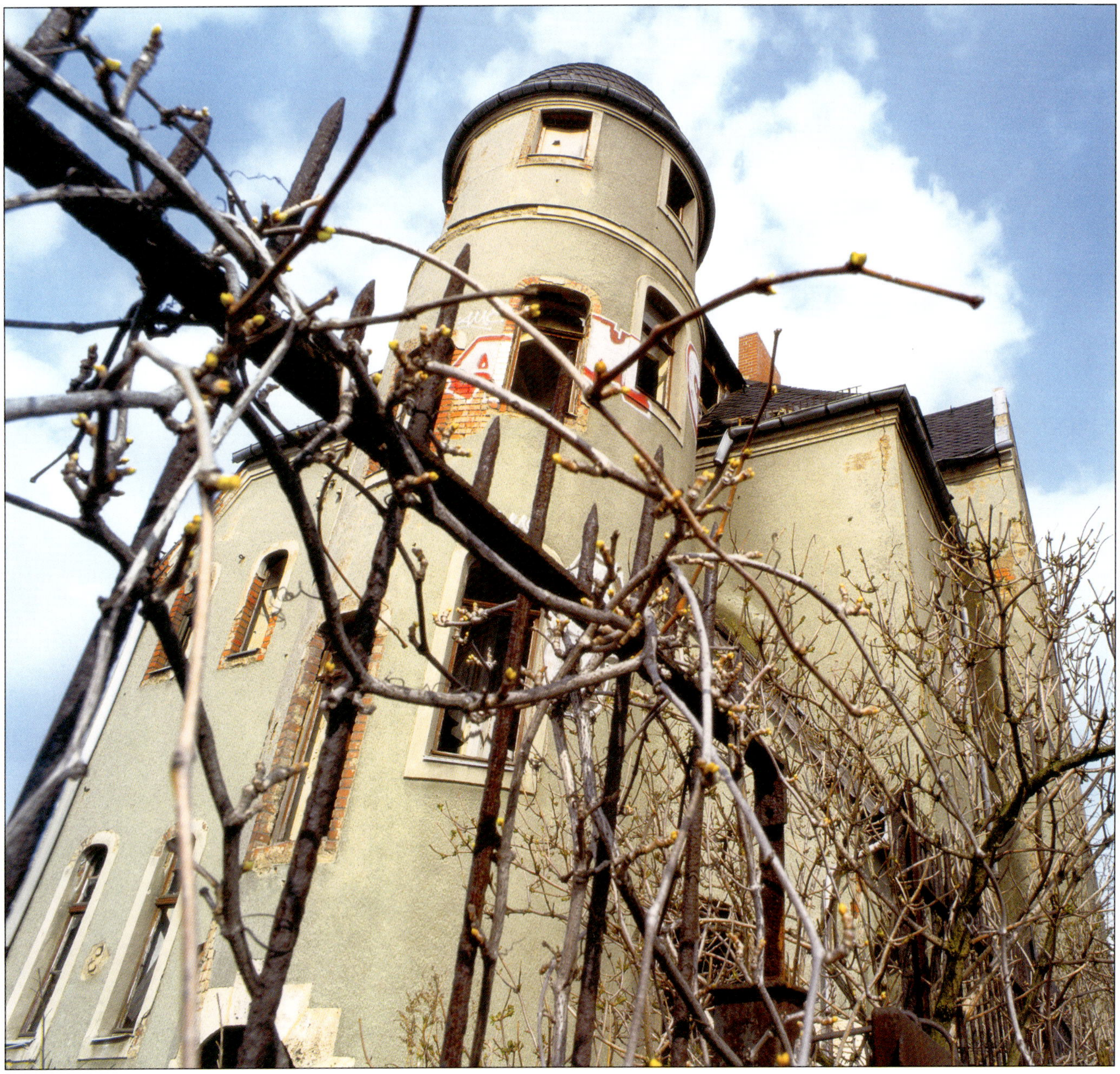

Ettersburger Straße 73a

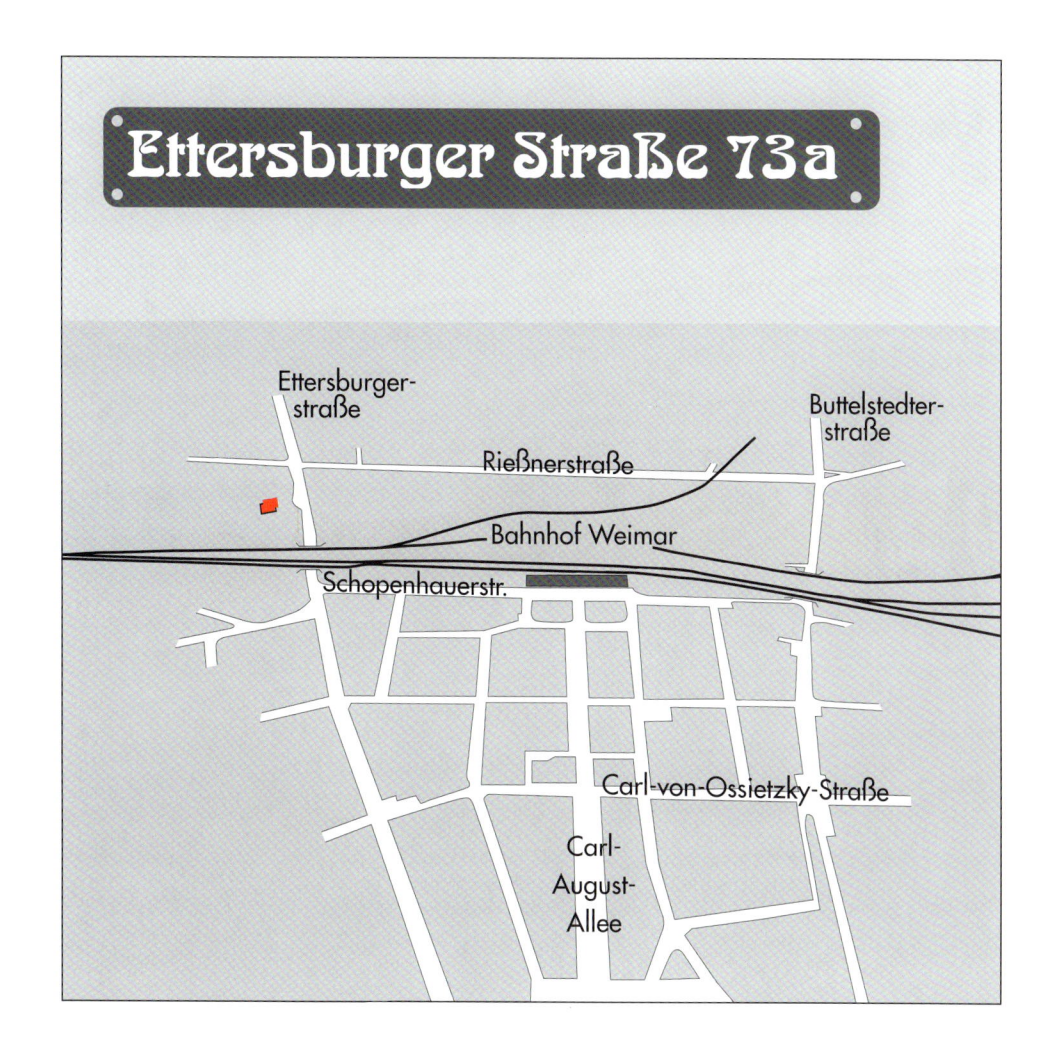

Als Tanzkathedrale entdeckte das Kunstfest Weimar die Viehauktionshalle an der Rießnerstraße in Weimar. Mit 70 Metern Länge, 35 Metern Breite und einer Höhe von 25 Metern hat der stützenfreie Innenraum in der Tat etwas Sakrales. Bemerkenswert ist die Deckenkonstruktion, die die größte geschlossene Dachfläche Weimars trägt. Die hölzernen Bolzenbinder der Dachkonstruktion sind eine bautechnische Besonderheit, derentwegen die 1938 nach dem System Hetzer erbaute Auktionshalle heute unter Denkmalschutz steht. Daneben wirft ein grün getünchtes Gebäude Fragen auf, das, heute völlig verwahrlost, einst Wohn- und Geschäftshaus des genialen Holzkonstrukteurs Otto Hetzer (1846-1911) war. Geboren in Kleinobringen, gründete er 1872 eines der wichtigsten Unternehmen Weimars, das Dampfsägewerk und Zimmereigeschäft Otto Hetzer in der Bahnhofstraße (heute: Thälmannstraße).

60
Otto Hetzer

Prolog: Durch das verwahrloste Gebäude pfeift der Wind. Keines der Fenster hat mehr eine intakte Scheibe. Den Boden der Räume bedeckt zentimeterhoher Schutt. In Fetzen hängen die Tapeten von den Wänden. Unsichtbar droht bereits die Abrißbirne über der Hetzer-Villa an der Ettersburger Straße 93, währenddessen auf dem nahen Gleis ein Güterzug vorüber rattert. Die Epoche, in denen auch das Haus von geschäftigem Leben erfüllt war, scheint Äonen zurückzuliegen. In den heute grün getünchten Mauern des Hauses wohnte mit dem Hofzimmermeister Otto Hetzer (1846-1911) einst ein wesentlichen Kapitel Weimarer Industriegeschichte.

„Der ganze Himmel über Brüssel war in ein Flammenmeer gehüllt", titelt die „Thüringische Landeszeitung Deutschlands" am 15. August 1910. Großfeuer auf der Weltausstellung. Vernichtet werden die belgische Sektion, ebenso die dänische, norwegische und britische Abteilung, die japanische und die chinesische. Unversehrt bleiben die 35.000 Quadratmeter Deutschland. Und damit auch die fulminante Hallen-Konstruktion des Weimarer Holzbauingenieurs Otto Hetzer. Innerhalb von nur knapp zwei Monaten war die Halle für landwirtschaftliche Maschinen im Herbst 1909 nach dem System Hetzer errichtet worden. Bei starkem Regenwetter und aufgeweichtem Boden. Um den Fertigstellungstermin einzuhalten, arbeiteten die Handwerker in den letzten zehn Tagen vor dem versprochenen 20. November 1909 von 6 Uhr morgens bis 11 Uhr abends mit nur zwei Stunden Pause.

Bemühen wir noch einmal die damalige Tagespresse: „Wenn schon diese Halle wegen ihrer konstruktiven Eigenart berechtigtes Interesse und Aufsehen hervorrief und in den hervorragendsten Fachblättern lobend besprochen wurde, so erntete auch die nach Patent Hetzer von ihrem Lizenzunternehmen Firma Otto Steinbeis & Co, Brannen, ausgeführte Reichseisenbahnhalle ungeteilten Beifall. Mit ihren 43 Metern freier Spannweite ist diese die am weitesten freitragende Halle der Brüsseler Weltausstellung." Viel, Lob, viel Ehr für den Weimarer Hofzimmermeister. Während in Deutschland das Hetzersche Patent bereits bei mehr als 100, zumal Staats- und anderen öffentlichen Bauten, angewandt wurde, gilt der Prophet in der heimatlichen Region erst später etwas. Einen erbitterten Kampf focht er über Jahre mit den städtischen Behörden. Um ein damals wie heute brisantes Thema: die Straßenausbaubeiträge. 7.200 Mark soll er zahlen, 1906 ein schöner Batzen Bares. Er weigert sich mit gutem Grund. Ist einst er der

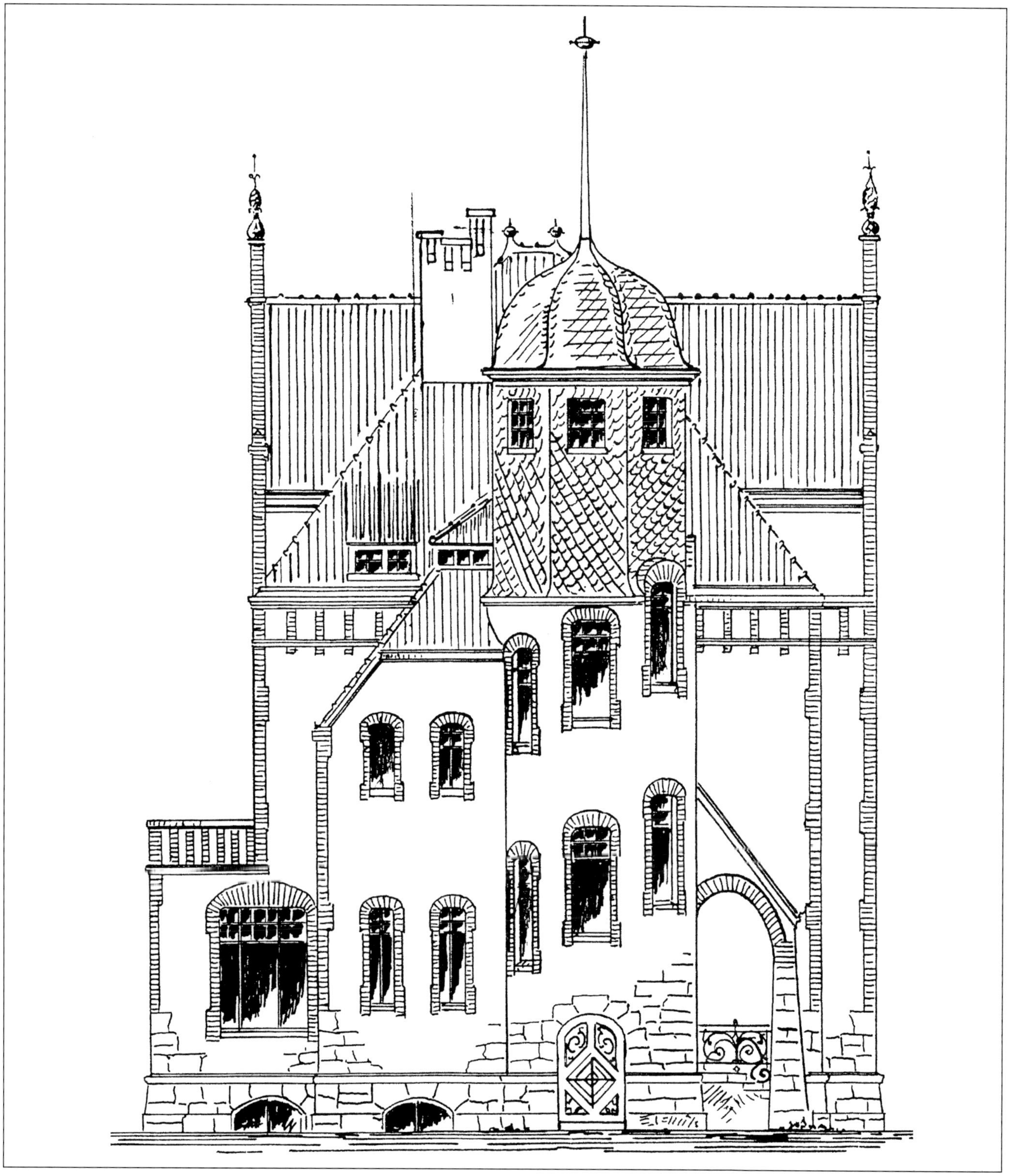

Stadt entgegengekommen, erwartet Hetzer jetzt Gleiches. Vor acht Jahren hatte der Fabrikdirektor seine „Weimarische Bau- und Parkettfußbodenfabrik" nebst Wohnhaus an die Ettersburger Straße 73 a verlagert. Hatte dort neu gebaut, weil sie ihn in der Stadt nicht mehr haben wollten.

Zwischen Watzdorf- und Meyerstraße hat Otto Hetzer seine Fabrik gehabt. Nachdem in der Nähe Häuser gebaut worden waren, häuft sich Beschwerde auf Beschwerde wegen des Lärms, den die Holzverarbeitungsmaschinen machen. Wenige Kilometer weiter nördlich, zwischen dem Güterbahnhof und dem Gaberndorfer Kommunikationsweg, hofft er nun auf einen einvernehmlichen Kompromiß. Doch schwieriger als geplant erweist sich letztendlich die Fabrikverlegung aufs Lützendorfer Feld, aus der „nahezu ein Neubau geworden ist, der das Doppelte gekostet hat, was er kosten durfte" (Otto Hetzer).

Am südlichen Rand des rund 225.000 Quadratmeter umfassenden Grundstücks entsteht sein Wohn- und Geschäftshaus. Nicht ohne ermüdendes Hin und Her. Es dauert, bis die Baugenehmigung auf seinem Schreibtisch liegt. „Ist das das Entgegenkommen, da ich die Fabrik aus der Stadt heraus zu verlagern beabsichtige", empört er sich über die zaudernde Verwaltung. Über dreizehn Monate nach Einreichung des Gesamtprojektes ist die Straßenlinie noch immer nicht abgesteckt und keine Bauerlaubnis erteilt. Zweieinhalb Jahre soll es dauern, bis im Jahre 1900 eingezogen werden kann.

Neben den Industriearchitekturen nimmt das Wohnhaus sich zierlich aus in seiner detailreichen Gestaltung. Von Hetzer selbst entworfen, selbst gebaut, in gewohnter Unermüdlichkeit. Otto Hetzer ist ein Mann des Funktionalen, doch begabt mit Sinn für Schönheit. Für das Wohnhaus griff er auf bewährte Gestaltungselemente zurück. Nicht die Avantgarde des aufkeimenden 20. Jahrhunderts beseelt ihn, vielmehr macht er, der Solide und Seriöse, Anleihen am Heimatschutzstil: In einem Turm mit wohlgeformter Kuppel wendelt sich eine Holztreppe von Stockwerk zu Stockwerk. Bewegt ist die Dachgestaltung, vertraut das Fachwerk des Obergeschosses. Ins Parterre situiert Direktor Hetzer sein Kontor. Zu Wohnzwecken dienen Ober- und Dachgeschoß. Auf mehr als 130 Quadratmeter verteilen sich vier Zimmer, Küche, Speisekammer, Altan. Otto Hetzer junior, der die Firma später übernimmt, bleibt mit der jungen Frau bei den Eltern wohnen. Weder gibt es dort Beleuchtung, noch kommen um die Jahrhundertwende Stadtreinigung und Müllabfuhr bis zum Lützendorfer Feld.

Aus bescheidenen Anfängen heraus entwickelt das Unternehmen sich allmählich zu einem bedeutenden Betrieb, dessen Umfang schließlich im Jahre 1901 die Umwandlung in eine Aktiengesellschaft mit sich bringt. Dem prosperierenden Unternehmen wächst allenthalben Interesse zu. Der Gewerbeverein kommt des öfteren und besichtigt den Betrieb des Hofzimmermeisters, der jahrzehntelang ein Hauptträger der heimischen Wirtschaft bleibt.

Während der in Kleinobringen geborene Otto Hetzer sich früher fast ausschließlich dem Zimmerei- und Baugeschäft zuwandte, neben einer großen Zahl von Privatbauten lieferte er die Zimmerarbeiten für das Seminar, das Sophienstift (heute: Eckermann-Schule) und sonstige staatliche Bauten, führt er Mitte der 80er Jahre als Nebenzweig die Parkett- und Stabfußbodenproduktion ein. Dieser entwickelt sich bald zum Hauptgeschäft.

Fest verschlossen ist die eiserne Pforte.

Der nach Hetzers patentiertem Verfahren aus gepflegtem Buchenholz hergestellte „Deutsche Fußboden" findet mehr und mehr Anerkennung. Wie in einschlägigen Blättern zu lesen, sind davon im Laufe der Jahre wohl mehr als eine Million Quadratmeter verlegt worden. Im Reichstags- und Reichsgerichtsgebäude zum Beispiel, in Postämtern in Köln, Dortmund und Kiel.

Um die Jahrhundertwende ist es, als der kreative Otto Hetzer daran zu arbeiten beginnt, für Eisen und alte statische unbestimmte Zimmerkonstruktionen einen Ersatz zu finden: eine freigespannte Holzkonstruktion neuer Art. Zahlenreihen werden aufgestellt, Gleichungen konstruiert, um auf eine griffige Formel zu bringen, was den Erfinder nächtelang nicht ruhen läßt. Es wird studiert und probiert, bevor das geboren wird, was später unter dem Namen „Neue Hetzersche Bauweise" immer mehr Anerkennung erwirbt und beim Bau großer Hallen im

In- und Ausland Verwendung findet. Wie in zeitgenössischen Berichten zu lesen ist, haben die „in ersten Fachblättern der Baubranche über diese Erfindung erschienenen Berichte den Namen Otto Hetzer weit über Weimars Mauern bekannt gemacht und das Vertrauen in die Solidität des Erfinders trägt wesentlich zur Einführung bei".

So kommt es nicht von ungefähr, daß ihn vom Generaldirektor der Brüsseler Weltausstellung, Eugen Keym, im August 1908 der Auftrag ereilt, das Eisenkonstruktionsprojekt zum Hauptausstellungsgebäude der belgischen Abteilung zu konzipieren. Indes, den Herren mißfällt nach Einreichung des Entwurfs samt Kostenberechnung die Holzkonstruktion. Zwar werden dieser Vorteile bescheinigt, sie ist solid und die Formen sind gefällig. Aus Gründen der größeren Feuersicherheit aber wird letztendlich Eisen bevorzugt. Das allerdings trotzt dem Großfeuer nicht. „Gerade dieser in Eisen hergestellte Riesenbau ist sehr schnell vom Feuer zum großen Teil vernichtet worden", heißt es am 15. August 1910 in der „Thüringischen Landeszeitung Deutschlands".

Als Otto Hetzer am 19. Januar 1911 im 65. Lebensjahr stirbt, hinterläßt er ein solides Unternehmen, das sein Sohn Otto weiterführt. Schon fünf Jahre vor seinem Tod, war Otto Hetzer mit Gattin Marie in die Kohlstraße 25 gezogen. Sohn Otto wohnte mit Frau und Kind gleich nebenan in der Nummer 29. Das Wohn- und Geschäftshaus an der Ettersburger Straße 93 (früher 73 a) wird nur noch zu Geschäftszwecken genutzt. Als Otto Hetzer jun. die Firma in den 20er Jahren aufgibt, übernimmt der Konsum-Verein Weimar das Grundstück. Es wird zu Lagerzwecken verwendet. Zu neuen Ehren kommt das Hetzer-System 1938 mit dem Bau der Viehauktionshalle, Architekt: Ernst Flemming.

Epilog: Für die Villa hat noch keine neue Zeitenrechnung begonnen. Ihre leeren Fensterhöhlen mahnen die Rückbesinnung an. Um das grüne Haus sieht es schwarz aus.

Personenverzeichnis

B

Bach, Wolfgang; Antiquar (1856-1943). 103ff
Behmer, Marcus; Illustrator, Buchgestalter (1879-1958). 18
Bongé, Irmgard von; Malerin (1879-1967). 72, 84
Bornmüller, Joseph; Naturforscher (1862-1948). 55ff
Brendel, Albert; Maler (1827-1895). 64ff

C

Carl Alexander; Großherzog (1818-1901). 8, 10, 65, 72, 152, 192

D

Ducké, Georg; Fabrikant (gest.1943). 207ff

F

Feininger, Lyonel; Maler, Grafiker (1871-1955). 96; siehe auch Band 1

G

Gerster, Ottmar; Komponist (1897-1969). 127ff
Göring, Emmy; Schauspielerin (1893-1973). 39ff
Gropius, Walter; Architekt (1883-1969). 96; siehe auch Band 1

H

Haar, Felicitas, geb Holtum, gesch Huck; Kauffrau (1890-1945). 31ff
Haar, Franz Adolph Otto; Kaufmann (1848-1936). 31ff
Hagen, Prof Theodor; Maler (1842-1919). 64, 71ff, 152
Hardt, Ernst: Generalintendant, Schriftsteller (1876-1947). 140
Hauser, Dr Otto; Prähistoriker (1874-1932). 47ff
Haussknecht, Karl; Botaniker (1838-1903). 57

Hetzer, Otto; Zimmermeister, Bauunternehmer (1846-1911). 239ff
Hinze-Reinhold, Bruno; Pianist, Pädagoge (1877-1964). 111ff, 132, 138, 139
Hoffmann, Walter; Apotheker (1895-1967). 151, 154
Huth, Prof Franz; Maler (1862-1941). 23ff

J

Jäde, Franz; Maler, Zeichner (1813-1890). 11

K

Kandinsky, Wassily; Maler (1866-1944). 37
Karwath, Juliane; Schriftstellerin (1877-1931). 223ff
Kessler, Harry Graf; Schriftsteller, Diplomat (1868-1937). 148, 235; siehe auch Band 1
Kohl, Ernst Heinrich; Baurat (1825-1901). 10ff

L

Liszt, Franz; Pianist, Komponist (1811-1886). 145ff

M

Meyer, Joseph; Verleger (1796-1856). 56
Minkert, Otto; Architekt (1845-1900). 168
Müllerhartung, Carl; Hofkapellmeister, Direktor der Musikschule (1834-1908). 117

N

Neufert, Prof. Ernst; Architekt (1900-1986). 95ff

O

Obbarius, Ernst; Landgerichtsdirektor (1859-1944). 183ff, 188
Ode, Hans; Maler (1855-1917).
Olbricht, Alexander; Maler (1876-1942). 15ff, 74
Olbricht, Margarethe, geb Thurow (1882-1972). 16ff, 71
Ortlepp, Dr. Paul; Bibliotheksrat (1878-1945). 199ff
Ortlepp, Lucy; Malerin (1883-1943). 199ff

P

Pabst, Karl; Oberbürgermeister (1835-1910). 23ff
Petersen, Dr Leiva; Verlegerin (1912-1992). 87ff
Pfeiffer, Hof- und Medizinalrat Ludwig Karl Heinrich (1842-1921). 167ff

R

Raumer, Gustav; Kaufmann (1857-1945). 119ff
Rohlfs, Christian; Maler (1849-1938). 71, 74, 194

S

Saalfeld, Robert; Katastergeometer (1855-1925). 175ff
Scheer, Reinhard; Admiral (1863-1928). 79ff
Scheidemantel, Karl; Sänger, Gesangspädagoge, Operndirektor
  (1859-1923) 160
Scheidemantel, Prof. Dr. Eduard; Literaturwissenschaftler (1862-1945). 159ff
Schlaf, Johannes; Schriftsteller (1862-1941). 24
Schmidt, Hans W; Maler (1859-1950). 63ff
Stegmann, Carl; Architekt (1832-1895). 8ff
Steiner, Rudolf; Philologe, Soziologe (1861-1925). 183, 187;
  siehe auch Band 1
Streichhahn, Carl; Oberbaudirektor (1814-1884). 10, 106

T

Thedy, Max; Maler, Radierer (1858-1924). 164, 191ff
Tübbecke, Paul Wilhelm; Maler, Radierer (1848-1924). 71, 74, 151ff, 164

V

van de Velde, Henry; Architekt (1863-1957). 135, 136, 147, 148, 232;
    siehe auch Band 1
von Dürckheim-Montmartin, Graf Friedrich (1858-1939). 135ff
von Kalckreuth, Graf Leopold; Maler (1855-1928). 164; siehe auch Band 1
von Meyendorff, Baronin Olga, geb. Prinzessin von Gortschakoff. 143ff
von Münchhausen, Anna Freifrau (1853-1942). 231ff
von Szpinger, Alexander; Maler (1889-1969). 203

W

Wahl, Hans; Literaturhistoriker, Direktor des Goethe-und-Schiller-Archivs
    (1885-1949). 162
Wislicenus, Prof. Hermann; Maler (1825-1899). 8ff

Z

Zapfe, Rudolf; Architekt (1860-1934). 56, 112, 119, 120, 221
Zitek, Josef; Architekt (1832-1909). 8

Quellen und Literaturverzeichnis

Branco, Kurt (Hrsg.): Mitteilungen des Thüringer Botanischen Vereins. Festschrift zum 80. Geburtstag von Joseph Bornmüller. Weimar 1943
Bunsen, Marie von: Kaiserin Augusta. Berlin. 1940
Geschichte der Stadt Weimar.
Göring, Emmy: An der Seite meines Mannes. Autobiographie. Oldendorf. 2. Aufl. 1972
Haar, Georg: Allerlei Lieder. Weimar 1909
Haar, Georg: Parenthesen zu Lessings „Laokoon". Hanau, 1908
Hauser, Otto: La Micoque. Die Kultur einer neuen Diluvialrasse. Leipzig 1916
Hauser, Otto: Der Mensch vor 100.000 Jahren. Leipzig 1917
Hauser, Otto: Ins Paradies des Urmenschen. 25 Jahre Vorweltforschung. Hamburg, Berlin 1920
Hecker, Jutta; Rudolf Steiner in Weimar, Zürich 1988
Heilborn, Ernst (Hrsg.): Über Juliane Karwath in „Das literarische Echo", 22. Jahrgang. Oktober 1919 bis Oktober 1920 Berlin (S. 836-844)
Hertsch, Walter (Hrsg.): Alexander Olbricht. Zeichnungen. Leipzig 1988
Hinze-Reinhold, Bruno: Maschinenschriftliches Tagebuch
Hoffmann, Christian: Die Hofapotheke zu Weimar. Ein Stück Stadtgeschichte (Broschüre)
Huth, Franz: Aus dem Skizzenbuch meines Lebens, Begegnungen und Begebenheiten. Weimar 1966
Karwath, Juliane: Die Droste. Stuttgart, Berlin, Leipzig 1929
Karwath, Juliane: Das schlesische Fräulein. Berlin 1921
Karwath, Juliane: Eros. Berlin. 1918
Marwinski, Konrad: Die Sammlung Dr. Georg Haar. Weimar. 1968
Meßner, Paul: Bauten und Denkmale in Weimar. Ihre Geschichte und Bedeutung. Weimar 1984
   (Tradition und Gegenwart. Weimarer Schriften. Heft 5)
Molzahn, Ilse: Über Juliane Karwath in „Schlesien: Kunst, Wissenschaft und Volkstum", 1956, Nr. 1
Müller-Krumbach, Renate: Vorwort zum Katalog der Olbricht-Gedächtnisausstellung 1976
Münchhausen, Anna von: Tagebuch
Neufert, Ernst: Das Jahr in Spanien. Darmstadt. 1970
Neufert, Ernst: Bauentwurfslehre. Berlin. 1936. 3. Auflage
Ortlepp, Paul: Katalog der Ausstellung in der Großherzogl. Bibliothek zu Weimar vom 7.-11. August 1907
Ortlepp, Paul: Sir Joshua Reynolds. Ein Beitrag zur Geschichte der Ästhetik des 18. Jahrhunderts in England. Straßburg 1906
Overy, Richard J.: Hermann Göring. Machtgier und Eitelkeit. München 1986
Pilgrim, Volker Elis: Du kannst mich ruhig Frau Hitler nennen. Hamburg. 1994
Pourtalés, Guy de: Franz Liszt. Roman des Lebens. Freiburg i. Br. 1927
Pretzsch, Alfred/Hecht, Wolfgang: Das alte Weimar skizziert und zitiert. Weimar 1975
Raabe, Paul: Spaziergänge durch Goethes Weimar, Zürich 1990
Raumer, Gustav: Handschriftliches Tagebuch. Weimar. 1877/78
Rilke, Rainer Maria: Briefe 1914-1921. Leipzig, 1938
Scheidig, Walter: Die Geschichte der Weimarer Malerschule 1860-1900. Weimar 1971
Schorn, Adelheid von: Das nachklassische Weimar. Weimar 1911-1912
Schorn, Adelheid von: Zwei Menschenalter. Erinnerungen und Briefe aus Weimar und Rom.
   Einleitung von Friedrich Lienhard. 4. Auflage. Stuttgart 1923
Schmidt, Eva: Jüdische Familien im Weimar der Klassik und Nachklassik. Weimarer Schriften. 2. Aufl. 1992
Schrickel, Leonhardt: Geschichte des Weimarer Theaters. Weimar 1928
Schwarz, Otto: Bornmüller-Festschrift. Dahlem bei Berlin. 1938
Seidel, Gerd/ Steiner, Walter: Baustein und Bauwerk in Weimar (Tradition und Gegenwart. Weimarer Schriften. Heft 32) 1988
Sembach, Hans-Jürgen/ Schulte, Birgit (Hrsg.): Henry van de Velde. Katalog zur Ausstellung. Köln 1992
Sembach, Klaus-Jürgen: Henry van de Velde. Stuttgart 1989
Stein, Harry: Auf den Spuren jüdischen Lebens. Eine Ausstellung im Stadtmuseum. 1996
Steiner, Rudolf: Mein Lebensgang. Hrsgg. von Marie Steiner. Stuttgart 1948
van de Velde, Henry: Geschichte meines Lebens. Hrsgg. von Hans Curjel. 2. Auflage, Zürich 1986

Victor, Christoph: Oktoberfrühling. Die Wende in Weimar 1989. Weimarer Schriften. 1992
Vogel, Kerstin: Wissenschaftliche Ausarbeitung über Bahnhofsvorstadt von Weimar
Wageritz, Gerhard: Joseph Bornmüller. Sonderdruck aus Willdenowia.
  Mitteilungen aus dem Botanischen Garten und Museum Berlin-Dahlem. Band 2, Heft 3. 29. 3. 1960 S. 343-360
Weimar im Urteil der Welt, Stimmen aus drei Jahrhunderten. Berlin, Weimar 1975
Weimar. Lexikon zur Stadtgeschichte. Hrsgg. von Gitta Günther, Wolfram Huschke und Walter Steiner. Weimar 1993
sowie
Berichte in der „Allgemeinen Thüringischen Landeszeitung Deutschlands" vom:
15. August 1910 und folgende Ausgaben (Über den Brand auf der Weltausstellung in Brüssel und über Otto Hetzer)
20. Juni 1937 (Karl Dittmar: Ein Bilderfries erzählt aus Weimars Geschichte)
29. Juli 1937 (Emmy-Göring-Stift)
5. Oktober 1939 zu 80. Geburtstag von Hans W. Schmidt
6. Oktober 1934 zu 75. Geburtstag von Hans W. Schmidt
3. April 1932 zu Hans W. Schmidt (Weimarhallenbilder)
29. Oktober 1925 zu Hans W. Schmidt (Weimarhallenbilder)
10. Oktober 1920 und folgende Ausgaben (Mord im Hause von Admiral Scheer)
19. März 1932 zum 70. Geburtstag von Eduard Scheidemantel
11. März 1937 zum 75. Geburtstag von Eduard Scheidemantel
10. März 1942 zum 80. Geburtstag von Eduard Scheidemantel
„Neues Deutschland" 31. August 1994 (Ottmar Gerster)
„Thüringische Landeszeitung" vom 16. Mai 1992 (Leiva Petersen) und 6. September 1969 (Ottmar Gerster)
„Thüringer Tageblatt" 4. Juli 1980 (Ottmar Gerster)
„Frankfurter Allgemeine Zeitung" v. 16. März 1994 (Ernst Neufert)
„Die ZEIT" Nr. 19 vom 3. Mai 1996 (Naturapostel Gustav Nagel)
und
Ausstellungskatalog Glockenmuseum Apolda 30.9.-12.11.1995: Franz Huth
Katalog anläßlich der Sonderausstellung zum 85. Geburtstag von Prof. Franz Huth, Weimar 1961
Schrift der Stadt Pößneck: Würdigung von Franz Huth zum 90. Geburtstag
Haussknechta. Mitteilungen der Botanischen Gesellschaft. Heft 5. 1990
Berichte der Bayerischen Botanischen Gesellschaft zur Erforschung der heimischen Flora. Band 58, München 1987
Ausstellungskatalog Mai 1942 zum 100. Geburtstag von Theodor Hagen mit Eröffnungsrede von Walter Scheidig, Direktor der Staatlichen Kunstsammlungen Weimar
Gedenkschrift: Gedenken an Leiva Petersen 1912-1992 Böhlau Verlag GmbH & Cie Köln, Weimar, Wien und vom Verlag Hermann Böhlaus Nachfolger. Weimar 1992
Börsenblatt für den Deutschen Buchhandel. 13. Januar 1987 Leipzig. 154. Jahrgang - Über den Verlag Hermann Böhlaus Nachfolger
Vortrag von Ernst Neufert am 12. Mai 1976 in Darmstadt
Aufzeichnungen von Karl Louis Wolfgang Bach
Informationen der DSK Deutsche Stadtentwicklungsgesellschaft mbH, Heft Nr. 8
Denkschrift: Eduard Scheidemantel zum Gedächtnis, Weimar 1946
Hotel Kaiserin Augusta.: Gästebücher, altes Prospektmaterial

Bildnachweis:
Stadtmuseum Weimar: S. 9, 19, 20, 21, 25, 45, 69, 81, 113, 129, 157, 161, 169; Marburg Foto Archiv: S. 138, 139, 140; Deutsches Nationaltheater Weimar: S. 172 und 173; TLZ-Archiv: S. 225; Sammlung Dr. Klaus Magdlung: S. 226 und 227; Stiftung Weimarer Klassik: S. 233; Eva-Maria Karner: 137; Heidi Goldschagg: S. 193, 196, 197; Veronika und Werner Nessau: S. 25 und 29; Stiftung Haar S. 33; Angelika Pohle S. 65; Christian Hoffmann: S. 153 und 155; Dora Hallier S. 73 und 75; Roland Dressler: S. 89; Planungs AG Neufert: S. 97 und 101; Karin Weiß: S. 105, 106, 108 und 109; Fam. Knabe: S. 115; Cornelia Hahn: S.121 und 125; Helga Schramm: 147 und 148; Bernhard Kaune: S. 162 und 163; Christa Koch: S. 170; Lieselotte Thürwächter: S. 201, 202 und 203; Prof. Wolf-Dietrich Saalfeld: S. 185; Peter Rost: S. 209, 210, 211, 212; Traute Kaltenecker: S. 217; Gräfin Hatzfeldt: S. 241 und 245.

DANKSAGUNG   All denen, die die hier veröffentlichten Nachforschungen an Ort und Stelle und in den Archiven mit Rat und mit Tat begleitet haben, sei herzlicher Dank gesagt. Bei den Recherchen zu unserer TLZ-Serie „Villen in Weimar" erfuhren wir uneigennützige und großzügige Unterstützung seitens Weimarer Institutionen und Ämtern der Stadt. Insbesondere danken möchten wir dem Stadtarchiv und dem Bauarchiv der Stadt Weimar für die geduldige Freundlichkeit, der Stiftung Weimarer Klassik, vor allem den Mitarbeiterinnen der Herzogin Anna Amalia Bibliothek, dem Stadtmuseum Weimar und den Kunstsammlungen zu Weimar. Wertvolle Hilfe wurde uns auch seitens des Thüringischen Landesamtes für Denkmalpflege zuteil und seitens des Denkmalamtes der Stadt Weimar. Ihre Archive öffneten bereitwillig für uns das Deutsche Nationaltheater Weimar, die Bauhaus-Universität Weimar, die Friedrich-Schiller-Universität Jena, die VEAG Thüringen, die Stiftung Haar, die Planungs AG Neufert Mittmann Graf und Partner, die GrundstückGesellschaft All Objekt, das InterCityHotel Weimar, die Weimarer Wohnstätte.

Den Weg von der Entstehung zurückverfolgend denken wir auch an das konstruktive Entgegenkommen der Villen-Besitzer und sachkundiger Bürger, insbesondere an:

Josef Brinkmann, Ruth Cyriax , Christel Bauer, Jutta-Juliane Eckert, Wolfram Ermer, Günter Dimmig, Friederlene Dreykorn, Marita Enderl, Christa Graeve, Gitta Günther, Bernhard Diessmann, Heidi Goldschagg, Cornelia Hahn, Dora Hallier, Maria Heyse, Johanna von Hintzenstern, Michael von Hintzenstern, Karl-Heinz Huste, Christian Hoffmann, Petra und Claus Hentzel, Gräfin Hatzfeldt, Esther Gernhardt, Frau Harnisch, Joachim Jobst, Bernhard Kaune, Eva-Maria Karner, Christa Koch, Traute Kaltenecker, Wulf Kirsten, Christian Lohmann, Dr. Klaus Magdlung, Dr. Hermann Manitz, Bernd Mende, Ruth und Eberhard Menzel, Familie Knabe, Frau Müller, Elke Minckwitz, Dr. Rolf Mäurer, Prof. Klaus und Silvia Nerlich, Veronika und Werner Nessau, Dr. Sieglinde Platz, Jutta Pfohl, Barbara Noßmann, Peter Rost, Helga Romeyke, Ernst Schäfer, Prof. Walter Steiner, Irmgard Schubert, Barbara und Dr. Wolfgang Schönfelder, Helga Schramm, Prof. Wolf-Dietrich Saalfeld, Prof. Arnim Thedy, Familie Tietz, Familie Tralau, Drs. med. Marius und Barbara Torka, Lieselotte Thürwächter, Karin Weiß, Dieter Weidauer, Dr. Rudolf Wendt, Kerstin Vogel und Familie Zeidler.

Herzlichen Dank auch an Albrecht Brömel, der die Vignette zu „Villen in Weimar" entworfen hat und uns mehr als einmal bei einem technischen Problem zur Seite stand.

Allen danken wir vielmals, wie auch nicht zuletzt der Zeitungsgruppe Thüringen, die wesentliche Hilfe zur Verbreitung dieses Stücks Heimatgeschichte leistete.

Inhaltsverzeichnis

Abraham-Lincoln-Straße 8	152
Bahnhofstraße 30	224
Bauhausstraße 12	184
Belvederer Allee 1	144
Berkaer Straße 11	80
Berkaer Straße 55	96
Bodelschwinghstraße 75	104
Carl-August-Allee 17	216
Carl-August-Allee 9	8
Cranachstraße 10	120
Cranachstraße 12	56
Cranachstraße 42	208
Cranachstraße 47	136
Dichterweg 2a	32
Ettersburger Straße 73a	240
Freiherr-vom-Stein- Allee 12	88
Freiherr-vom-Stein- Allee 2	48
Gropiusstraße 8	168
Haeckelstraße 20	192
Hegelstraße 22	72
Jahnstraße 18	160
Merketalstraße 23	16
Mittelstraße 16	232
Ratstannenweg 21	200
Schubertstraße 15	24
Thomas-Müntzer-Straße 27	176
Thomas-Müntzer-Straße 35	64
Trierer Straße 65	112
Wilhelm-Külz-Straße 7	128
Windmühlenstraße 2	40

Inhaltsverzeichnis

Hermann Wislicenus, Ernst H. Kohl	8
Alexander Olbricht	16
Franz Huth, Karl Pabst	24
Familie Haar	32
Emmy Göring	40
Otto Hauser	48
Josef Bornmüller	56
Hans W. Schmidt	64
Theodor Hagen	72
Reinhard Scheer	80
Leiva Petersen	88
Ernst Neufert	96
K.L.W. Bach	104
Buno Hinze-Reinhold	112
Gustav Raumer	120
Ottmar Gerster	128
Familie Dürckheim	136
Olga von Meyendorff	144
Paul Tübbecke	152
Eduard Scheidemantel	160
Ludwig Pfeiffer	168
Robert Saalfeld	176
Ernst Obbarius	184
Max Thedy	192
Paul Ortlepp	200
Georg Ducké	208
Hotel Kaiserin Augusta	216
Juliane Karwath	224
Anna von Münchhausen	232
Otto Hetzer	240

Häuser und ihre Geschichte

Bereits erschienen im RhinoVerlag Arnstadt & Weimar

Villen in Weimar (1)
Villen in Weimar (2)
Villen in Erfurt (1)
Villen in Erfurt (2)
Häuser in Jena (1)
Villen in Gera (1)

In Vorbereitung für 1997/98

Villen in Gotha (1)
Villen in Eisenach (1)
Villen in Erfurt (3)
Villen in Weimar (3)
Häuser in Jena (2)
Villen in Mühlhausen (1)

Impressum

© Copyright 1997 by „Thüringische Landeszeitung"
Erschienen by RhinoVerlag Arnstadt & Weimar
1. Auflage Mai 1997
Satz: RhinoVerlag
Repro: CORAX COLOR Weimar
Druck: Druckhaus Gera GmbH
Lektor: Ulrich Völkel
Gestaltung: Frank Naumann, AGD
RhinoVerlag Arnstadt & Weimar
D-99310 Arnstadt/Thüringen
Plauesche Straße 8, Telefon/Fax 03 6 28 - 60 33 45

ISBN 3-932081-12-9